KB 증권
프라임 PB의

실전
주식투자

KB 증권
프라임 PB의
실전
주식투자

류재용, 김철영 외 지음 | 마살(이승윤) 엮음

이콘

Chapter 03. 손절

Chapter 04. 심화

Chapter 05. 부록: 고객에게 가장 많이 받은 질문 TOP10

프라임PB
영상으로
확인하기

Q1 '주식투자' 지금이라도 해야 할까요?

"주식투자를 지금이라도 해야 하는가?"라는 고민이 항상 있어왔던 것은 아닙니다. 금리가 10% 이상인 시대라면 굳이 재산이 줄어들지도 모르는 리스크를 부담하면서 주식투자를 할 이유가 없을 것입니다. 안정적으로 10% 이상의 이자를 받을 수 있고, 시간이 지나면 복리로 안정적인 재산 증식이 가능한데, 왜 스트레스까지 받으면서 주식투자를 해야 할까요?

왜냐하면 현재는 자산을 고금리로 안정적으로 운영할 수 없는 시기이기 때문입니다. 우리는 현재 '기준금리 0.75%'인 시대에 살고 있습니다. 불과 2년 전인 2019년의 기준금리는 1.5%였습니다.

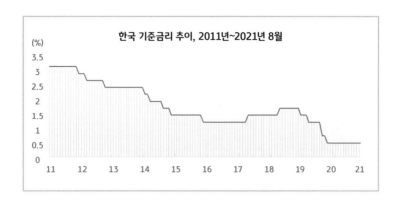

한국 기준금리 추이, 2011년~2021년 8월

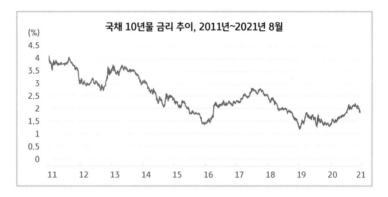

국채 10년물 금리 추이, 2011년~2021년 8월

현재보다 2배나 높았으니 그동안 금리가 얼마나 하락했는지 느낄 수 있을 것입니다.

조금 더 과거로 가보면 30년 전인 1990년대 초반 우리나라 시중은행 예금 금리는 10~15% 수준이었으며 IMF 시절에는 일시적으로 20%가 넘기도 했으나 2021년 현재는 1~2% 수준입니다.

미국의 경우도 마찬가지입니다. 1990년 10년물 국채금리는 9% 수준이었고 2000년에는 6%대, 2020년에는 3%대 수준이었

미국채 10년물 금리 추이와 달러화 추이, 1990년~2021년

달러인덱스 ── 미국채 10년물(우)

달러화 약세구간

달러화 강세구간

30년간 장기 금리 추세 하락

으며 현재는 1% 초반으로 시간이 갈수록 금리는 계속 하락하고 있습니다.

물론 경기가 좋아지는 상황이 발생하고, 인플레이션 우려가 높아진다면 일정 부분 금리는 상승할 수 있습니다. 하지만 우리나라도 고금리 시대와 작별했다는 사실은 누구나 공감할 것입니다.

따라서 우리가 생각할 수 있는 자산증식, 재테크, 노후대비 방안으로는 주식과 부동산 같은 자산에 투자하는 것 외에는 특별한 답을 찾기 힘들 것입니다. 최근 정부의 강력한 규제에도 불구하고 부동산 가격이 비정상적으로 급등하는 것은 여러 가지 이유가 있겠으나 초저금리 시대에 마땅한 투자처가 없기 때문이라 생각합니다.

부동산 투자를 위해서는 큰 규모의 종잣돈이 필요합니다. 소액으

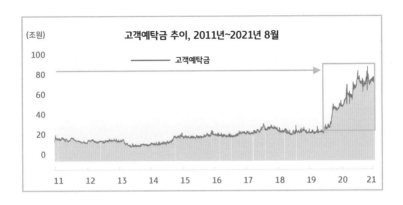

고객예탁금 추이, 2011년~2021년 8월

로 부동산 투자를 하기는 쉽지 않고, 정보의 접근도 제한적입니다. 하지만 주식투자는 적은 금액으로 시작할 수 있으며 정보의 접근도 용이하고 거래비용도 낮습니다. 최근 저금리 상황에 주식투자 인구가 많아지면서 시장의 유동성 또한 큰 폭으로 증가했습니다.

이는 고객예탁금이 17조 원에서 70조 원까지 늘어난 사실만 봐

(단위: 억원)

연도	예탁금
2011	172,802
2012	180,143
2013	142,089
2014	158,425
2015	226,956
2016	227,544
2017	275,611
2018	252,829
2019	285,195
2020	656,234
2021	672,561

※연도말 기준 예탁금
※2021년은 7월 말 기준

도 알 수 있습니다. 경제활동의 주체가 될 MZ세대들뿐만 아니라 40대 이상의 중장년층까지 전 연령내에서 많은 사람들이 적극적으로 주식투자를 하고 있고, 앞으로도 그 기조는 유지될 것으로 보입니다. 또한 유튜브와 각종 증권사 리포트를 통해 해외 정보도 쉽게 얻을 수 있게 되면서 투자의 대상이 국내뿐만 아니라 해외 주식시장까지 확대되었습니다.

하지만 '남들이 다 하기 때문에 나도 해야지'라는 식의 접근은 삼가해야 합니다. 주식시장은 언제든지 '손실'이 날 수 있기 때문입니다. 그렇다고 안 할 수도 없습니다. 연간 1% 내외의 예금 금리를 받으면서 은행예금에 두기에는 너무 아깝지 않나요?

다만 성공적인 주식투자를 위해서 '시장을 이해하고, 산업을 알고, 기업을 분석'하는 노력이 반드시 선행되어야 합니다.

Q2 주식투자가 위험하기만 한 것인가요?

안정적으로 부동산에 투자하면 되지, "손실 위험을 감수하면서까지 주식투자를 해야 할까?"라는 고민이 있을 수 있습니다. 50~60대라면 어느 정도 여유자금을 보유하고 있을 것이고 노후 리스크를 줄여야 하기 때문에 주식투자 비중을 축소하는 것이 당연할 수 있습니다. 하지만 지금 20~30대 MZ세대와 한창 사회활동을 왕성하게 하고 있는 40대라면 어떻게 해야 할까요?

이런 분들은 다음 장기 투자 사례를 참고하기 바랍니다.

1990년 미국 다우지수는 2,753pt였고, 우리나라 코스피 지수는 909pt 였습니다. 2021년 8월 2일 기준 미국 다우지수는 35,189pt를 기록했고, 우리나라 코스피 지수는 3,223pt를 기록했습니다. 다우 지수는 12배 , 코스피 지수는 3배 이상 상승했습니다.

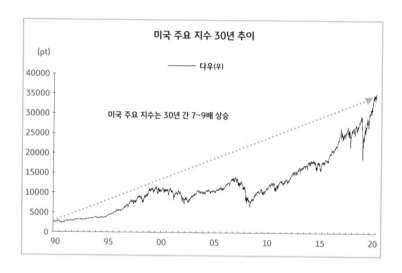

이 그림은 여러 가지 외부 변수에 따라 주가지수, 혹은 그에 포함된 개별 종목들이 단기적으로 상승이나 하락하는 변동성이 존재하더라도, 장기적으로 시장은 상승한다는 것을 보여줍니다. 즉, 시장을 선도하고 체질이 개선되어 살아남은 기업들의 주가는 꾸준하게 상승한다는 의미입니다. 우리는 공부를 통해 이런 기업들을 선별할 수 있는 혜안을 가져야 합니다.

따라서 초보 투자자, 젊은 투자자, 소액투자자 등은 주식시장에 대한 막연한 두려움을 갖기보다 차근차근 공부하며 장기적인 관점으로 시장을 대표하는 종목이나 주가지수를 꾸준하게 매수하는 방법으로 투자한다면 주식시장의 '변동성'과 '손실'이라는 악마의 유혹에서 조금 멀어질 수 있을 것입니다.

Q3 우리나라도 해당되나요?

"저것은 미국 이야기잖아! 우리나라는 달라!"라고 이야기할 수도 있습니다. 하지만 우리나라도 크게 다르지 않음을 알 수 있습니다. 물론 전 세계 자금이 미국 중심으로 움직이기 때문에 달러가 약세를 보이는 시점인지, 강세를 보이는 시점인지에 따라 우리나라 시장의 움직임은 다르지 않냐는 생각을 할 수 있습니다.

하지만 큰 그림을 보면 우리나라 주식시장도 우상향하는 형태로 가고 있음을 알 수 있습니다. 2000년 초반 코스피 지수는 1,028pt를 기록했고, 2010년에는 1,500pt, 2021년에는 코로나 팬데믹 사태로 인한 글로벌 초저금리 시대가 열리면서 드디어 3,000pt를 돌파했습니다.

시대가 변화하면서 시장을 주도하는 종목은 달라지고, 코스피 지수도 큰 폭의 등락을 겪었지만 결과적으로 꾸준히 상승했습니다. 코스피 지수가 꾸준히 상승한 가장 큰 원동력은 지수를 구성하는 기업들의 실적 개선입니다. 2000년대 초반 우리나라 기업들은 평균 100원 내외의 주당순이익을 남겼으나, 20년이 지난 현재 평균적으로 2.8배 증가한 280원의 이익을 남기고 있습니다.

즉, 과거 IMF 외환위기, 2008년 금융위기, 최근에는 코로나 팬데믹 사태까지 겪고 있지만 기업들의 성장은 계속되고 있다는 의미입니다. 따라서 경제가 성장하고 금융시장이 발전할수록 주가지수는 금리와 반대 방향으로 가고 있음을 잊지 말아야 합니다. 개별 종목에 직접 투자하기 힘들다면 시장이나 지수에 장기투자하는 전략으로 위험을 줄이는 안전한 투자가 가능할 것입니다. 시대의 변화에 맞춘 주도주 공략은 이 책 후반부에 나오는 내용을 참고하길 바랍니다.

미국의 경우도 크게 다르지 않습니다. 앞서 다우지수가 30년간 10배 이상 상승했지만 그 과정은 다이내믹했습니다. 미국도 IT버블을 겪었고, 금융위기로 인해 경제 상황이 악화되고 주식시장이 크게 하락하자 공격적으로 금리를 인하했습니다. 금리 인하 후 경기 회복 과정에서 다시 3년간 금리를 인상하기도 했습니다. 그 후 세계 경제 대국인 미국과 중국의 무역분쟁이 발생하면서 다시 금리를 점진적으로 인하했습니다. 그리고 2020년 3월 미국 연준은 코로나 팬데믹 사태로 금리를 0~0.25% 구간까지 전격적으로 인하하기로 결정했습니다.

미국 시장 내 크고 작은 이벤트도 많았습니다. 금융위기 사태로 100년 역사의 투자은행인 메릴린치가 피합병되고, 예상외로 트럼

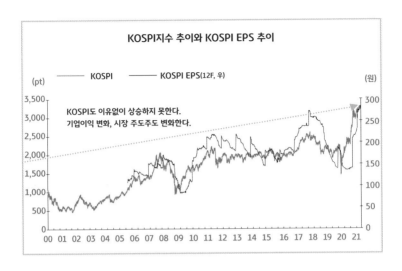

KOSPI지수 추이와 KOSPI EPS 추이

(pt) ── KOSPI ── KOSPI EPS(12F, 우) (원)

KOSPI도 이유없이 상승하지 못한다.
기업이익 변화, 시장 주도주도 변화한다.

프가 대통령으로 당선되면서 금융시장이 요동치기도 했습니다. 미·중 무역분쟁 발생, 바이든 대통령 당선, 코로나 팬데믹 사태 발생 등의 다양한 변수들이 금융시장에 영향을 주면서 지수가 급등락을 반복하기도 했습니다.

하지만 시장은 이러한 변동성을 품고 지금도 우상향하고 있습니다. 따라서 저금리 시대로 인한 투자 대안을 찾기 힘든 시점에도 불구하고 멀리 보고 투자한다면 주식투자만큼 수익성을 기대할만한 대안은 없지 않을까요? 노후 대비와 현재와 같은 저금리 시대에 자산 투자를 두려워하지 말고 즐겨보길 바랍니다.

참고 자료

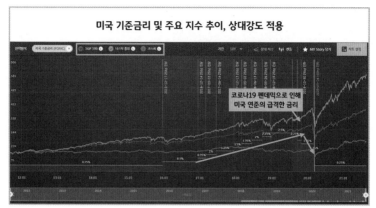

(출처: 블룸버그)

미국 기준금리 변동 일지

2015.12 기준금리 25bp 인상 시작

2018.12 기준금리 25bp 인상되며 2.5%

2019.07 기준금리 25bp 인하되며 2.25%

2019.09 기준금리 25bp 인하

2019.10 기준금리 25bp 추가 인하

2020.03.04 기준금리 50bp 인하(코로나 팬데믹 영향)

2020.03.16 기준금리 100bp 인하로 0.25% 기록(코로나 팬데믹 영향)

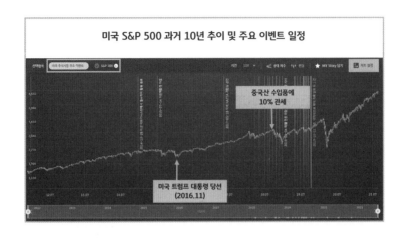

미국 S&P 500 과거 10년 추이 및 주요 이벤트 일정

미국 내 주요 이벤트 일지

2011.12.15 미국-이라크 전쟁 종전

2014.12.28 미군 아프가니스탄 철수, 활동 종료

2015.07.14 이란 핵협정 타결

2016.11.08 미국 트럼프 대통령 당선

2017.05.18 미국 NAFTA 재협상 선언

2018.09.24 미국 2,000억 달러 규모 중국산 수입품에 10% 관세 부과

2019.01.04 파월 연준의장 통화정책 기조 변경 시사

주식의 원리는 장사의 원리와 동일합니다. 잘 사는 것도 중요하지만, 잘 파는 것이 훨씬 중요합니다. 즉, 주식투자를 통해 성공하려면 매수보다는 매도를 잘해야 됩니다. 아무리 좋은 종목이라도 매일 주가가 상승할 수 없고, 아무리 나쁜 종목이라도 매일 주가가 하락하지 않습니다. 이렇듯 주식은 오르막이 있으면 내리막이 있고. 내리막이 있으면 오르막도 나옵니다. 그렇기에 보유한 주식을 언제 파느냐가 가장 중요합니다. 주가가 올라 수익을 얻고 있을 땐 최대한 많은 수익을 얻을 수 있는 시점에 팔아야 하고, 손해를 보고 있을 땐 최소한의 손실로 손절할 수 있어야 합니다. 이것만 잘해도 주식시장에서 꾸준히 수익을 얻을 수 있습니다.

하지만 개인투자자들이 이렇게 하기란 쉽지 않습니다. 그 이유는 본인만의 투자 원칙을 세우지 않았거나, 손절을 제때 하지 못했거나, 시장 흐름을 읽지 못하기 때문입니다. 사실 이는 주식투자가 본업인 전문투자자들도 어렵게 느끼는 것들입니다. 항상 공부하고 같은 실수를 반복하지 않는다면 투자에 성공할 수 있습니다.

Q5 투자자들이 실패하는 이유

　개인투자자들이 투자에 실패하는 이유는 크게 세 가지로 정리할 수 있습니다. 첫 번째 매매원칙이 없어서, 두 번째 시장 흐름을 읽지 못해서, 세 번째 적절한 타이밍에 손절을 하지 못해서입니다. 저희 KB증권 프라임센터 PB들은 각 유형별 개인투자자들에게 도움이 되었으면 하는 마음으로 이 책을 썼습니다.

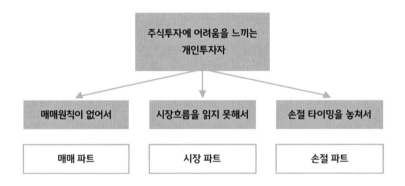

　이 책은 매매, 시장, 손절, 심화, 부록 파트로 구성되어 있습니다. 매매원칙이 없어서 어려움을 느끼는 분들은 매매 파트, 시장 흐름이나 주도주를 파악하는 능력이 부족한 분들에겐 시장 파트, 손절을 하기 어려워하는 분들은 손절 파트가 도움이 될 것입니다. 물론, 심화, 부록 파트들도 도움이 되는 내용이니 전부 체득하는 게 제일 좋은 방법입니다.

이 책은 PB 업무를 통해 쌓아온 노하우와 여러 팁들 중 실전에 적용할 수 있는 내용을 위주로, 최대한 간결하고, 쉽게 전달하려 노력했습니다. 이 책이 여러분의 실전 주식투자에 도움이 되길 바랍니다.

01

매매

매매에 절대적인 정답은 없다

01

대주주 지분, 거래량으로 매수 타이밍 잡기

프라임PB
영상으로
확인하기

POINT

직관적인 방법으로 6개월 안에
10% 절대수익 추구

대주주 지분과 거래량을 참고한 매수 타이밍 포착은 저의 개인적인 매매 노하우 중 가장 승률이 높고 직관적으로 이해하기 쉬운 방법입니다. 이 방법은 시장 상황과 상관없이 6개월 안에 10%의 절대수익을 목표로 합니다. 당연히 매매 승률은 100%라고 말할 수 없습니다. 약 70% 승률로 수익을 달성한 경험이 있기에, 자신 있게 첫 번째로 말씀드리는 노하우 중 하나입니다.

이 방법은 앞으로 6개월 정도 투자 가능한 여유자금이 있는 개인투자자에게 추천합니다. 단기적인 주가 변동에 크게 개의치 않고 6개월 정도 여유 있게 투자 가능한 분들은 이 방법을 눈여겨보길 바랍니다.

어떤 지표를 봐야 하나요?

1. 대주주(자사주 포함, 5% 이상) 지분율이 30% 이상
2. 전체 발행주식수에서 1번의 주식 수 차감
3. 차감된 물량의 50% 거래가 발생할 때 매수
4. 단 6개월 내 같은 조건의 거래가 발생한 적이 없는 경우

이 방법은 6개월 내 10% 수익을 목표로 합니다. 매수 타이밍을 포착하기 위해 봐야 될 것은 딱 세 가지입니다.

첫 번째, 대주주 지분율
두 번째, 대주주 지분을 제외한 전체 유통주식수
마지막으로, 거래량

물론, 셋 중 가장 중요한 것은 거래량입니다.
대주주 지분율, 유통주식수, 거래량 세 가지 지표는 HTS나

MTS를 이용하면 쉽게 확인할 수 있습니다. 생각보다 간단하고 경험상 승률도 70%로 매우 높습니다. 그런데 막상 이 방법을 알아도 실전에 적용하지 못하는 분들이 많습니다. 감정 절제가 잘 되지 않기 때문입니다. 머리로는 알고 있어도, 실전 매매에서 쉽게 매수 결정을 내리기가 어려운 것도 사실입니다. 통상 대량거래 후 긴 양봉이 발생하는 경우가 많기 때문에 상승한 종목을 추격매수 하기가 심리적으로 부담되기 때문입니다.

게다가 6개월이라는 기간이 짧아 보여도 막상 매수하고 기다리게 되면 무척 길게 느껴질 수도 있습니다. 특히 경력이 짧은 투자자일수록 더욱 그렇습니다. 기다리는 과정에서 "이걸 언제까지 기다려야 되나 주가가 떨어지는데 그냥 팔아야 되나" 등 여러 생각이 들면서 그냥 매도하고 싶을 때가 많을 것입니다. 그런데, 믿고 기다리면 70%의 확률로 10% 이상의 수익을 볼 수 있으니까 한번 믿고 실천하는 것을 추천드립니다.

대주주 지분을 제외한 유통가능 주식에서 큰 거래량이 나왔다는 것은 상승을 기대하는 세력(기관, 외국인 혹은 개인 등)이 매수를 강하게 한 것으로 유추할 수 있기 때문입니다.

이 방법으로 매매한다면, 꽤 좋은 성과를 얻을 수 있을 테니, 아래 실제 적용 사례와 앞의 QR 동영상을 참고하여 보시기 바랍니다.

이 방법은 매매 타이밍보다 종목을 찾는 것이 더 중요하기 때문에 대주주 지분율, 유통주식수 거래량을 참고하여 조건에 맞는 종목을 찾아 매수한 후 기다리면 끝입니다. 매수할 종목을 찾기 위한 조건은 다음과 같이 세 단계로 나눠 볼 수 있습니다.

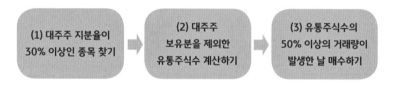

(1) 대주주 지분율로 종목 찾기
전체 주식 지분에서 대주주 지분율(자사주+5% 이상 대주주 지분의합)이 최소 30% 이상인 종목 찾기

(2) 유통주식수 구하기
전체 발행주식수에서 대주주 지분을 차감한 유통주식수 구하기

(3) 거래량이 크게 발생한 날 매수
(2)번 과정에서 계산된 유통주식수의 50% 이상의 거래가 발생한 날이 매수 타이밍

검색 조건은 위에 나와 있지만, 사실 이 순서대로 종목을 찾으려면 시간이 무척 오래 걸릴 것입니다. 종목 하나하나 다 열어보면서 대주주 지분율, 유통주식수, 거래량이 크게 발생한 날을 확인하는 것은 쉬운 일이 아니기 때문입니다. 그렇지만 필요한 조건의 확인 순서를 바꾸면 훨씬 쉽게 찾을 수 있습니다.

(1) 장 마감 후, 대량거래 종목 정리

당일 거래량 상위 종목 순서대로 나열하기

(2) 순서대로 살펴보면서 대주주 지분율이 30% 이상인 종목 찾기

나열한 종목들의 지분현황을 보면서, 대주주 지분이 30% 이상인 종목 찾기

(3) 대주주 지분을 제외한 유통주식수를 계산하고 거래량 따져보기

전체 발행주식수에서 대주주 지분을 뺀 유통주식수를 계산하고, 당일 거래량이 유통주식수의 50% 이상인 종목이 매수대상

적합한 종목의 조건은 달라지지 않았지만, 이 순서대로 하면 훨씬 빠르게 종목을 찾을 수 있습니다. 그러니 조건을 잘 이해했으면 반드시 이 순서대로 매매 타이밍을 잡아보시길 바랍니다. 이 조건

당일 거래량 상위 종목 화면(HTS)

순위	종목명	현재가		대비	등락률	거래량	전일비	거래회전율	금액(백만)
1	KODEX 200선물인버스2	2,065	▼	30	-1.43	177,437,299	101.90	1,245.96%	369,191
2	KODEX 코스닥150선물	4,345	▼	75	-1.70	53,533,070	127.97	3,632.77%	234,706
3	바이오로그디바이스	5,820	▲	620	11.92	48,274,713	86.62	129.66%	264,355
4	소프트센	2,405	▲	395	19.65	44,097,469	3,536.65	167.16%	109,708
5	KODEX 인버스	3,900	▼	25	-0.64	32,054,877	91.78	346.19%	125,318
6	국동	2,665	▼	805	-23.20	30,712,488	1,781.51	75.49%	81,052
7	예스24	14,900	▼	1,350	-8.31	29,554,500	726.53	265.64%	517,780
8	삼성전자	73,900	▼	300	-0.40	29,139,740	94.17	0.65%	2,152,814
9	SM Life Design	3,150	▲	265	9.19	25,871,808	1,232.10	84.31%	83,357
10	아즈텍WB	5,080	▼	190	-3.61	23,340,042	354.09	190.50%	130,254
11	대원제약	21,750	▲	3,850	21.51	22,287,123	1,241.80	180.00%	467,463
12	태양금속	1,860	▲	235	14.46	22,101,073	906.50	111.94%	40,412
13	카카오뱅크	84,500	▼	2,900	-3.32	20,938,658	86.26	14.71%	1,896,846
14	코스모화학	19,650	▲	2,700	15.93	20,677,698	431.54	108.59%	403,985
15	한국선재	7,170	▲	750	11.68	19,237,506	469.07	140.06%	137,377

당일 거래량 상위 종목 화면(MTS)

전체	현재가	등락률	거래량
KODEX 200선물인버스2X	2,065	1.43%	177,437,299
KODEX 코스닥150선물인버스	4,345	1.70%	53,533,070
바이오로그디바이스	5,820	11.92%	48,274,713
소프트센	2,405	19.65%	44,097,469
KODEX 인버스	3,900	0.64%	32,054,877
국동	2,665	23.20%	30,712,488
예스24	14,900	8.31%	29,554,500
삼성전자	73,900	0.40%	29,139,740
SM Life Design	3,150	9.19%	25,871,808
아즈텍WB	5,080	3.61%	23,340,042
대원제약	21,750	21.51%	22,287,123
태양금속	1,860	14.46%	22,101,073
카카오뱅크	84,500	3.32%	20,938,658
코스모화학	19,650	15.93%	20,677,698

으로 찾은 종목을 매수한 뒤에 6개월 내에 어느 정도 만족할만한 수익이 나면 매도하면 됩니다. 단 개인적으로 10%의 수익률을 목표로 합니다.

그리고 유통주식수의 50% 이상 거래가 발생한 날의 기준으로 앞선 6개월 이내 비슷한 거래(유통주식수의 50% 이상)이 발생한 종목은 제외하면 됩니다. 즉, 앞선 6개월 동안 동일 조건의 거래가 발생한 적이 없어야 된다는 것입니다.

단, 위 조건을 만족한다고 해서 무조건 매수하면 안 됩니다. 투자하고자 하는 기업의 매출액, 영업이익, 순이익 등을 알려주는 재무상태를 확인하는 것은 필수입니다. 그리고 당연히 재무상태가 나쁜 기업은 제외하는 것이 좋습니다.

첫 번째 조건에 대주주 지분율 30%로 이야기한 이유는 대주주 지분율 30% 이상인 종목은 비교적 재무상태가 건실한 경우가 많기 때문입니다.

통상 대주주 지분이 높을수록 회사의 재무상태나 실적이 안정적인 경우가 많습니다.

사례1: 그린케미칼(083420)

우선 예시로 살펴볼 기업은 그린케미칼입니다. 그린케미칼은 유기화학제품, 화공약품을 제조 및 판매하는 기업이며, 2021년 8월 27일 기준 주가는 11,350원에 총 발행주식수는 24,000,000주로, 시가총액은 2,724억 원 정도입니다.

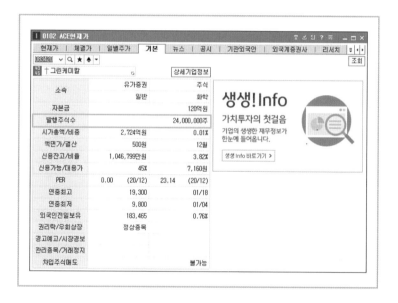

천천히 하나씩 확인해보겠습니다. 주주현황을 살펴보면 대주주 지분율이 약 63%이니 대주주 지분이 30% 이상인 종목에 해당됩니다. 총 발행주식수가 2,400만 주니까 여기서 대주주 지분에 해당

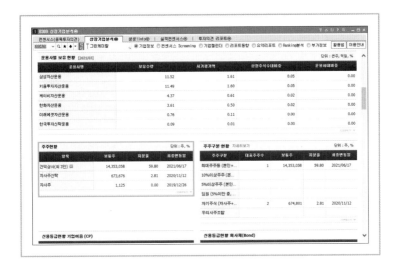

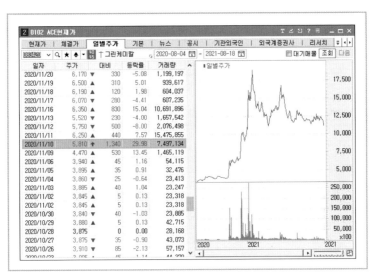

하는 1,500만 주를 빼면 약 900만 주가 남게 됩니다. 그럼 이 900

만 주의 50%(절반), 450만 주 이상 거래가 발생한 날 혹은 다음날

이 매수 타이밍입니다.

차트에서도 확인해보겠습니다. 그린케미칼은 2020년 11월 10일에 700만 주 이상의 거래가 발생했습니다. 세 번째 기준인 대주주 지분을 제외한 유통주식수의 절반인 450만 주를 훨씬 초과한 거래가 발생한 것입니다. 그 이후 주가가 계속 오르는 것이 보입니다. 5,810원 하던 주가가 2021년 1월에 19,300원을 찍었습니다. 수익률은 약 232%입니다.

사례2: 텔레칩스(054450)

두 번째 사례는 반도체 기업 텔레칩스입니다. 조건에 맞는지 확인해보겠습니다.

(1) 발행주식수: 1,350만 주

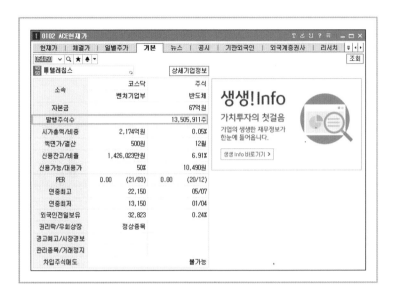

(2) 대주주 지분 + 자사주: 약 400만 주, 지분율 30.75%

(3) 유통주식수: 1,350만 주 - 400만 주 = 950만 주

발행주식수에서 대주주와 자사주를 뺀 유통주식수는 약 950만
주입니다. 그러니 이 숫자의 절반인 475만 주 이상 거래량이 발생
하는 시점이 매수 타이밍입니다. 장 마감 후에 이를 확인했다면 다
음날 매수하면 됩니다.

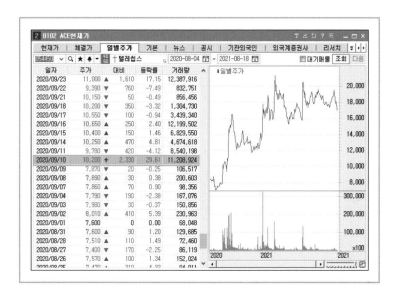

거래량을 보겠습니다. HTS를 통해 보면, 2020년 9월 10일 갑자
기 1,100만 주나 거래되는 일이 발생합니다. 매수 타이밍의 기준인
475만 주를 훌쩍 넘겼기에 이날 매수하거나 다음날 매수하면 됩니
다.

차트를 보면 거래량이 크게 발생한 9월 10일 이후부터 우상향하는 모습을 그립니다. 10,200원이었던 주가가 2021년 7월 10일 17,000원대에 안착한 모습입니다. 매수 타이밍 기준으로 약 67%의 수익률을 기록했습니다.

사례3: 코리아센터(290510)

세 번째 사례는 소프트웨어 기업 코리아센터입니다.

(1) 발행주식수: 7,620만 주

(2) 대주주 지분 + 자사주: 약 5,970만 주, 지분율 78.36%

(3) 유통주식수: 7,620만 주 − 5,970만 주 = 1,650만 주

앞서 텔레칩스와 같은 순서대로 계산해 보면, 전체 발행주식수

에서 대주주 지분과 자사주를 뺀 유통주식수는 약 1,650만 주입니다. 여기서 절반인 825만 주 이상 거래가 발생하는 날 혹은 다음날이 매수 타이밍입니다.

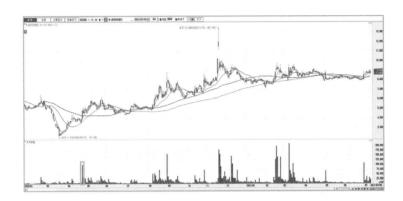

2020년 4월 23일 매수 기준이 되는 825만 주를 175만 주나 넘긴 1,000만 주 정도의 거래량이 발생합니다. 이날 종가가 4,825원이니 이날 매수했다고 가정해보겠습니다.

4,825원에 매수한 뒤, 7개월이 지난 11월 19일 13,300원 최고점을 찍었습니다. 물론, 그 뒤로 주가가 다시 내려왔지만 8,000원 ~ 9,000원대에 머물러 있습니다. 9,000원을 기준으로 하면 86.5% 정도의 수익률이 나옵니다.

사례4: KMH(122450)
다음 사례는 방송서비스 기업 KMH입니다.

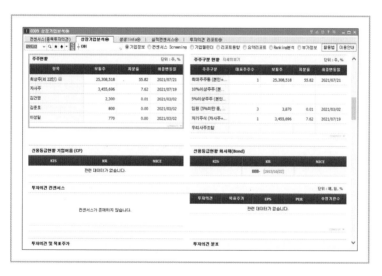

(1) 발행주식수: 4,530만 주

(2) 대주주 지분+자사주: 약 2,870만 주, 지분율 63.45%

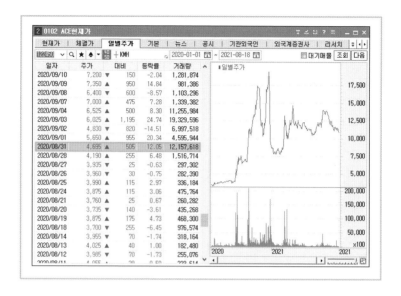

(3) 유통주식수: 4,530만 주 − 2,870만 주 = 1,660만 주

대주주 지분, 자사주 비율과 발행주식수를 기준으로 유통주식
수를 구해보면 약 1,660만 주가 나옵니다. 같은 방법으로 절반인

830만 주 이상 거래가 발생한 날 혹은 그 다음날이 매수 타이밍입니다.

2020년 8월 31일, 매수 기준인 830만 주를 훌쩍 넘긴 1,215만 주가량의 거래가 발생했습니다. 이날 종가인 4,695원에 매수를 했다고 가정해봅시다(다음날도 상관없습니다.)

매수한 뒤, 4개월도 안된 20년 12월 21일 주가는 21,800원으로 최고점을 찍었습니다. 만약 이날 매도했다면 약 4개월 만에 364.3%의 수익을 얻게 됐을 것입니다. 2021년 7월 10일 주가는 약 13,000원으로 약 176.9% 정도의 수익률이 나옵니다.

사례5: 아남전자 (008700)

다음은 전기전자 기업 아남전자입니다.

(1) 발행주식수: 7,712만 주

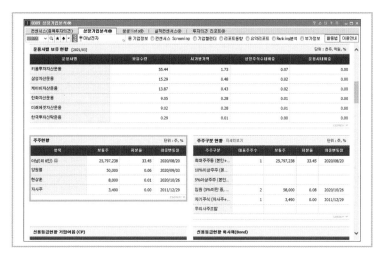

(2) 대주주 지분 + 자사주: 약 2,580만 주, 지분율 33.5%

(3) 유통주식수: 7,712만 주 - 2,580만 주 = 5,132만 주

　　대주주 지분, 자사주 비율과 발행주식수를 기준으로 유통주식
수를 계산해 보면 약 5,132만 주가 나옵니다. 이 숫자의 절반인
2,566만 주 이상 거래가 발생한 날 혹은 다음날이 매수 타이밍입
니다.

　2020년 5월 26일 매수 기준인 2,566만 주를 넘긴 2,993만 주 가량의 거래가 발생했습니다. 이날 종가인 2,045원에 매수를 했다고 가정해보겠습니다.

　첫 매수하고 나서부터 주가가 계속 하락해서 걱정이 될 수 있습니다. 100% 승률은 불가능합니다. 원칙대로 6개월은 보유합니다.

　결국 6개월쯤 지난 10월 말에 2,500원을 넘어서며 20% 정도 수익률을 기록합니다 그 후 추가로 상승해 3,000원을 돌파했습니다.

사례6: 제놀루션(225220)

　다음은 제놀루션이라는 제약/바이오 기업입니다. 대주주와 자사주 지분의 합은 30%라는 기준에 다소 부족하지만, 사례를 보겠습니다.

(1) 발행주식수: 956만 주

(2) 대주주 지분 + 자사주: 약 270만 주, 지분율 28.16%(1.84%

부족)

 (3) 유통주식수: 956만 주 − 270만 주 = 686만 주

2020년 7월 24일 매수 기준인 343만 주를 넘긴 520만 주의 거

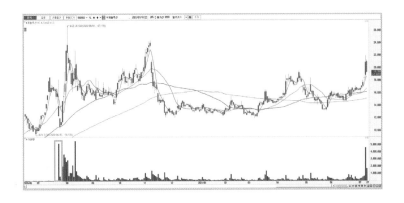

래가 발생했습니다. 이날 종가인 12,400원에 매수했다고 가정해보겠습니다. 그런데 지금까지와는 다르게 다음날 거래량은 미미한데 주가가 13% 하락합니다. 하지만 6개월까지는 일단 기다려보기로 합니다.

그리고 얼마 지나지 않아 다시 주가가 엄청나게 상승합니다. 6개월을 기다리기로 마음먹었는데, 단 6거래일만에 주가가 22,000원을 달성합니다. 더 오래 가지고 있을까 고민이 될 정도로 생각보다 너무 빠르게 상승했고, 반등 후 하락이 나왔지만 목표 수익률 10%는 충분히 달성합니다.

사례7: 우리바이오(082850)

마지막으로 우리바이오라는 기업입니다.

(1) 발행주식수: 4,510만 주

(2) 대주주 지분 + 자사주: 약 1,620만 주, 지분율 36.0%

(3) 유통주식수 : 4,510만 주 − 1,620만 주 = 2,890만 주

이 숫자의 절반인 1,445만 주 이상의 거래가 발생한 날 혹은 그 다음날이 매수 타이밍입니다.

대주주 지분, 자사주 비율과 발행주식수를 기준으로 유통주식 수를 구해보면 약 2,890만 주입니다.

2019년 11월 14일 매수 기준인 1,445만 주를 넘긴 약 1,500만 주의 거래가 발생합니다. 이날 종가인 1,165원에 매수를 했다고 가정해보겠습니다.

첫 매수를 하고 나서부터 주가가 조금 오르다가 횡보해 적당히 수익을 보게 됩니다. 그러다 20년 1월쯤 목표수익률인 10%를 달성합니다. 이후 20년 8월에 다시 한번 매수 기준인 1,445만 주를 초과하는 1,900만 주 이상의 거래가 발생합니다.

앞서 언급했듯이 기준에 맞는 거래 발생 후 6개월 이상의 시간이 지나고(약 9개월 후), 매수 기준이 되는 거래가 발생합니다. 즉, 2019년 11월에 대량거래 발생 후 2020년 8월에 다시 기준에 부합하는 거래 발생, 약 9개월간의 공백이 있었습니다. 따라서 매수 조건에 부합하므로 매수합니다.

20년 8월 18일에 1,660원 종가로 매수를 한 이후, 10% 달성은 물론이며 차트에서 확인할 수 있듯이 최고가는 10,000원까지 오르

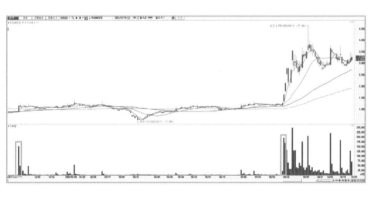

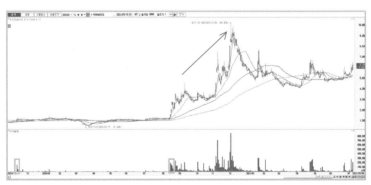

며 500% 이상의 수익률을 기록합니다.

지금까지 살펴본 사례들을 보고 "2020년 3월 코로나 팬데믹 발생 이후부터 2021년 8월까지는 시장이 상승했으니 당연한 결과 아닐까요?"라고 생각할 수 있습니다.

그래서 최근 조건이 발생한 종목 하나만 보도록 하겠습니다. 물론 이 책이 출판된 이후에 결과를 확인할 수 있을 것입니다. 말씀드린 대로 100%의 승률은 불가능하며 최근 조건에 부합된 종목은 다음과 같습니다.

사례8: TYM(002900)

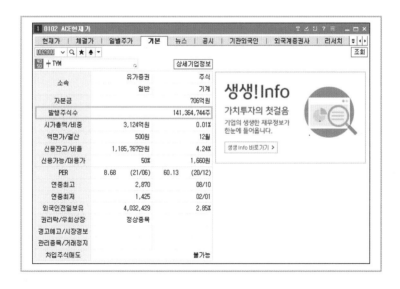

동양물산에서 사명을 변경한 TYM이라는 종목입니다. 총 발행 주식수는 1억 4,100만 주 정도입니다. 대주주 지분을 보겠습니다.

5% 이상 대주주 및 자사주 수량 등을 보니 약 6,000만 주인 것을 확인할 수 있습니다. 그렇다면 1억 4,000만 주에서 6,000만 주를 차감하면 8,000만 주가 남게 되고 8,000만 주의 절반인 4,000만 주 이상 거래가 발생할 때 매수 타이밍인 것을 알 수 있습니다.

TYM은 2021년 8월 6일 1억 5,000만 주의 거래가 발생했습니다.

다음 차트를 살펴보면 2020년 11월 초에 대량거래 발생한 후에, 2021년 8월 6일 조건에 부합하는 대량거래가 발생한 것입니다. 조건에 부합한 후 조정을 받은 상황이나 6개월을 지켜보기로 했으니 결론은 향후 움직임을 지켜봐야 알 수 있을 것입니다.

지금까지 대주주 지분율과 거래량을 통해 매수 타이밍을 포착

하는 실제 사례를 알아보았습니다. 앞서 말했듯이 주의해야 할 점

도 있습니다. 승률이 높은 것은 사실이지만, 100%는 아니라는 점, 매수하고 꽤나 오랜 기간 동안 기다려야 할 수도 있다는 점, 마지막으로 재무상태가 불안한 종목은 제외해야 된다는 점, 이런 점들만 유의한다면 이 방법으로 매수 타이밍을 포착하고 목표수익률인 10%를 달성하는데 큰 문제는 없을 것입니다. 대주주 지분율, 유통주식수, 그리고 거래량. 이 세 가지의 조건이 만족하는 시점을 정확하게 포착해 실전매매에 적용하시길 바랍니다.

02

일목균형표 후행스팬으로 매수 타이밍 잡기

프라임PB
영상으로
확인하기

POINT

(A) 후행스팬이 주봉캔들을 돌파

(B) 주봉상 종가가 후행스팬 캔들 돌파 이후 최고가 달성
(종가의 봉이 길수록 상승 폭이 크다)

(C) 주봉상 거래량이 최고 거래량을 기록한 시점(거래량이
많을 수록 상승 폭이 크다)

A, B, C가 충족되는 종목을 주말에 찾고(주봉) 월요일 매수
6개월 내 10% 절대수익 추구

이동평균선, 볼린저밴드와 같은 용어는 익숙하겠지만 '일목균형
표'라는 용어는 처음 들어보는 분들도 많을 것입니다. 평소 기술적
분석을 자주 활용하는 개인투자자가 아니라면 일목균형표라는 용

어가 생소할 수도 있을 것입니다.

　일목균형표는 대표적인 기술적 보조지표 중 하나로, 간단하게 설명하자면 주가의 추세(움직임)를 다섯 개의 선을 활용해 예측하는 보조지표입니다. 그리고 이 다섯 개 선은 전환선, 기준선, 선행스팬 1, 선행스팬 2, 후행스팬입니다. 이 중에서 제가 알려드릴 노하우는 '후행스팬'을 이용해 매매 타이밍을 포착하는 것입니다.

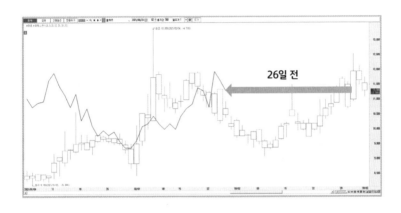

　솔직히 저는 거래량, 캔들(봉 모양), 이동평균선, 즉 주식투자에 가장 기본적인 세 가지만 매매 타이밍 포착에 활용하고 있으며 보조지표인 MACD, RSI, 볼린저밴드, 심지어 지금 소개할 일목균형표 또한 주의 깊게 활용해 본 적은 없습니다. 과거 여러 가지 보조지표를 이용해 매매해 본 적은 있으나 현재는 기초 중에 기초, 기본 중에 기본인 거래량과 캔들만 매매에 적용하고 있습니다. 하지만, 저는 일목균형표의 후행스팬, 거래량, 캔들 세 가지를 조합해 흥미로운 결과를 도출했습니다.

이 결과가 바로 저의 두 번째 노하우입니다.

직관적으로 최대한 이해하기 쉽게 예시를 근거로 설명하겠습니다.

우선 이 노하우를 활용하기 위해서는 후행스팬에 대한 대략적인 이해가 필요합니다. 후행스팬이란 오늘의 종가를 26일(영업일 기준) 과거 시점에 위치시켜 이를 연결한 선입니다. 즉, 지금의 주가를 26일 전으로 이동시킨 것입니다. 그래서 후행스팬 모양은 주가 움직임과 똑같습니다. 주가가 선행하고, 후행스팬이 따라가는 모양이 그려집니다.

저는 여기서 일봉이 아닌 주봉 즉, 26주를 기준으로 삼아 후행스팬과 거래량 캔들의 모양을 관찰해 매수 시점을 포착합니다. 일반적인 후행스팬이 26일로 설정되어 있으므로 후행스팬을 차트에 추가하고 주봉을 보고 매수 타이밍을 포착하면 됩니다.

즉, 26일이 아니라 26주를 기준으로 삼아 후행스팬과 거래량 캔들의 모양을 관찰하면 매수 타이밍을 포착할 수 있습니다. 일목균형표를 군이 완벽히 이해할 필요도 없습니다.

아래와 같은 세 가지 조건이 충족되었을 때 매수하면 됩니다.

(A) 후행스팬이 주봉캔들을 돌파

(B) 주봉상 종가가 후행스팬 캔들 돌파 이후 최고가 달성(종가의 봉이 길수록 상승 폭이 크다)

(C) 주봉상 거래량이 최고 거래량을 기록한 시점(거래량이 많을수록 상승 폭이 크다)

일단 26주는 52주의 절반, 즉 6개월입니다. 위의 ABC 조건이 나오려면 주가는 최근 6개월 내 신고가가 발생하고, 거래량도 대량거래가 발생해야 합니다. 달리 말하면 주가가 상승추세에 진입했다는 것을 의미합니다. 그래서 이 매매법은 상승추세인 것을 확인한 후 매수한다는 개념입니다.

실전에 적용하는 방법은 위 세 가지 A, B, C 조건을 동시에 충족한 종목을 주말에 찾고, 다음날(월요일) 시초가에 매수하는 것입니다. 이론상으로는 어려워보여도 다음 실제 적용 사례를 보면 쉽게 이해할 수 있을 것입니다.

이 노하우는 앞서 다룬 '01. 대주주 지분, 거래량으로 매수 타이밍 잡기'와 동일하게 6개월 내 10%의 절대수익을 추구합니다. 승률은 약 70%입니다.

손절 조건도 어렵지 않습니다. 후행스팬을 활용했으니, 후행스팬의 움직임을 주시하면 됩니다. 후행스팬이 하향하면서 주봉캔들을 하회하는 시점에 손절하면 됩니다.

사례를 통해 살펴보기

사례1: 인선이엔티(060150)

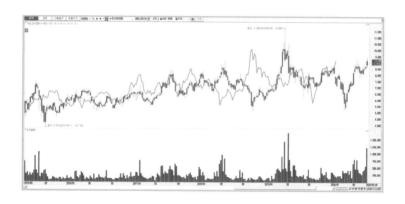

첫 번째 사례로 인선이엔티를 살펴보겠습니다. 인선이엔티의 차트에서 오렌지색 선이 일목균형표 후행스팬(주봉)입니다. 2020년 7월 20일 경의 후행스팬과 주봉캔들, 종가, 그리고 거래량 부분을 주목하고 확대해서 보겠습니다.

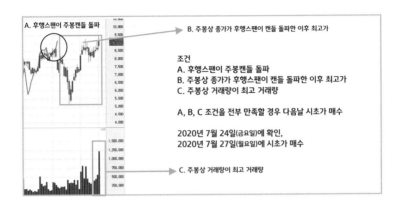

A. 후행스팬이 주봉캔들 돌파

B. 주봉상 종가가 후행스팬이 캔들 돌파한 이후 최고가

조건
A. 후행스팬이 주봉캔들 돌파
B. 주봉상 종가가 후행스팬이 캔들 돌파한 이후 최고가
C. 주봉상 거래량이 최고 거래량

A, B, C 조건을 전부 만족할 경우 다음날 시초가 매수

2020년 7월 24일(금요일)에 확인,
2020년 7월 27일(월요일)에 시초가 매수

C. 주봉상 거래량이 최고 거래량

차트에 표시한 A, B, C를 보면 2020년 7월 24일에 앞서 말한 세 가지 조건을 동시에 충족한 것을 알 수 있습니다. 이날은 금요일이었으니 주말 동안에 잊지 않고 있다가, 장이 다시 열리는 7월 27일 월요일에 매수합니다.

시초가 매수
9,340원

7월 27일 시초가는 9,340원이었고, 종가는 9,650원을 기록합니다. 하루 만에 3.3% 정도 상승했습니다. 목표수익률 10%를 달성할

때까지 보유합니다.

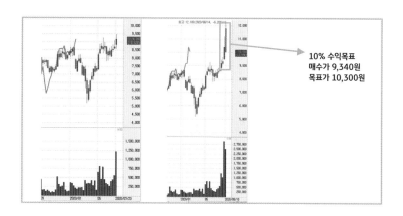

약 한 달도 안 되어 주가가 목표수익률(10%)을 달성할 수 있는
10,300원에 도달했을 뿐만 아니라, 무려 12,100원까지 올라갑니다.
종가의 봉도 길었고, 거래량도 많았기에 그만큼 더 큰 수익을 올릴
수 있었습니다.

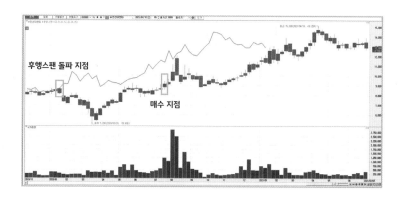

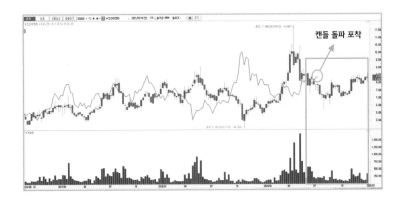

반대로 실패 사례를 보겠습니다.

동일한 종목인 인선이엔티 주봉입니다.

후행스팬의 캔들 돌파 시점을 보니, 첫 번째와 두 번째 조건은 만족한 것을 알 수 있습니다. 후행스팬이 주봉캔들을 돌파했고, 주봉종가가 후행스팬 돌파 이후 최고가를 기록했습니다. 그런데 마지막조건인 거래량을 만족하지 못했습니다.

즉 A, B 조건은 충족했으나 C 조건은 충족하지 못했습니다.

이후의 주가 움직임을 보면 하락한 모습을 볼 수 있습니다. 따라서 A, B, C 세 가지 조건을 다 충족하는 경우에만 매수합니다.

사례2: 롯데정밀화학(004000)

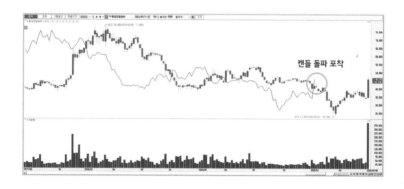

다음 사례는 롯데정밀화학입니다. 2020년 7월경 후행스팬이 주봉캔들을 돌파합니다.

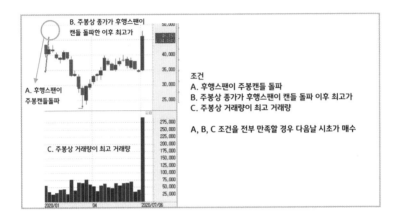

A, B, C 조건이 충족되었습니다. 조건 충족 후 움직임을 보도록 하겠습니다.

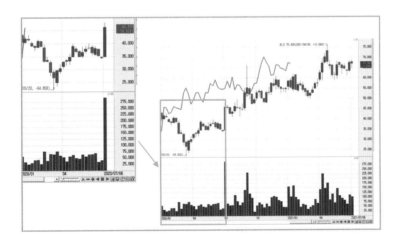

상승하는 주가를 확인할 수 있습니다.

사례3: 삼성전자(005930)

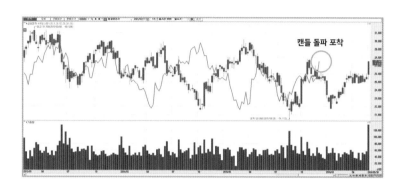

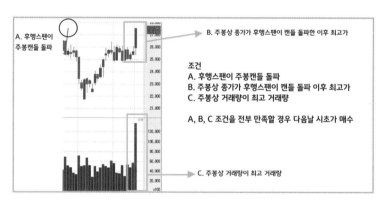

A, B, C 조건이 충족된 이후 주가의 움직임은 다음과 같습니다.

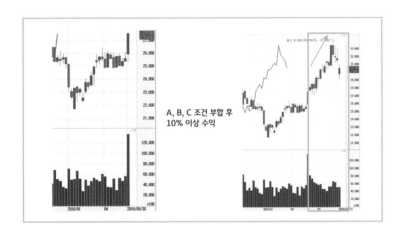

A, B, C 조건 부합 후
10% 이상 수익

이번에는 같은 삼성전자에서 A 조건과 B 조건만 충족한 경우입
니다.

캔들 돌파 포착

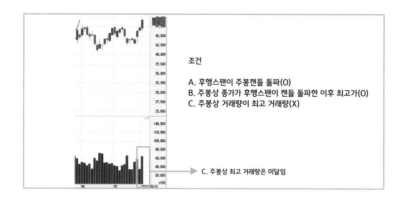

조건

A. 후행스팬이 주봉캔들 돌파(O)
B. 주봉상 종가가 후행스팬이 캔들 돌파한 이후 최고가(O)
C. 주봉상 거래량이 최고 거래량(X)

→ C. 주봉상 최고 거래량은 미달임

C 조건이 충족되지 않았으나 주가는 상승했습니다.

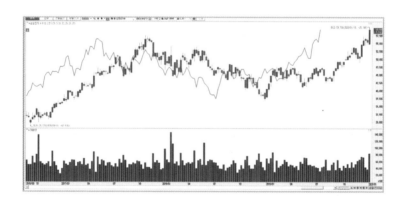

인선이엔티, 삼성전자 둘 다 A 조건과 B 조건만 만족한 상황이 있었습니다. 인선이엔티의 경우 주가가 하락했고, 삼성전자의 경우에는 주가가 상승했습니다. 이처럼 A 조건과 B 조건, 두 가지만 만족한 경우에는 결과가 예상과 다르게 나올 수도 있습니다. 따라서 가장 확실한 방법은 A, B, C 조건을 모두 충족됐을 때 매수하는 것입니다.

또한 앞에서 봉의 길이가 길수록, 거래량이 많을수록 추후 상승률이 높다고 했습니다.

사례4: 이연제약(102460)

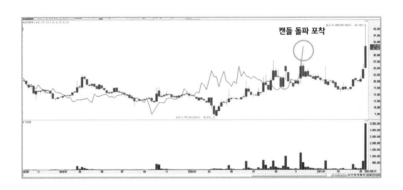

이연제약의 사례를 보겠습니다.

차트를 보면 A, B, C 조건이 전부 충족되었습니다. 거래량이 평소보다 월등히 많고 봉의 길이 또한 길게 나왔습니다.

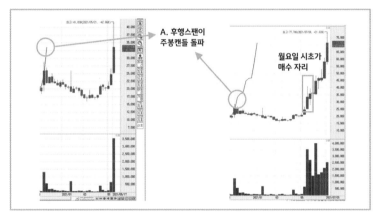

A, B, C 조건 충족 후, 다른 종목에 비해 월등히 높게 상승하는 것을 확인할 수 있습니다.

사례5: 카카오(035720)

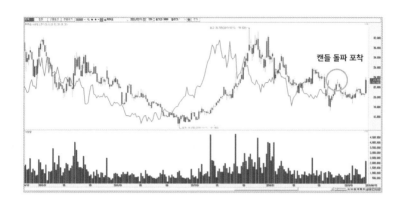

마지막으로 카카오의 사례를 한번 보겠습니다. 차트에 표시된 시점에서 카카오의 후행스팬이 캔들을 돌파합니다. 이후 2019년 4월 15일에 A, B, C, 세 조건을 모두 충족시킵니다. 그럼 그 다음날인 2019년 4월 16일에 매수를 진행합니다.

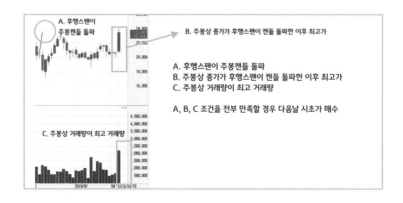

A, B, C 세 조건을 모두 충족시킵니다. 주봉 완성 시점은 금요일 장 마감 후이니 월요일 아침 매수하면 됩니다.

세 조건을 모두 만족했으니 주가는 그 뒤로 계속 상승합니다. 매수 시점 포착 후 약 40%가 오른 것을 확인할 수 있습니다.

정리

후행스팬이라는 용어가 많이 쓰는 말은 아니니, A, B, C 조건이 익숙하지 않다면 다시 한번 위의 사례들을 천천히 읽어보며 이해하길 바랍니다. 세 가지 조건이 어떻게 맞물려 있는지도 집중해서 보면 좋습니다. 사례가 이해가 되고 지표들의 의미를 어느 정도 알았다면, 제시한 방법처럼 매매 타이밍을 천천히 잘 찾아보길 바랍니다.

03

이동평균선으로 매매 타이밍 잡기

POINT

60개월 이동평균선은 해당 기업의 5년 치 평균 주가를 반영합니다. 60개월 이동평균선과 주가 차트 사이의 이격이 좁아진 지점이 매수 타이밍입니다.

이동평균선은 기간별 주가의 흐름을 관찰할 수 있게 해주는 유용한 보조지표입니다. 기술적 분석에 가장 기본이 되는 보조지표로써 이번 장에서는 여러 이동평균선 중 60개월 이동평균선을 활용해 매매 시점을 포착하는 방법에 대해 이야기해 보도록 하겠습니다.

일반적으로 60개월 이동평균선은 해당 기업의 5년 치 평균 주가

기간별 이동평균선

종류	기간	비고
5일선	1주일	단기이평선
20일선	1개월	단기이평선
60일선	3개월/분기	중기이평선
120일선	6개월/반기	중기이평선
12개월	1년	장기이평선
36개월	3년	장기이평선
60개월	5년	장기이평선

를 반영합니다. 기업의 주당순이익 변화 추이와 유사하게 흘러가기 때문에 기업의 내재 가치를 반영한 주가의 변화를 알 수 있는 좋은 지표이기도 합니다. 60개월 이동평균선의 상승/하락 돌파 여부 혹은 변화를 관찰해 기업의 현황을 예측할 수 있습니다.

이러한 점을 주목해 60개월 이동평균선과 주가의 이격이 좁아질 때 매수 타이밍을 포착할 수 있습니다. 즉, 60개월 이동평균선이 우상향하는 종목을 고른 뒤, 이격이 좁혀지는 시점에 저점 매수하는 것입니다. 이동평균선이 우상향하는 기업에 투자하는 일은, 내재가치가 상승하는 안정적인 기업에 투자하는 것이라 이해하면 됩니다.

이동평균선은 HTS나 MTS의 이동평균선 설정에서 원하는 기간을 직접 설정하면 됩니다. 이동평균선을 활용할 때에는 두 가지 포인트만 기억하면 됩니다.

(1) 이동평균선 기울기가 (-)에서 (+)로 반전되는 시점, 혹은 상승 돌파 시점이 매수 타이밍

(2) 이동평균선 기울기가 (+)에서 (-)로 전환되는 시점, 혹은 하락 돌파 시점이 비중 축소 또는 손절 고려 타이밍

두 조건들은 기업의 장기적인 성장성과 관련이 있습니다. 이동평균선 하나만 보는 것이기 때문에 어렵지는 않습니다. 첫 번째 조건은 기업의 전망이 밝아지는 것입니다. 보통 성장성에 문제가 있다가 이를 해결해 다시 상승추세에 접어든다는 신호이기 때문에 매수 타이밍입니다.

두 번째 조건은 기업의 전망이 어두워지는 것입니다. 장기 성장성에 문제가 생겨 하락추세에 접어들었다는 신호입니다. 그렇기에 비중을 축소하거나 과감히 손절할 타이밍입니다. '언젠가 다시 오르겠지'라는 믿음은 여기서 필요 없습니다. 원칙대로 대응하지 않으면 하락추세에 진입해 상당 기간 주가가 하락 횡보할 수 있으니, 반드시 기계적으로 대응해야 합니다.

우선 매수 타이밍에 접어드는 첫 번째 조건의 사례부터 보겠습니다. 삼성전자의 60개월 이동평균선 차트는 꾸준히 성장하는 모범적인 기업답게 우상향 추세를 보여주고 있습니다. 60개월이라는 긴 시간 동안 단 한번도 하락추세로 전환된 적이 없습니다.

이 차트에서 60개월 이동평균선과 주가 차트 사이의 이격이 좁아진 지점이 있습니다 그때가 바로 매수 기회라 보면 됩니다. 차트 상에서는 매수 지점이 지나면 그 뒤에는 항상 주가가 오르는 모습을 보이고 있습니다. 60개월 이동평균선을 활용한 매매의 모범사례입니다.

두 번째로 철강 산업의 대표주인 포스코(005490)를 살펴보겠습니다. 포스코는 2000년대 초반만 해도 글로벌 경기 호황에 따른 철

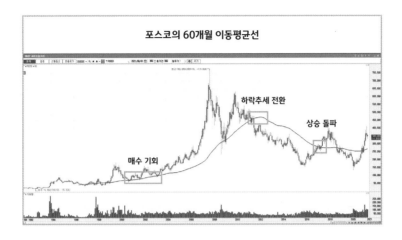

포스코의 60개월 이동평균선

강수요 증가로 장기 우상향하는 모습을 보이다가, 2010년도 금융
위기 시점부터 하락추세로 전환되었습니다. 그래프에 표시한 60개
월 이동평균선이 꺾인 지점이 있습니다. 당시 포스코를 보유했다면
비중 축소 혹은 매도를 했어야 합니다.

이후 주가 흐름을 보면 알겠지만 저 시점에서 비중 축소 혹은 손
절을 안 했으면 꽤 오랜 시간 마음고생을 하지 않았을까요? 그래서
종종 포스코 주주들 중에는 10년 넘게 물려 있다고 한탄하는 경우
도 많습니다.

물론 2016년 말에 상승 돌파 신호가 나왔지만 매수하기 좋지는
않았습니다. 60개월 이동평균선의 기울기 자체는 여전히 (−)였기
때문입니다. 매수를 하기엔 조금 애매하다고도 느껴집니다. 2021년
에 들어서서 다시 상승 돌파가 나오고는 있습니다. 이동평균선 기울
기가 (−)에서 (+)로 완전히 반전된다면, 매수를 고려해도 좋아 보입

한국전력의 60개월 이동평균선

니다.

이동평균선의 기울기만 참고하는 간단한 방법이지만, 모든 기업에 통하는 방법은 아닙니다. 마지막으로 한국전력(015760)을 살펴보겠습니다. 차트를 보면 60개월 이동평균선이 등락을 반복하는 모습을 보이고 있습니다. 하락 〉 상승 〉 하락 〉 상승 〉 하락, 이 순서대로 총 다섯 번이나 추세가 바뀌었습니다.

앞서 말한 두 기업에 비해 추세 하락 및 상승 전환 시점이 너무 자주 나오는 것 같아 보입니다. 한국전력 같은 기업은 장기 성장주가 아니라 공공기업이기 때문에 정부의 전력 정책에 따라 실적이 들쑥날쑥합니다. 그래서 60개월 이동평균선이 이런 모습을 그리는 종목은 이 매매 노하우를 적용하기엔 부적합한 종목이라 할 수 있습니다.

지금까지 60개월 이동평균선을 참고한 매매 노하우에 대해 알아봤습니다. 이동평균선의 이격을 활용해서 매수 타이밍과 매도 또는 비중 축소 타이밍도 사례와 함께 알아봤습니다. 이해가 잘 안 간다면 사례로 나온 종목의 차트 흐름을 좀 더 자세하게 살펴보면 금방 감을 잡을 수 있을 것입니다.

최근엔 시장 변화 속도가 빨라져 시장 패러다임이 급격하게 변동하는 특성을 가진 업종들은 60개월이 아니라 좀 더 짧은 40개월 이동평균선을 참고하는 것이 더 좋을 수 있습니다. 예를 들면 카카오나 네이버가 속한 인터넷 플랫폼 업체들이 그렇습니다.

다른 방법과 마찬가지로 원칙을 지키는 것이 중요합니다. 매도 신호가 나왔을 때 미련 없이 매도해야 손실을 잘 방어할 수 있습니다. 이 원칙을 지켜나간다면 장기적으로 꾸준히 수익을 낼 수 있습니다.

04

거래량과 볼린저밴드 상단 돌파 여부를 통한 매매 노하우

볼린저밴드의 폭이 좁아진 구간이 길게 형성된 종목일수록 주가 상승률이 높습니다.

'볼린저밴드'는 차트매매를 주로 하는 투자자들에게 익숙한 보조지표입니다. 이 책을 읽고 있는 분들 중에서도 이미 적극적으로 활용하시는 분도 있을 것입니다. 볼린저밴드를 간단히 말하자면 주가 이동평균선을 기준으로 주가의 변동성을 밴드 형태로 표현한 기술적 분석지표입니다.

볼린저밴드

중심선: n일 이동평균선

상한선: 중심선 + (표준편차 × k)

하한선: 중심선 - (표준편차 × k)

우선 볼린저밴드는 상한선, 하한선, 중심선, 이 세 가지 선으로 표시됩니다. 일반적으로 n의 값은 20일로 설정합니다. 즉, 중심선은 20일 이동평균선이 베이스가 됩니다. 그리고 k의 값은 2로 설정해 2 표준편차를 사용합니다. 즉, 상한선과 하한선은 중심선을 기준으로 + 2 표준편차 ~ - 2 표준편차에 위치하게 되는 것입니다.

조금 더 통계학적인 시각으로 접근해보겠습니다. 특정 집단에서 평균과 2 표준편차 내에서 사건이 발생할 확률은 약 95%이고, 이를 벗어날 확률은 약 5%에 불과합니다. 그리고 이를 볼린저밴드에 적용시켜보면 주가가 볼린저밴드 상한선 혹은 하한선을 돌파할 확률이 약 5%에 불과하다는 것이고, 상승과 하락 확률을 모두 합한 값이니 어느 한쪽 방향으로 돌파할 확률은 2.5%라고 볼 수 있습니다. 즉, 볼린저밴드 상한선 상승 돌파는 정말 낮은 확률로 발생하는 상당히 드문 사건이란 것입니다.

주식시장에선 이런 사건이 아무 이유 없이 일어나는 경우는 거의 없습니다. 볼린저밴드 상한선이 상승 돌파되었다면, 인위적인 의도가 작용했거나 이전에는 없던 외부적 변수가 발생했을 확률이 높습니다. 특히, 여기에 거래량 증가까지 수반될 경우 수급 차원에서도 주요한 변화가 생겼음을 암시하고 주가 상승을 확신하는 세력의 개입도 짐작해 볼 수 있습니다. 즉, 이러한 해석을 기반으로 볼린저밴드 상한선 돌파를 상승 모멘텀으로 보고 매수 진입을 고려해보는 것도 좋은 매매 전략이라고 봅니다.

　이 노하우의 핵심은 갑자기 거래량이 발생하기 시작하면서 볼린저밴드 상한선(상단)을 돌파하는 종목을 찾는 것입니다. 이러한 경우, 일반적인 상황과 다르게 이례적으로 매수세가 엄청나게 유입되고 있다는 신호라 해석하면 됩니다. 보통 이러한 신호를 보낸 종목은 단기 급등할 확률이 꽤 높은 편이라 이 확률을 믿고 매수를 하는 방법입니다. 게다가 볼린저밴드 돌파 여부와 거래량만 살펴보면 되기에, 개인투자자분들이 활용하기 용이합니다. 하지만 상단이 아니라 하한선(하단)을 돌파하는 종목은 절대 매수해서는 안 될 종목이라 생각하면 됩니다. 상단 돌파와 다르게 단기 급등이 아닌 단기 급락이 나올 확률이 높기 때문입니다.

간단합니다. 거래량과 볼린저밴드 돌파 여부, 딱 두 가지 조건만 살펴보면 됩니다. 볼린저밴드 돌파는 반드시 상단 돌파여야 합니다. 앞서 설명한 대로 1) 거래량이 증가하면서 2) 볼린저밴드 상단을 돌파하는 종목, 이 두 가지 조건을 동시에 충족하는 시점을 매수 타이밍으로 잡으면 됩니다. 거래량과 볼린저밴드 상단 돌파 여부는 HTS나 MTS에서 설정만 해 놓으면 쉽게 확인이 가능하니 금방 활용할 수 있을 것입니다. 더 쉬운 이해를 위해 거래량과 볼린저밴드 돌파의 의미에 대해서 말씀드리겠습니다.

우선, 주식시장에서 거래량의 의미부터 다시 짚어보겠습니다. 각자 해석 방법이 다를 수 있겠지만, 거래량은 투자자들의 관심도와 정비례한다고 생각합니다. 보통 거래량이 갑자기 증가한다는 것은 외인이든, 기관이든 어디선가 큰 손(세력)이 해당 종목을 대량으로 매수하거나, 매도하고 있다고 해석하면 됩니다. 즉, 많은 물량이 거래가 되고 있는 상황이기에 주가가 급등하거나, 급락할 확률이 높아진 상태라고 이해하면 됩니다.

앞서 볼린저밴드를 설명하면서, 특정 종목의 주가는 볼린저밴드 내에서만 움직일 확률이 약 95%를 넘는다고 말했습니다. 이 95% 확률을 이겨내고 밴드를 돌파한다는 건 결코 쉽지 않은 일입니다. 일반적으로 개인투자자들의 매수세로는 밴드를 돌파하기는 어렵고, 큰 손(세력)의 매수세가 유입되어야 가능합니다. 그렇기에 밴드 상단을 뚫는다는 것은 큰 손들의 매수세가 들어오고 있다는 의미라서 좋게 해석하는 것입니다.

늘 반복하지만 주식시장이 항상 예측대로 움직이는 것은 아닙니다. 그렇기에 위 두 가지 신호가 동시에 나오더라도 주의해야 할 점도 반드시 명심해서 지켜야 합니다. 손실을 막기 위해선, 오히려 이 원칙들을 지키는 것이 더 중요합니다.

(1) 오로지 차트 분석에만 근거한 매매법이기에 추세가 급반전 될 수 있다(리스크 존재)

(2) 추세가 반전되었다고 판단하는 기준은 상승 각도에 따라 5일, 20일 이동평균선 이탈로 설정

한 마디로 정리하면 거래량이 발생하면서 매수세가 붙어 상단을 돌파했는데, 얼마 되지 않아 추세가 하락으로 반전될 수 있으니 항상 주의해야 한다는 것입니다. 추세 반전 여부는 5일, 20일 이동평균선을 기준으로 판단하면 좋습니다. 이동평균선을 이탈할 시에는 신속히 매도해서 손실이 커지는 것을 방지해야 합니다.

단, 주가가 하락한다고 해서 겁먹고 무조건 매도하면 안 됩니다. 왜냐하면 돌파-조정-돌파-조정 패턴을 반복하면서 계단식으로 상승하는 경우도 있기 때문입니다. 그렇기에 본인이 정한 손절 기준(이동평균선 이탈 여부)을 충족하지 않는다면, 인내심을 발휘해 계속 보유하면서 주가 추이를 보고 기다려야 할 때도 있습니다.

또 하나의 팁을 드리자면 차트에서 볼린저밴드 폭이 좁아지는 구간을 유심히 보길 바랍니다. 이 폭이 좁아진 구간이 긴 종목일수록 밴드 상단을 돌파했을 때, 주가가 상승할 확률이 더 높습니다. 주가를 누르고 있는 눌림목 구간이 그만큼 길었다는 것입니다. 기다림이 길수록, 더 큰 상승이 나오기 때문입니다.

사례를 통해 살펴보기

우선 첫 번째로 네이버(035420) 사례를 한번 보겠습니다. 네이버 주가는 2020년 11월 말부터 횡보하는 모습을 보이고 있습니다. 그 후 2021년 1월 초에 갑자기 거래량이 폭등하면서 볼린저밴드 상단을 돌파합니다. 위에서 언급했던 조건입니다. 이때가 매수 타이밍입니다.

물론 잠시 하락하는 모습을 보였지만, 캔들이 중심선 밑으로 내려가지 않았기 때문에 충분히 버틸만했습니다. 만약 중심선 밑으로 내려갔으면 손절해야 할 수도 있었는데, 다행히 잘 지지해 줬습니다. 그 후 다시 주가가 상승해 큰 수익을 안겨줬습니다.

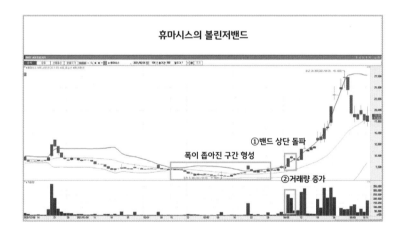

다음은 휴마시스(205470)의 차트입니다. 이 종목은 네이버보다 좀 더 좋은 사례입니다. 왜냐하면 거래량 증가/밴드 상단 돌파 신호가 나오기 전에 밴드 폭이 좁아진 구간을 길게 형성했기 때문입니다. 2021년 2월 중순부터 1달 반 정도 폭이 좁은 구간을 형성하면서 횡보하다가 4월 초에 거래량이 증가하면서 밴드 상단을 돌파합니다. 이때 매수하면 됩니다. 이후 계속해서 상승하는 모습을 보였습니다.

다음은 KCC(002380) 사례입니다. 이제 이론적 설명은 간략히만 하겠습니다. 종목은 다르지만 차트에서 보이는 부분은 다 똑같기 때문입니다. 2021년 4월 23일에 거래량이 증가하는 모습을 볼 수 있고, 볼린저밴드 상단도 돌파했습니다. 그리고 그 후 주가가 상승했습니다. 거래량이 부족한 모습을 보였으나, 최근 6개월간 가장 많은 거래량이 발생해 양호한 모습으로 판단했습니다.

네 번째 사례는 성신양회(004980)입니다. 우선, 성신양회도 2021년 3월 31일 약 480만 주가 거래되면서 볼린저밴드 상단을 돌파하

성신양회의 볼린저밴드

①밴드 상단 돌파
②거래량 증가

는 모습을 보입니다. 그 뒤로 꾸준히 상승하던 주가는 볼린저밴드 상단 밑으로 내려오고 횡보하기 시작합니다. 이럴 때는 주저 없이 매도하면 됩니다. 이때 팔아도 이미 약 10% 이상의 수익을 얻을 수 있습니다.

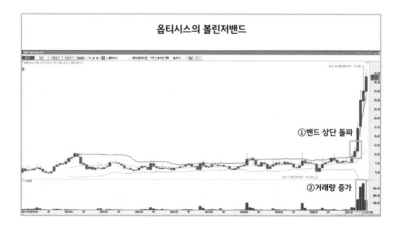

옵티시스의 볼린저밴드

①밴드 상단 돌파
②거래량 증가

다섯 번째 사례는 옵티시스(109080)입니다. 이 차트는 월봉 차트인데, 월봉에서 아주 정직하게 급등 패턴이 나온 상당히 이례적인 케이스라 살펴보겠습니다. 이와 같은 사례가 흔치는 않지만 월봉상 볼린저밴드 돌파도 한번씩 체크해보시기 바랍니다. 물론, 주봉, 일봉을 통하여 강세 패턴을 인지하는게 일반적이지만, 월봉과 같은 장기 차트를 점검하면 보다 큰 흐름을 파악할 수 있기 때문에 '매도 전략'을 구상하기에 효율적인 차트입니다.

차트를 보면 월봉상 횡보기간이 길었기 때문에 시세 분출 시 꽤 큰 상승을 기대할 수 있었고, 추세선이 유지되는 한, 상승세에 있다는 판단하에 매도 타이밍을 잡을 수 있습니다.

거래량과 차트를 보면 단기간에 주가가 큰 폭으로 상승했습니다. 물론, 옵티시스 같은 경우는 이례적인 모습입니다만, 변동성 축소와 확대 추이를 파악하면서 상승 모멘텀이 발생한 신호를 포착하는 목적으로 적극 활용하길 권해드립니다.

마지막으로 가장 모범적인 케이스라 할 수 있는 포스코강판(058430)의 사례를 보겠습니다. 최초 볼린저밴드 상단 돌파 이후 상승은 했으나, 급등에는 실패했습니다. 그 후 조정을 받으며 횡보하다가 재차 밴드 상단을 돌파하려는 시도를 했고, 결국 돌파에 성공해 큰 시세가 나왔습니다. 큰 수익을 내고자하는 투자자라면 비슷한 모양의 차트를 주의 깊게 살펴 볼 필요가 있습니다.

차트를 보면 거래량 급증 시점과 이전 고점 돌파, 볼린저밴드 돌

포스코강판의 볼린저밴드

파가 동시에 이루어지는 것을 볼 수 있습니다. 세 가지 신호가 함께 나왔으니 상승 가능성이 꽤나 높았다고 해석할 수 있었던 종목입니다. 만약 첫 돌파 구간에서 매수했으면 4달 만에 200% 이상의 수익률을 기록했을 것입니다.

정리

지금까지 거래량과 볼린저밴드 상단 돌파 여부를 활용한 매매 노하우에 대해 살펴봤습니다. 여러 종목의 사례를 살펴봤는데, 거래량이 실리면서, 볼린저밴드 상단 돌파한 시점 이후 주가가 강하게 상승하는 모습을 볼 수 있습니다.

특히, 볼린저밴드의 폭이 좁아진 구간이 길게 형성된 종목일수

록 주가 상승률이 높은 것을 확인할 수 있습니다. 해당 조건을 만
족하는 종목을 찾는다면 재무상태와 업황을 확인한 후 실전매매
에 참고하시기 바랍니다.

05

업종 대표주 포트폴리오를 구성한 추세매매

POINT

업종 대표주에 분산투자(포트폴리오 구성)합니다. 상승추세 종목은 매수 후 보유하며 추세 이탈 종목은 매도합니다.

주식 투자자라면 누구나 알고 있고 모두가 관심을 갖고 있는 업종 대표주들이 있습니다. 하지만 아무리 좋아 보이는 주식이라도 무작정 사서는 안 됩니다. 상승하는 주가에 이성을 잃고 자기도 모르게 추격매수를 하다 고점에 물리는 경우도 심심치 않게 발생하기 때문입니다. 이번에 소개할 방법은 시장에서 꾸준히 성장하는 업종 대표주의 상승추세를 확인하면서 매매 타이밍을 잡는 방법입니다.

보통 업종별 대표주라 하면, 전기전자 반도체 업종인 삼성전자와 SK하이닉스, 2차전지 업체인 LG화학과 삼성SDI, 자동차는 현대차와 기아, 인터넷의 네이버, 카카오 등이 떠오릅니다. 물론, 예시로 든 기업들 외에도 업종별 대표주는 여러 가지 기업들이 있습니다. 일반적으로 특정 업종 내에서 시가 총액이 큰 기업을 업종 대표주라고 부릅니다.

지금부터 소개하는 방법은 단기간에 큰 수익을 올리기가 부담스럽거나 시간이 다소 걸리더라도 시장 흐름에 편승해서 최대한 안정적으로 투자하고 싶은 개인투자자들에게 적합한 방법입니다. 대형주들은 통상 시가총액이 크고 주가 변동폭이 작기 때문에, 꾸준하게 장기 우상향하는 종목으로 포트폴리오를 구성한다면 대형주만으로도 높은 수익을 얻을 수 있습니다.

대형주 추세매매를 위한 두 가지

대형주 추세를 통해 매매 타이밍을 잡기 위해선 딱 두 가지만 보면 됩니다. "이 종목이 이 업종을 대표할 수 있는 대형주인가?" 그리고 "이 종목이 52주 신고가를 돌파하는 상승추세인가?"입니다. 이 두 가지 질문을 통과한 종목은 대형주 추세매매에 활용하기 적합합니다.

시가총액상위화면(HTS)

순위	종목명	현재가	대비	등락률	거래량	거래비중	시가총액	시가총액비
1	삼성전자	74,200 ▼	200	-0.27	30,714,931	6.14	442,957,865	16.05%
2	SK하이닉스	101,500	0	0.00	7,756,940	2.12	73,892,240	2.68%
3	NAVER	428,500 ▼	8,000	-1.83	763,212	0.87	70,386,864	2.55%
4	삼성바이오로직스	1,012,000 ▲	29,000	2.95	322,038	0.87	66,958,980	2.43%
5	카카오	142,000 ▼	4,000	-2.74	3,318,938	1.27	63,148,413	2.29%
6	LG화학	893,000 ▼	3,000	-0.33	286,516	0.69	63,038,962	2.28%
7	삼성전자우	69,100 ▼	500	-0.72	2,999,405	0.56	56,861,470	2.06%
8	삼성SDI	794,000 ▼	23,000	-2.82	392,572	0.84	54,599,036	1.98%
9	현대차	213,000 ▼	4,000	-1.84	862,539	0.49	45,511,323	1.65%
10	카카오뱅크	87,400 ▲	10,800	14.10	24,206,912	5.42	41,523,760	1.51%
11	셀트리온	274,000 ▼	1,500	-0.54	784,470	0.58	37,789,130	1.37%
12	기아	83,200 ▼	2,000	-2.35	1,639,665	0.37	33,726,230	1.22%
13	POSCO	329,500 ▼	11,500	-3.37	533,567	0.47	28,728,062	1.04%
14	현대모비스	266,000 ▼	2,500	-0.93	234,786	0.17	25,214,963	0.91%
15	삼성물산	133,500 ▼	500	-0.37	518,288	0.19	24,949,425	0.90%

시가총액상위 화면(MTS)

< 국내시세분석

시가총액상위

전체	현재가	등락률	시가총액(백만)
삼성전자	73,500	0.54%	438,779,017
SK하이닉스	102,500	1.44%	74,620,242
NAVER	430,000	0.23%	70,633,259
삼성바이오로직스	991,000	0.20%	65,569,515
카카오	146,500	0.69%	65,149,596
LG화학	898,000	0.22%	63,391,924
삼성전자우	69,000	0.72%	56,779,182
삼성SDI	792,000	0.25%	54,461,507
현대차	209,000	1.65%	44,656,651
카카오뱅크	89,000	5.33%	42,283,921
셀트리온	275,000	0.36%	37,932,046
기아	82,100	1.32%	33,280,330
POSCO	319,500	2.89%	27,856,193
SK바이오사이언스	331.000	3.12%	25.321.500

첫 번째 조건인 '업종을 대표하는 대형주'를 찾는 방법은 해당 업종에서 시가총액이 큰 순서대로 정렬해서 찾으면 됩니다. 그 중 맨 위에 오는 기업이 해당 업종의 1위 기업입니다. 시가총액 순위는 HTS, MTS에서 간편하게 검색할 수 있습니다.

두 번째 조건은 해당 종목의 52주 신고가 돌파 여부입니다. 52주 신고가를 돌파했다는 것은 이 종목이 상승추세로 접어들었고, 시장 참여자들(기관, 외국인, 개인) 모두가 인정하는 관심종목으로 선택받았다는 증거입니다. 물론, 이 조건을 만족한다고 해서 무작정 전액 매수하면 안 됩니다. 다섯 번에 걸쳐 분할매수를 진행해야 하는데 그 내용은 뒤에서 자세히 설명하겠습니다.

매매 타이밍과 손절 타이밍 알아보기

특정 업종의 대표주이자 52주 신고가 돌파, 두 개 조건을 만족한 종목을 찾았다면 우선 52주 신고가를 돌파 한 시점에서 1차 매수를 진행합니다. 해당 노하우는 일반적으로 총 다섯 번에 걸쳐 분할 매수를 진행하기에 매수할 때마다 총 매수 예정 금액의 20%씩 분할해서 매수합니다. 만약, 본인이 가진 매수 예정 금액이 총 5,000만 원이라 가정하면 각 분할매수 때마다 천만 원씩 매수합니다.

1차 분할매수 후 주가가 10% 이상 상승하면 2차 분할매수를 진행합니다. 그리고 거기서 또 10%가 상승하면 3차 분할매수를 하면 됩니다. 이런 식으로 주가가 10% 오를 때마다 총 다섯 번에 걸쳐 매수하는 것이 핵심입니다. 그럼 최초 매수 1번에 추가 매수 4번으로 총 5회에 걸쳐서 매수를 하게 되는 것입니다. 만약 10% 상승이라는 조건의 상승 폭이 크게 느껴진다면 3~5% 정도로 조정해도 무방합니다. 대신 이 기준을 조정하면 손절하는 기준도 같이 폭이 좁아지게 됩니다. 오랫동안 이 방법을 사용해본 결과, 10%가 제일 적합하다고 판단되어 10%를 기준으로 설명드리겠습니다.

주식투자를 해서 항상 수익을 볼 수 없다는 점은 다들 아실 것입니다. 따라서 매수 타이밍과 동시에 매도 타이밍도 유념해야 합니다.

만약 분할매수를 진행했는데, 주가가 직전 분할매수 가격 밑으로 가게 되면 무조건 매수를 멈추고 미련 없이 매도해야 합니다. 하나도 남기지 말고 전부 매도합니다. 그럼 수익을 보지 못하겠지만 반대로 큰 손실도 없습니다. 원칙에 맞춰 추세를 보고 기계적으로 매매한다면, 상승추세의 경우에는 큰 이익을 얻을 수 있고, 상승추세가 꺾이는 경우에도 즉시 매도하기 때문에 큰 손실 없는 안정적인 매매가 가능합니다.

업종별 대표주인 삼성전자, 포스코, LG화학, 카카오 총 4개 기업
의 실제 투자 사례를 통해 대형주 추세매매 방법의 손익과 승률을
확인해보도록 하겠습니다

사례1: 삼성전자-반도체 대표주

2020년 11월 13일, 대표주 삼성전자의 주가가 기존 52주 신고가
(62,450원)를 돌파했습니다. 이 시점에서 62,400원에 1차 매수를 진
행합니다. 총 매수 예정 금액의 20%인 1,000만 원만큼 매수하면
총 160주 매수(9,984,000원)가 가능합니다.

날짜	매수가	수량	매도가	비고
2020/11/13	62,400원	160주	56,150원	1차 매수

　다음 매수 조건은 첫 매수가인 62,400원에서 10% 상승한 68,650원을 돌파하는 시점입니다. 금액은 동일하게 1,000만 원으로 매수합니다. 만약 62,400원에서 10% 하락한 56,150원을 하향 돌파하면 즉시 손절합니다.

　첫 매수일로부터 11일 정도 지난 시점인 2020년 11월 24일 벌써 첫 매수가의 10%를 넘어섰습니다. 주가가 68,650원인 시점에서 다시 1,000만 원 만큼 매수하면, 총 140주(9,611,000원)를 매수하게 됩니다.

　총 다섯 번의 매수 중 두 번의 매수를 진행했습니다. 주가가 2차 매수가인 68,650원에서 10% 상승한 75,500원을 돌파하면 다음 매수를 진행하고, 첫 매수가인 62,400원으로 떨어지면 전량 매도하는 것으로 다시 기준을 정해둡니다.

삼성전자 2차 매수

날짜	매수가	수량	매도가	비고
2020/11/13	62,400원	160주	56,150원	1차 매수
2020/11/24	68,650원	145주	62,400원	2차 매수

　　2차 매수일로부터 한 달이 지난 2021년 12월 24일에 주가가 설정한 기준을 돌파합니다. 2차 매수가에서 10% 상승한 가격인 75,500원을 돌파했습니다. 다시 1,000만 원으로 3차 매수를 들어가고, 추가 매수 가격과 손절 기준을 다시 설정합니다.

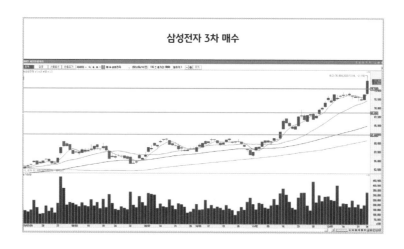

삼성전자 3차 매수

날짜	매수가	수량	매도가	비고
2020/11/13	62,400원	160주	56,150원	1차 매수
2020/11/24	68,650원	145주	62,400원	2차 매수
2020/12/24	75,500원	132주	68,650원	3차 매수

　　동일한 방식으로 3차 매수가인 75,500원에서 10% 상승한 83,050원 돌파 시 4차 매수를 진행하고 2차 매수가인 68,650원까지 하락하면 전량 매도하는 조건입니다.

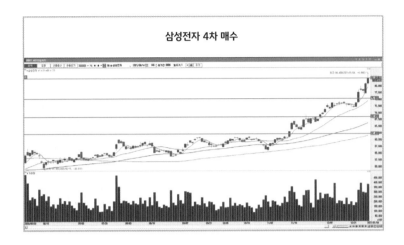

삼성전자 4차 매수

날짜	매수가	수량	매도가	비고
2020/11/13	62,400원	160주	56,150원	1차 매수
2020/11/24	68,650원	145주	62,400원	2차 매수
2020/12/24	75,500원	132주	68,650원	3차 매수
2021/1/4	83,050원	120주	75,500원	4차 매수

　　3차 매수로부터 10일이 지난 2021년 1월 4일, 다시 한번 10% 상승해 매수 조건인 83,050원에 도달했습니다. 어김없이 1,000만 원으로 4차 매수를 진행합니다.

　　마지막 5차 매수는 83,050원에서 10% 상승한 91,350원을 돌파했을 때입니다. 매도 조건은 3차 매수가인 75,500원까지 주가가 떨어졌을 때입니다.

삼성전자 5차 매수

날짜	매수가	수량	매도가	비고
2020/11/13	62,400원	160주	56,150원	1차 매수
2020/11/24	68,650원	145주	62,400원	2차 매수
2020/12/24	75,500원	132주	68,650원	3차 매수
2021/1/4	83,050원	120주	75,500원	4차 매수
2021/1/11	91,350원	109주	83,050원	5차 매수

놀랍게도 일주일 만에 주가가 또 10% 상승해 91,350원을 돌파합니다. 여기서 마지막 5차 분할매수를 진행하면 끝입니다. 5차 매수까지의 날짜, 매수가, 수량, 매도 조건은 다음과 같았습니다.

계획대로 매수가 완료되었습니다. 5차 매수까지 끝났다면 계속

삼성전자 5차 매수 이후 상황

차례별 삼성전자 매수 수익률

날짜	매수가	수량	투자금액	매도가	매매손익	수익률
2020/11/13	62,400원	160주	9,984,000 원	83,000원	3,296,000 원	33.0%
2020/11/24	68,650원	145주	9,954,250 원	83,000원	2,080,750 원	20.9%
2020/12/24	75,500원	132주	9,966,000 원	83,000원	990,000원	9.93%
2021/1/4	83,050원	120주	9,966,000 원	83,000원	-6,000원	0.06%
2021/1/11	91,350원	109주	9,957,150 원	83,000원	-910,150원	9.14%

들고 갈 것인지, 아니면 그대로 팔 것인지 정하면 됩니다. 일단 매수
분은 보유하고 직전 매수가인 83,050원 밑으로 내려가면 전량 매도
하면 됩니다.

실제로 5차 매수일로부터 18일이 지난 2021년 1월 29일, 4차 매

수가인 83,050원 밑으로 주가가 내려갔습니다. 이때 아무런 미련을 갖지 말고 전량 매도해야 됩니다. 자, 그럼 그랬을 때의 수익률을 한 번 계산해보겠습니다.

총 투자 금액은 48,827,400원, 매매손익은 +5,450,600원으로 약 10.94%의 수익률을 달성했습니다. 두 달간 총 다섯 번의 분할매수 통해 대략 10% 수익이 발생했습니다. 물론, 최초 매수 시점에서 5,000만 원 전량 매수했으면 더 많은 수익을 얻었겠지만, 이렇게 될 것이라는 절대적인 보장은 없었으니 굳이 더 생각하지 않습니다. 결과론적으로 다 지나고 나서야 가능한 얘기일 뿐입니다. 반드시 원칙에 따라서 매수 매도를 진행해야 하는 점 잊지 마시길 바랍니다.

사례2: LG화학(051910) - 2차전지 대표주

다음은 LG화학의 경우를 한번 보겠습니다. 전기차 테마가 시장에 형성되면서 LG화학이 2020년 6월 5일 52주 신고가를 돌파합니다.

기존 52주 신고가 돌파한 LG화학

날짜	매수가	수량
2020/6/5	421,000원	23주

해당 시점의 가격은 421,000원입니다. 이 시점에서 천만 원(총 매수 예정 금액의 20%)을 매수합니다. 따라서 421,000원에 총 23주를 매수합니다. 1차 매수 가격이 421,000원이니 추가 매수가는 463,000원이고 매도가는 10% 하락한 379,000원으로 잡습니다.

LG화학 2차 매수

날짜	매수가	수량	매도가	비고
2020/6/5	421,000원	23주	379,000원	1차 매수
2020/6/11	463,000원	21주	421,000원	2차 매수

1차 매수일로부터 6일이 지난 시점인 6월 11일, 10% 상승한 463,000원을 돌파했습니다. 이 시점에서 1,000만 원으로 2차 매수 (총 매수예정 금액의 20%)를 진행합니다 이 시점에서 매도가는 직전 매수가인 421,000원이고, 다음 매수가는 10% 상승한 509,000원 으로 설정하겠습니다.

LG화학 3차 매수

날짜	매수가	수량	매도가	비고
2020/6/5	421,000원	23주	379,000원	1차 매수
2020/6/11	463,000원	21주	421,000원	2차 매수
2020/6/17	509,000원	19주	463,000원	3차 매수

당시 장 분위기도 좋고, 재료도 있어서 그런지 생각보다 빠르게 3차 매수 시점인 509,000원을 돌파했습니다. 509,000원을 돌파했으니 3차 매수를 진행합니다. 다음 매수 시점은 10% 상승한 559,000원이고 손절가는 직전 매수가인 463,000원입니다.

LG화학 4차 매수

날짜	매수가	수량	매도가	비고
2020/6/5	421,000원	23주	379,000원	1차 매수
2020/6/11	463,000원	21주	421,000원	2차 매수
2020/6/17	509,000원	19주	463,000원	3차 매수
2020/7/31	559,000원	17주	509,000원	4차 매수

급격히 상승하던 주가가 잠시 진정되고, 횡보하다가 한 달 정도 지나서 4차 매수 시점인 559,000원에 도달하게 됩니다. 돌파했으니 4차 매수를 진행합니다. 마지막 5차 매수는 10% 상승한 615,000원 으로 설정하고, 손절가는 직전 매수가인 509,000원으로 설정하겠 습니다.

LG화학 4차 매수

날짜	매수가	수량	매도가	비고
2020/6/5	421,000원	23주	379,000원	1차 매수
2020/6/11	463,000원	21주	421,000원	2차 매수
2020/6/17	509,000원	19주	463,000원	3차 매수
2020/7/31	559,000원	17주	509,000원	4차 매수
2020/8/3	615,000원	16주	559,000원	5차 매수

　　3일도 안 되어 5차 매수 포인트를 돌파합니다. 원칙에 맞춰서 매수합니다. 5차 매수까지 완료했으니 직전 매수가 559,000원이 되면 미련 없이 전량 매도하면 되고, 그 시점까지 가지 않는 이상 계속 보유하면서 매도 타이밍을 결정하면 됩니다.

날짜	매수가	수량	투자금액	현재가	매매손익	수익률
2020/6/5	421,000원	23주	9,683,000원	840,000원	9,637,000원	99.5%
2020/6/11	463,000원	21주	9,723,000원	840,000원	7,917,000원	81.4%
2020/6/17	509,000원	19주	9,671,000원	840,000원	6,289,000원	65%
2020/7/31	559,000원	17주	9,503,000원	840,000원	4,777,000원	50%
2020/8/3	615,000원	16주	9,832,000원	840,000원	3,600,000원	36.7%

2021년 6월 14일 기준, LG화학은 그 뒤로도 설정해 둔 손절가인 559,000원까지 하락하진 않았고 상승하다가 어느 정도 횡보 중인 상황입니다. 추세가 꺾이지 않는 가정하에서 현재 가격까지 느긋하게 보유하고 있다고 생각하고 수익률을 보도록 하겠습니다.

추후 시장 부분에서 언급하겠지만, 주도주(성장주)의 보유 여부에 따라 총 계좌 수익률은 엄청나게 차이가 날 수 있습니다.

사실 어떤 종목이 주도주(성장주)인지 우리가 쉽게 판단할 수는 없지만, 고점에서 대량거래가 발생한다거나, 시장의 돌발 악재가 나오지 않는다면, 상승추세를 지켜보며 보유한다는 가정을 해 보겠습니다.

현재 총 투자 금액 48,412,000원이고 매매손익은 +32,228,000원으로 수익률은 약 66%입니다. 다음 사례는 카카오입니다.

사례3: 카카오(035720) - 인터넷 서비스 대표주

기존 52주 신고가 돌파한 카카오

날짜	매수가	수량
2020/5/6	38,300원	261주

카카오는 2020년 5월 6일 52주 신고가를 돌파했습니다. 돌파 시점 주가는 38,300원, 이 시점 1차 매수를 진행합니다(총 매수예정금액의 20%). 38,300원에 총 261주를 매수합니다.

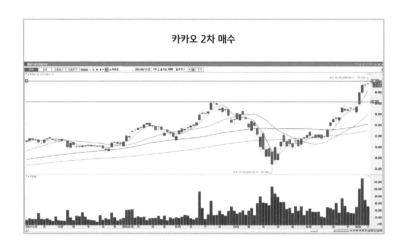

카카오 2차 매수

날짜	매수가	수량	매도가	비고
2020/5/6	38,300원	261주	34,400원	1차 매수
2020/5/11	42,100원	237주	38,300원	2차 매수

2차 매수 시점은 주가가 38,300원에서 10% 상승한 42,100원이 되었을 때이고 여기서 10% 하락하면 미련 없이 손절하는 걸로 생각하겠습니다.

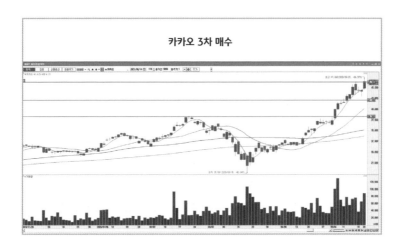

카카오 3차 매수

날짜	매수가	수량	매도가	비고
2020/5/6	38,300원	261주	34,400원	1차 매수
2020/5/11	42,100원	237주	38,300원	2차 매수
2020/5/20	46,300원	215주	42,100원	3차 매수

곧바로 42,100원을 돌파했으니 이 타이밍에 2차 매수를 진행합니다. 손절가는 직전 매수가인 38,300원이고 46,300원 돌파 시에 3차 매수를 진행합니다.

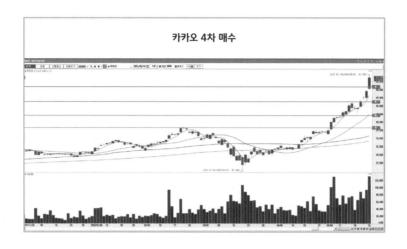

카카오 4차 매수

날짜	매수가	수량	매도가	비고
2020/5/6	38,300원	261주	34,400원	1차 매수
2020/5/11	42,100원	237주	38,300원	2차 매수
2020/5/20	46,300원	215주	42,100원	3차 매수
2020/5/25	50,900원	196주	46,300원	4차 매수

5월 20일 3차 매수 시점인 46,300원을 돌파합니다. 3차 매수를 진행하고, 매수가와 손절가를 설정합니다. 손절가는 직전 매수가 인 42,100원이고, 50,900원을 돌파하면 4차 매수를 진행합니다.

카카오 5차 매수

날짜	매수가	수량	매도가	비고
2020/5/6	38,300원	261주	34,400원	1차 매수
2020/5/11	42,100원	237주	38,300원	2차 매수
2020/5/20	46,300원	215주	42,100원	3차 매수
2020/5/25	50,900원	196주	46,300원	4차 매수
2020/6/23	56,000원	178주	50,900원	5차 매수

5월 25일 50,900원을 돌파했으니 4차 매수를 진행합니다. 손절가는 직전 매수가인 46,300원이고 56,000원을 돌파하면 마지막 매수를 진행합니다.

날짜	매수가	수량	투자금액	현재가	매매손익	수익률
2020/5/6	38,300원	261주	9,996,300원	145,000원	27,848,700원	278%
2020/5/11	42,100원	237주	9,977,700원	145,000원	24,387,300원	244%
2020/5/20	46,300원	215주	9,954,500원	145,000원	21,220,500원	213%
2020/5/25	50,900원	196주	9,976,400원	145,000원	18,443,600원	184%
2020/6/23	56,000원	178주	9,968,000원	145,000원	15,842,000원	158%

약 한 달 뒤인 6월 23일 5차 매수 시점인 56,000원을 돌파합니다. 5차 매수까지 진행했으니 직전 매수가인 50,900원 아래로 내려가면 전량 매도, 추세가 꺾이지 않는 한 보유합니다.

카카오는 그 뒤로도 쭉 상승추세를 기록했기에 계속 보유합니다. 2020년 6월 23일의 현재가를 기준으로 평가손익을 한번 구해 보겠습니다.

총 투자 금액은 49,872,900원이고 현재가 기준 평가손익은 +107,742,100원으로, 수익률은 약 216%입니다. 주도주를 갖고 있느냐 아니냐에 따라서 계좌 수익률의 차이가 무척 크다는 걸 알 수 있습니다.

주도주를 찾는 법과 관련해서는 뒤에 나오는 시장 부분에서 확인할 수 있으니, 일단 다음 사례를 보도록 하겠습니다.

사례4: 포스코(005490) - 철강 대표주

기존의 52주 신고가 돌파한 포스코

날짜	매수가	수량
2020/12/2	247,500원	40주

마지막 사례는 포스코입니다. 2020년 12월 2일 포스코가 52주 신고가를 돌파합니다. 이때 주가는 247,500원입니다. 마찬가지로 총 5,000천만 원 중 20%인 1,000만 원으로 이 시점에서 매수합니다. 즉, 247,500원에 총 40주를 매수하게 됩니다.

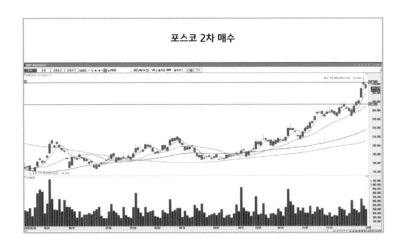

포스코 2차 매수

날짜	매수가	수량	매도가	비고
2020/12/2	247,500원	40주	222,750원	1차 매수
2020/12/7	272,500원	36주	247,500원	2차 매수

247,500원에서 10% 상승한 272,500원을 돌파하면 2차 매수, 반대로 10% 하락한 222,750원을 손절가로 잡습니다.

1차 매수일로부터 5일이 지난 12월 7일, 272,500원을 돌파합니다. 여기서 2차 추가 매수 진행하고 직전 매수가까지 내려가면 전량 매도, 10% 상승한 299,500원을 돌파하면 3차 매수를 진행합니다.

3차 매수 때 흔들리는 포스코

날짜	매수가	수량	투자금액	매도가	매매손익	수익률
2020/12/2	247,500원	40주	9,900,000원	247,500원	-	0%
2020/12/7	272,500원	36주	9,810,000원	247,500원	-900,000원	9.2%
종합			19,710,000원		-900,000원	4.6%

　　삼성전자와는 달리 포스코는 그 추세를 이어나가지 못했습니다. 1월 7일 주가를 보면 247,500원 밑으로 하락하는 것이 보입니다. 이때는 미련 없이 전량 매도합니다.

　　다시 상승할지, 하락할지 모르지만 상승추세를 돌파할 때 다시 매수해 보기로 하겠습니다. 직전 매수가 272,500원를 돌파하면 같은 방법으로 매수합니다.

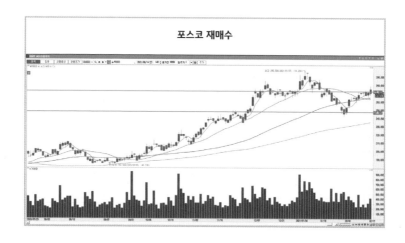

포스코 재매수

날짜	매수가	수량	투자금액	매도가	비고
2021/2/17	272,500원	36주	9,810,000원	247,500원	재매수 1차

272,500원 기준으로, 10% 하락 시 손절가는 245,500원이고, 10% 상승해 추가 매수를 진행할 주가는 299,500원입니다. 299,500원을 돌파하면 다시 매수합니다.

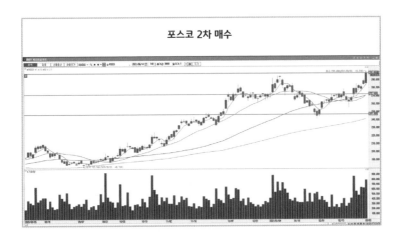

포스코 2차 매수

날짜	매수가	수량	투자금액	매도가	비고
2021/2/17	272,500원	36주	9,810,000원	247,500원	1차 매수
2021/3/3	299,000원	33주	9,867,000원	272,500원	2차 매수

 2차 매수가 완료되면 이와 같이 됩니다. 같은 방법으로. 직전 매수가 272,500원 밑으로 내려가면 전량을 매도합니다. 다시 10% 상승한 329,000원 돌파 시 3차 매수를 합니다

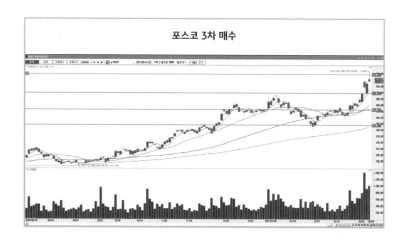

포스코 3차 매수

날짜	매수가	수량	투자금액	매도가	비고
2021/2/17	272,500원	36주	9,810,000원	247,500원	1차 매수
2021/3/3	299,000원	33주	9,867,000원	272,500원	2차 매수
2021/3/8	329,000원	30주	9,870,000원	299,000원	3차 매수

　　같은 방법으로. 직전 매수가 299,000원 밑으로 내려가면 전량을 매도합니다. 다시 10% 상승한 361,5000원 돌파 시 4차 매수를 합니다.

4차 매수 때 다시 흔들리는 포스코

날짜	매수가	수량	투자금액	매도가	매매손익	수익률
2021/2/17	272,500원	36주	9,810,000원	299,000원	954,000원	9.7%
2021/3/3	299,000원	33주	9,867,000원	299,000원	-	0%
2021/3/8	329,000원	30주	9,870,000원	299,000원	-900,000원	-9.1%

그러다. 2021년 3월 17일, 주가가 299,000원으로 내려왔습니다. 이때 망설이지 않고 전량 매도합니다.

계산해보면, 54,000원의 수익이 났습니다. 0.18%의 수익률입니다.

포스코 다시 매수

날짜	매수가	수량	투자금액	매도가	비고
2021/4/5	329,000원	30주	9,870,000원	296,100원	다시 1차 매수

아직 끝이 아닙니다. 다시 직전 매수가 329,000원 돌파 시 매수합니다.

다시 꾸준히 오르고 있습니다. 같은 방법으로 10% 하락 시 손절하고, 10% 상승한 361,500원 돌파 시 2차 매수합니다.

포스코 2차 매수

날짜	매수가	수량	투자금액	매도가	비고
2021/4/5	329,000원	30주	9,870,000원	296,100원	1차 매수
2021/4/26	361,500원	27주	9,760,500원	329,000원	2차 매수

　　새롭게 설정한 매수가, 매도가를 확인합니다. 329,000원으로 내려오면 전량 매도하고. 361,500원에서 10% 상승한 397,500원을 돌파하면 3차 매수합니다.

포스코 3차 매수

날짜	매수가	수량	투자금액	매도가	비고
2021/4/5	329,000원	30주	9,870,000원	296,100원	1차 매수
2021/4/26	361,500원	27주	9,760,500원	329,000원	2차 매수
2021/5/7	397,500원	25주	9,937,500원	361,500원	3차 매수

361,500원으로 내려오면 전량 매도합니다. 397,500원에서 10% 상승한 437,000원을 돌파하면 4차 매수를 진행합니다.

매도가에 도달해 포스코 매도

날짜	매수가	수량	투자금액	매도가	매매손익	수익률
2021/4/5	329,000원	30주	9,870,000원	361,500원	975,000원	9.88%
2021/4/26	361,500원	27주	9,760,500원	361,500원	-	0%
2021/5/7	397,500원	25주	9,937,500원	361,500원	-900,000원	-9.06%

하지만 5월 21일에 다시 설정한 매도가인 361,500원이 되었습니다. 이 가격에 전량 매도합니다.

제세금, 수수료를 제외한 수익은 총 75,000원입니다. 포스코 총 매매결과는 다음과 같습니다.

Trading1 -90만 원

Trading2 +5.4만 원

Trading3 +7.5만 원

총 5,000만 원의 투자금으로 약 80만 원, -1.6% 손실을 보게 되었습니다. 만약 247,500원에서 전량 매수해 40만 원에 전량 매도했다면, 제법 큰 수익을 얻을 수 있으나, 기계적으로 매매원칙을 지키는데 더 중점을 두었습니다. 주식의 움직임은 아무도 알 수가 없기 때문에 이런 상황이 발생할 수 있습니다. 하지만 여기서 중요한 것은 매매원칙을 지켰다는 점입니다. 추세가 꺾이면 일단 매도하는 것을 원칙으로 하되, 상승추세일 경우에는 느긋하게 보유합니다. 전체 포트폴리오의 수익률을 보도록 하겠습니다.

정리

종목명	평가손익	수익률
삼성전자	5,456,000원	10.9%
포스코	-800,000원	-1.6%
LG화학	32,228,000원(보유중)	66.0%
카카오	107,742,100원(보유중)	216.%
계	144,626,100원	72%

총 투자금 2억 원, 종목당 5,000만 원 투자

지금까지 대형주 추세매매를 통한 실제 매매 사례를 살펴보았습니다. 반도체, 2차전지, 철강, 인터넷 서비스, 이 네 가지 대표 업종에서 대형주를 선정했습니다. LG화학. 카카오는 계속 보유하고 있고, 포스코와 삼성전자를 매도해 약 1억 원을 들고 있게 됩니다. 포스코에서는 손실이 발생했지만, 나머지 세 종목에서는 수익이 발생했습니다.

여기서 우리가 알 수 있는 것은 주가 변동 폭이 크지 않고 안정적이라는 장점을 가진 대형주 중 주도주(2차전지와 인터넷)를 갖고 있느냐 아니냐에 따라서 수익률이 천차만별이라는 것입니다. 물론 코로나 사태 이후 대부분의 종목이 상승했고 시장도 많이 올랐지만 역시나 주도주의 수익률은 여타 종목들보다 월등히 높기 때문에 포트폴리오 내에 반드시 주도주가 있어야 합니다. 어떤 종목이 주도주가 될지는 미리 알 수 없습니다.

하지만 주도주를 판단할 수 있는 방법은 뒤에 나올 시장 파트에 나와 있습니다.

06

프라임PB
영상으로
확인하기

POINT

대량거래는 추세 반전 신호입니다. 주가는 관성의 법칙이
작용하며 상승과 하락을 반복합니다.

기술적 분석을 통한 매매 타이밍 잡기

"매수는 기술, 매도는 예술"이라는 말이 있습니다. 매수에 비해
매도 타이밍 잡기가 어렵다는 뜻이기도 합니다. 정확한 저점 매수
와, 고점 매도 타이밍을 아는 것은 불가능합니다. 간혹 기가 막히게

저점에 주식을 사고, 반대로 팔고 보니 정확하게 고점에 매도한 경험은 다들 있을 것입니다. 물론 실력이 출중한 분들도 있지만 "운"이 작용한 경우가 많습니다. 이번 장에서는 거래량과 지지선/저항선을 활용해 매수/매도 타이밍을 포착하는 노하우를 알려드리고자 합니다.

가벼운 마음으로 읽으며, 매매 시 참고하시기 바랍니다.

기술적 분석의 가장 기본적인 지표에는 지지선, 저항선, 이동평균선 등이 있으며, 볼린저밴드, 스토캐스틱, MACD, RSI 등 여러 가지 보조지표가 있습니다. 이러한 기술적 지표를 활용해 매매 타이밍을 잡기 위해선 주가의 기본적인 특징을 먼저 이해해야 합니다.

주가에는 다음과 같은 특징이 있습니다. 첫째, 자연계의 모든 움직임이 그렇듯 주가에도 '관성의 법칙', '작용반작용의 법칙', '가속도의 법칙'이 작용합니다. 주가는 마치 농구공과 같아서 큰 폭으로 하락하면, 그 후 그만큼 강하게 상승하는 경향이 있습니다. 반대의 경우도 마찬가지입니다. 즉, 주가가 강하게 상승하거나 하락한 이후 그 세기만큼 역방향으로 움직이려는 특징을 가지고 있으며 한번 상승하기 시작하면 계속 상승하려는, 한번 하락하면 계속 하락하려는 움직임을 보입니다.

둘째, "주가는 상승과 하락을 반복한다"라는 것입니다. 이러한 특징 때문에 주가는 일반적으로 계단식으로 상승하거나, 계단식으로 하락하는 모습을 보입니다. 물론, 단기 급등이나 급락이 발생하기도 하지만 대체로 계단식으로 상승하고, 계단식으로 하락합니다.

따라서 차트를 통해 계단식 상승이나 하락 패턴을 포착하면 주가의 지지선과 저항선을 찾을 수 있습니다.

이러한 주가의 두 가지 특징, 즉 '관성'의 법칙과 '지지와 저항'을 조합해 보면 다음과 같은 결론을 얻을 수 있습니다. 주가가 특정 가격대를 몇 번의 시도 끝에 돌파, 즉 저항선을 돌파하게 되면 돌파하는 가격은 지지선이 됩니다. 이젠 그 밑으로 주가가 더 이상 하락하지 않는다는 의미입니다. 반대로, 특정 가격을 지지하다가 몇 번의 시도 끝에 하락, 즉 지지선을 이탈하게 되면 이제 그 이탈 가격은 저항선으로 작용하게 됩니다. 이젠 그 위로 주가가 올라가려면 많은 에너지가 필요하게 됩니다. 이러한 특징을 기반으로 저항선과 지지선을 확인하고 매매에 참고하는 방법을 살펴보겠습니다.

기술적 분석의 포인트

기술적 분석을 통해 매매 타이밍을 잡을 때, 가장 중요하게 봐야 할 것은 거래량과 봉(캔들)의 모양입니다. 본격적으로 매매 타이밍을 잡는 법을 설명하기 전에 이 두 가지 지표는 다음과 같이 주가의 다섯 가지 특징을 알려줍니다.

(1) 대량거래가 발생한 시점이 주가의 변곡점이다
(2) 주가가 바닥권에서 장기간 횡보하다가 대량거래가 나오면서 장대양

봉이 나오면 저점인 경우가 많다

(3) 주가가 신고가를 갱신한 후 꾸준히 상승하다가, 대량거래와 함께 장대음봉이 나오면 고점인 경우가 많다

(4) 주가가 몇 번의 시도 끝에 저항대를 돌파해 양봉이 나오면, 그 자리는 강력한 지지선이 된다. 즉, 매수 타이밍이다

(5) 주가가 몇 번이나 하락, 상승을 반복하며 특정 가격대를 지지하다가 음봉이 나오면, 그 자리는 저항선이 된다. 즉, 매도 타이밍이다

위 다섯 가지 특징은 너무나 당연한 기본적인 이야기입니다. 다만 (1)번 '거래량'을 항상 주목하시길 바랍니다. 단지 한 줄로는 주가의 법칙을 쉽게 이해할 수 없으니, 다섯 가지 사례들을 살펴보겠습니다.

(1) 대량거래가 발생한 시점이 주가의 변곡점이다

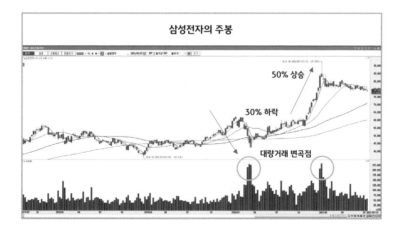

삼성전자를 통해 거래량과 주가의 변곡 관계를 살펴보겠습니다. 다음은 삼성전자의 주봉입니다. 첫 대량거래 발생 전 삼성전자 주가는 상승과 하락을 반복하다가 코로나 팬데믹 이후 고점 대비 약 30%의 하락이 발생합니다. 그 후 거래량이 갑자기 폭발적으로 발생하는 시점이 있습니다. 이 시점에서 강한 양봉이 출현합니다. 이 시점 이후부터 주가가 상승추세로 전환되었습니다.

반대의 사례도 보겠습니다. 대량거래 발생 후 꾸준히 상승하던 주가는 2021년 초 대량거래 발생과 함께 윗꼬리가 나타난 음봉이 출현합니다. 이후 주가는 천천히 우하향 하는 모습을 보이고 있습니다. 두 번 모두 대량거래가 발생한 후 주가 흐름이 바뀐 모습임을 알 수 있습니다.

이렇듯 주가는 상승 혹은 하락하다가 대량거래가 발생하면서 그 추세가 바뀌는 경우가 많습니다. 대량거래의 발생은 강한 매도세와 강한 매수세로 인한 손바뀜입니다. 통상 손바뀜이 일어난 후

삼성전자의 일봉

급락과 함께 거래량 급증 변곡점 신호

주가 흐름의 변화가 생깁니다.

일봉으로 봐도 마찬가지입니다. 주가가 급락하는 추세를 그리고 있다가 슬금슬금 거래량이 늘어나더니 갑자기 장대양봉이 발생합니다. 주가 흐름의 변곡점이라 볼 수 있는 신호입니다. 이후 주가가 꾸준히 상승하기 시작했습니다.

반면, 주가가 쭉 상승하는 추세를 보이다가 갑자기 어느 시점에서 대량거래가 발생하고 캔들 모양은 양봉이지만 긴 윗꼬리가 만들어졌습니다. 이 또한 주가 흐름이 반전된다는 신호입니다. 기존의 상승추세가 반전되면서 천천히 우하향하고 있습니다.

(2) 주가가 바닥권에서 장기간 횡보하다가 대량거래가 나오면서 장대양봉이 나오면 저점인 경우가 많다

(3) 주가가 신고가를 갱신한 후 꾸준히 상승하다가 대량거래와 함께 장대음봉이 나오면 고점인 경우가 많다

주식 투자자에게 흔한 고민 중 하나는 현재 주가가 저점인지, 아니면 고점인지 알 수 없다는 것입니다. 그래도 우리는 대량거래 발생시점에서 어느 정도 예측해 볼 수는 있습니다. 셀트리온(068270)의 사례를 통해 살펴보겠습니다.

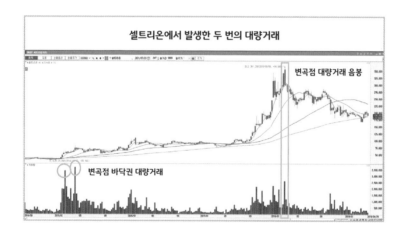

셀트리온은 2015년 1월에서 5월 사이 두 번의 대량거래가 발생했습니다.

(2) 주가가 바닥권에서 장기간 횡보하다가 대량거래가 나오면서 장대양
봉이 나오면 저점인 경우가 많다

이 대량거래가 어떤 영향을 미쳤는지 2015년에서 2017년까지의
움직임을 보겠습니다.

2년 사이에 3만 원대였던 주가가 16만 원까지 상승했습니다. 그
리고 2018년 3월에 변곡점이라 할 수 있는 대량거래가 발생했습니
다. 그동안 주가가 꾸준히 상승했으니, 고점인 "(3) 주가가 신고가를
치고 꾸준히 상승하다가, 대량거래와 함께 장대음봉이 나오면 고점
인 경우가 많다"를 유추할 수 있습니다.

2018년 이후 움직임을 한번 보도록 하겠습니다.

변곡점 이후의 움직임

대량거래 변곡점

2018년 3월은 고점이었고, 주가는 계속 떨어졌습니다. 신고가 달성, 대량거래, 장대음봉, 이 세 가지가 그 신호였습니다.

(3) 주가가 신고가를 갱신한 후 꾸준히 상승하다가, 대량거래와 함께 장대음봉이 나오면 고점인 경우가 많다

이후 2020년 3월까지 주가는 계속 하락했습니다. 그리고 2020년 3월경 대량거래 및 장대양봉이 발생합니다. "(2) 주가가 바닥권에서 장기간 횡보하다가 대량거래가 나오면서 장대양봉이 나오면 저점인 경우가 많다."

(2)번 법칙대로 주가가 상승하는 추세를 보입니다.

신고가 기록한 카프로

대량거래 장대양봉 발생했으나
2주만에 양봉을 덮는 음봉 발생 주가 변곡점

2년 10개월만에 대량거래 양봉
주가 변곡점

카프로(006380)라는 종목을 통해서도 (2)번과 (3)번 법칙을 보겠습니다. 카프로는 2018년 1월 이전까지 꾸준히 주가가 상승하면서 2018년 1월 신고가를 기록했습니다. 그런데 신고가를 달성하자마자 대량거래와 함께 양봉을 덮는 음봉이 출현합니다. 우리는 여기서 거래량을 통해 주가의 반전이 임박했음을 예측해야 합니다. 다시 말해 이제 하락추세가 올 수도 있다는 신호로 판단해야 합니다. 이후 정말 계속해서 주가가 내려옵니다. 약 2년 10개월 동안 하락하는 추세를 보이다가 대량거래와 함께 2020년 10월에 양봉이 출현합니다. 그 뒤로 주가가 상승하는 모습을 보이고 있습니다.

(4) 주가가 몇 번의 시도 끝에 저항대를 돌파해 양봉이 나오면, 그 자리는 강력한 지지선이 된다. 즉, 매수 타이밍이다

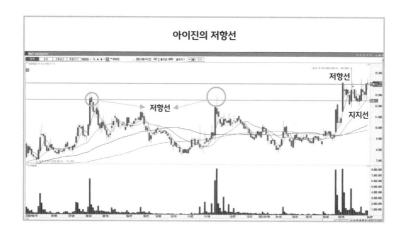

아이진의 저항선

아이진(185490)이라는 종목을 통해 살펴보겠습니다. 아이진은 2020년 8월에 12,500원까지 상승 후 하락합니다. 그러나 이때 12,500원이 저항선이라는 걸 알 수는 없습니다. 왜냐하면 12,500원까지 상승했다가 조정을 받았기 때문입니다. 시간이 지나고 2020년 11월 중순경 다시 한번 12,500원 돌파를 시도하지만 다시 하락합니다. 이 타이밍에 12,500원이 저항선이라는 걸 알 수 있습니다. 12,500원 쌍봉이라고도 표현할 수 있습니다.

12,500원에 두 번 도달한 주가는 장기간 횡보하다가 2021년 3월 중순, 드디어 돌파에 성공합니다. 12,500원의 저항선을 돌파한 것입니다. 이후 주가는 음봉과 양봉이 반복되며 12,500원과 14,000원 사이에서 움직이고 있습니다. 즉, 기존 저항선이던 12,500원이 지지선으로 변경된 것입니다.

아이진의 저항선이 지지선으로 변경

세 번의 시도 끝에 1차 저항선 12,500원을 돌파한 후, 12,500원과 14,000원대 박스권을 강하게 돌파하는 장대 양봉이 나옵니다. 이때가 매수 시점입니다. 저항선이 지지선으로 확실히 바뀌었음을 알 수 있습니다.

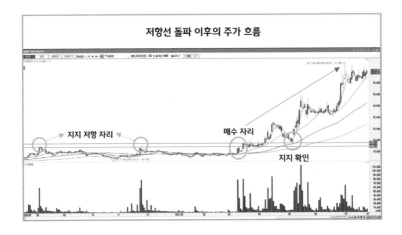

저항선 돌파 이후의 주가 흐름

저항선 돌파 이후 주가의 흐름은 더욱 좋습니다. 14,000원에서 1차 지지를 확인한 후 주가는 강하게 상승하는 모습을 보여줍니다.

(5) 주가가 몇 번이나 하락, 상승을 반복하며 특정 가격대를 지지하다가 음봉이 나오면, 그 자리는 저항선이 된다. 즉, 매도 타이밍이다

반대의 경우를 보겠습니다. 크린앤사이언스(045520)는 방금 살펴본 아이진의 차트와 비슷한 모습을 보여주고 있습니다. 몇 차례의 저항선 돌파 시도 후 결국 2020년 7월 초에 저항선인 40,000원 대를 돌파하고, 장대양봉을 보여주며, 즉 기존의 저항선이 지지선으로 바뀝니다.

그러나 이 주가가 완벽한 지지선이 되지는 못했습니다. 첫 하락

완벽한 지지선 형성에는 실패한 크린앤사이언스

때는 잘 버텨주어 지지선을 제대로 형성한 줄 알았으나 두 번째 하락은 달랐습니다. 2020년 8월 18일에 결국 지지선을 이탈하면서 음봉이 연속으로 나타나게 됩니다. 즉, 지지선이 저항선으로 바뀐다는 신호입니다. 이때가 매도 타이밍입니다.

이후 주가는 10% 이상이나 빠지는 모습을 보였습니다. 그리고

결국 우하향하는 크린앤사이언스

그 뒤로 다시 저항을 뚫으려고 세 번이나 시도했으나 전부 다 실패했습니다. 즉, 지지선이 완벽하게 저항선으로 바뀌었다는 것을 알 수 있습니다. 그 후 차트에서 보여주듯이 우하향하는 추세로 바뀌었습니다.

정리

지금까지 거래량과 저항선/지지선을 활용해 주가의 변곡점과 매매 타이밍을 예측하는 방법에 대해 간략하게 설명해드렸습니다. 차트를 자주 보면서 저항선/지지선을 직접 적용해보고 바닥권 혹은 고점에서 대량의 거래가 발생하면 추세가 반전되는 신호임을 염두에 두며 주가의 흐름을 지켜보시기 바랍니다.

” 시장 02

시장의 흐름에 안전하게 편승하자

01

각 국면별 시장 주도주

시장 주도주를 찾아라

"파티는 언젠가 끝나고, 새벽이 지나면 아침이 온다. 동트기 전이 가장 어둡다"라는 말이 있습니다. 주식시장도 마찬가지입니다. 끝없이 상승만 하는 시장은 없고, 끝없이 하락만 하는 시장도 없습니다. 항상 상승만 한다면 누구나 부자가 될 것이며, 항상 하락만 한다면 아무도 투자를 하지 않을 것입니다.

주식시장은 상승과 하락을 반복합니다. 상승 시장과 하락 시장에서 고점과 저점을 정확하게 파악하는 건 불가능합니다. 다만 큰 폭의 조정이 있은 후 새로운 상승장에서 주도주의 보유 여부에 따라 계좌 수익률이 현격하게 달라집니다. 이는 이 책의 매매파트 '05.

업종 대표주 포트폴리오를 구성한 추세매매' 편에서 삼성전자, 포스코, LG화학, 카카오의 사례를 통해 확인할 수 있습니다.

이번 장에서는 한국 증시에서 주가가 급락했다가 상승했던 시기를 살펴보고 당시 시장의 주도주가 무엇이었는지, 주도주의 상승률이 다른 종목에 비해 얼마나 큰 차이가 나는지 살펴보도록 하겠습니다. 소위 시장의 주도주는 성장주인 경우가 많습니다. 성장주와 가치주에 대해서는 뒷부분에 다시 언급하도록 하겠습니다. 결론부터 말하자면, 상승장에서 주도주 편입 비중은 최소 50% 이상을 추천합니다.

각 국면별 시장 주도주

주식시장은 큰 폭의 급락 이후에는 다시 상승하는 패턴을 보입니다. 1997년 이후 현재까지 코스피 지수가 큰 폭 하락 후 재상승한 경우는 세 번 있었으며, 2010년부터 2020년 사이에는 장기간 횡보하는 모습을 보였습니다(이른바 박스피 장세).

(1) 1997년 IMF 사태 이후: 2004년~2008년, 약 4년간 진행

(2) 2008년 서브프라임 모기지 사태 이후: 2008년~2010년, 약 3년간 진행

(3) 2010~2020년 횡보장세

⑷ 2020년 코로나 팬데믹 사태 이후: 2020년~2021년, 현재 진행 중

다음은 각 국면별 코스피 지수의 흐름입니다.

1997년 외환위기는 우리나라를 포함한 아시아 증시가 하락하는 지엽적인 위기였습니다. 2008년 서브프라임 모기지 사태와 2020년 코로나 팬데믹 사태로 우리나라뿐만 아니라 전 세계 주식시장이 동반 하락했습니다. 우리나라 입장에선 1997년, 2008년, 2020년 약 11년~12년에 한번씩 증시가 폭락하는 대형 사건이 발생한 셈입니다. 세 번의 큰 폭 하락 후 주가가 회복되면서 고점을 넘기는 새로운 상승 파동이 나타났습니다.

시장의 방향을 알 수 없듯이, 다음 위기가 언제 또 올지는 모를

일입니다. 최근 발생한 코로나 팬데믹 사태처럼 아무도 예상하지 못한 돌발 변수가 발생할 수 있습니다. 하지만 시장이 재상승하는 과정에서 주도 업종이 반드시 나타납니다. 이 과정에서 주도 업종과 주도주를 파악하는 것이 주식투자의 핵심입니다.

이 과정은 앞으로도 반복될 수 있습니다. (1), (2), (3), (4), 각 시기별 주도업종을 살펴보고 현재 (4)국면 시장의 주도주를 살펴보겠습니다. 주도주는 대체로 성장주인 경우가 많습니다. 성장주와 가치주에 관해서는 뒤에서 추가로 다루도록 하겠습니다.

1-1 닷컴버블 ~ 2008년 금융위기 전

우선 IMF 외환위기 이후 상승장은 두 구간으로 나눌 수 있으며,

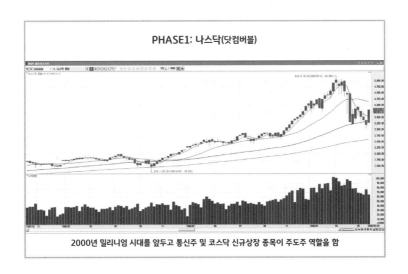

2000년 밀리니엄 시대를 앞두고 통신주 및 코스닥 신규상장 종목이 주도주 역할을 함

당시 주도 업종은 크게 두 가지로 볼 수 있습니다. 첫 구간은 2000년 밀레니엄 시대를 앞두고 발생한 '닷컴버블' 시기입니다. 당시 나스닥 기술주들이 강하게 상승했고 이에 따라 '한국의 나스닥 시장'인 코스닥 종목들이 큰 폭 상승을 했습니다. 당시 시장을 주도한 대표 종목은 다음(카카오), SK텔레콤, 새롬기술(솔본)이 있습니다. 차트에서 볼 수 있듯이 세 종목은 어마어마한 상승을 했습니다.

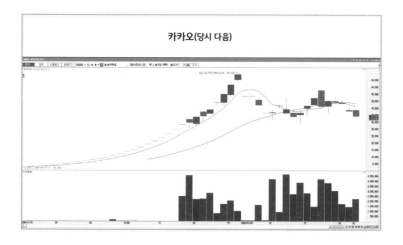

카카오(당시 다음)

다음의 주가는 1999년 11월 12일 2,230원에서 불과 두 달 후인 1999년 12월 28일에 68,975원을 기록했습니다. 단기간에 30배가 상승한 것입니다. 만약 이때 100만 원을 투자했다면, 두 달 만에 약 3,100만 원으로 늘어났을 것입니다.

SK텔레콤(당시 한국이동통신)은 1999년 1월 50,000원에서 2000

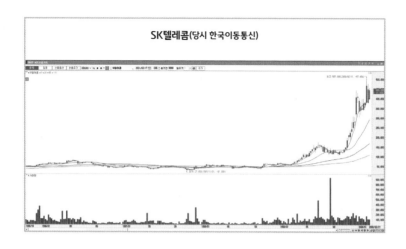

SK텔레콤(당시 한국이동통신)

년 2월 11일 507,000원까지 상승했습니다. 1년 만에 1,000%나 올랐습니다. 새롬기술은 1999년 11월 15일 26,100원에서 2000년 2월 18일 308,000원까지 상승했습니다. 약 3달 만에 1,080%의 수익률을 기록한 것입니다.

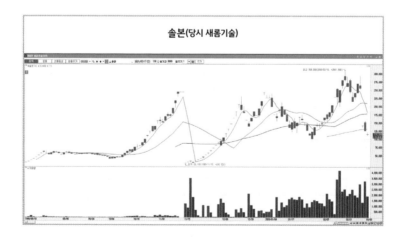

솔본(당시 새롬기술)

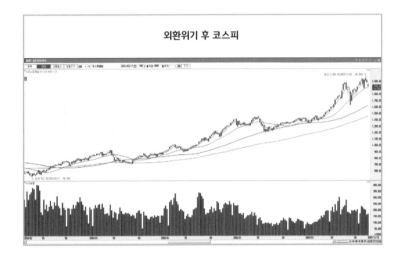

외환위기 후 코스피

하지만 IT 업종들의 강세는 오래가지 않았습니다. 닷컴버블이 주도하던 시장의 거품이 터져버리면서 주도권은 다른 업종으로 넘어갔습니다. 조선, 해운, 철강 등 경기민감주 종목들이 그 기세를 이어받았습니다.

당시 '세계의 공장'이라 불리던 중국의 경제 성장으로 글로벌 경기는 초호황을 기록하게 되었습니다. 이 영향으로 한국시장의 조선, 철강, 건설 등 경기민감주 업체들의 실적이 큰 폭 호전되면서, 해당 업종들이 시장의 주도주가 되었습니다. 물론, 이 기간에 다른 종목들도 상승했으나, 상승률 측면에서 많은 차이를 보였습니다. 당시 종목들의 평균 상승률이 3~4배였던 반면, 주도 업종들은 수십 배의 상승률을 기록했습니다.

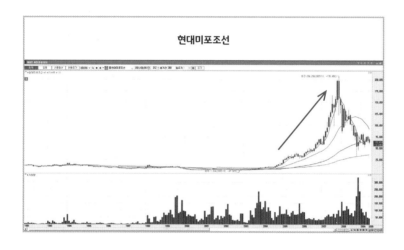

조선 업종인 현대미포조선은 5,000원에서 20만 원으로 40배 상승했습니다.

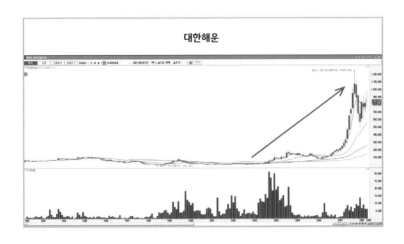

대한해운

해운 업종인 대한해운은 2만 원에서 120만 원으로 60배 상승했습니다.

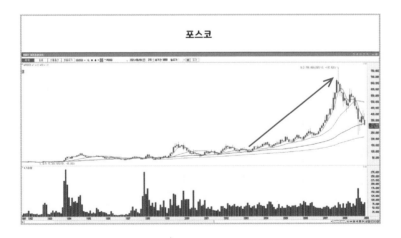

포스코

철강업인 포스코는 12만 원에서 75만 원으로 약 6배 상승했습니다.

156

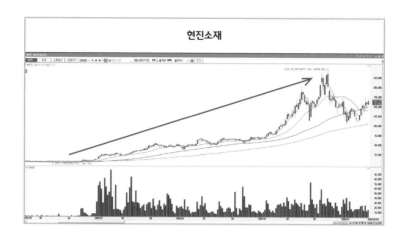

현진소재

현진소재는 3,000원에서 24만 원으로, 약 80배 상승했습니다.

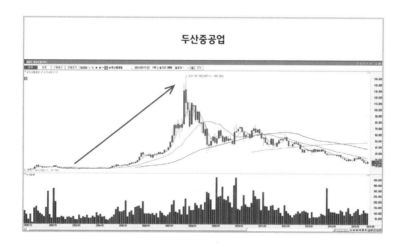

두산중공업

중공업 및 기계 업종인 두산중공업은 5,000원에서 15만 원으로 오르며 30배 상승했습니다.

카카오(다음), 기업은행, 삼성전자의 당시 차트를 통해 주도 업종 외에 다른 종목의 상승률을 보겠습니다.

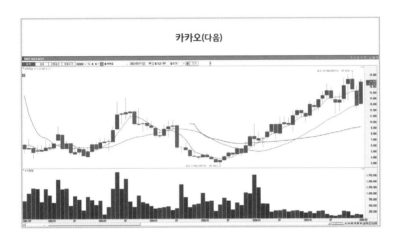

카카오(다음)은 5,000원에서 17,000원으로 3.4배 상승했습니다.

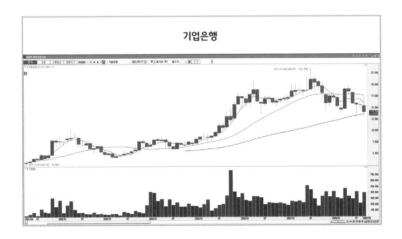

기업은행은 5,000원에서 23,000원으로 4.6배 상승했습니다.

삼성전자(액면분할 가격 환산 기준)는 5,000원에서 15,000원으로 3배 상승했습니다.

2003년 500pt에서 2008년 2,000pt까지 상승하는 동안 코스피 지수의 상승과 함께 대부분 종목이 상승한 것을 볼 수 있습니다. 지수상승률은 약 4배였으며, 당시 주도 업종의 상승률은 다음과 같습니다.

조선: 현대미포 40배
해운: 대한해운 60배
철강: 포스코 6배

조선후판: 현진소재 80배

카카오(당시 다음): 3.4배

기업은행: 4.6배

삼성전자: 3배

참고로, 카카오(다음)는 이미 2000년 닷컴버블 때 큰 폭의 상승이 있었으며, 지금도 꾸준하게 상승하고 있습니다.

앞서 말씀드렸듯이 2003년부터 2008년 금융위기 전까지 전 세계 원자재가 중국으로 이동한 후, 값싼 중국산 제품이 전 세계로 공급되며 글로벌 경기 호황이 이어졌습니다.

2003년부터 각종 원자재 물동량이 증가함에 따라 건자재 운임지수가 폭등했고, 저조했던 선박 수주가 폭발적으로 증가함에 따라 국내 조선 업종과 해운 업종, 선박 제작에 들어가는 철강 및 후판 업체 등의 매출과 이익이 급증하면서 주도주 역할을 했습니다. 당시 건화물운임지수(BDI)를 보면 그 상황을 알 수 있습니다. 금융위기 발생 후 폭락했던 이 지수는 현재도 회복하지 못하고 있습니다.

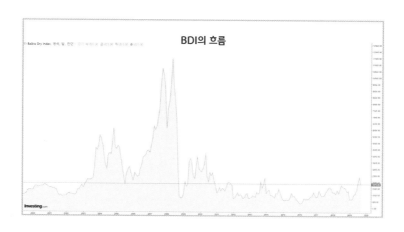

BDI의 흐름

서브프라임 사태 이후 차화정 장세

2003년~2007년까지 초 호황을 누리던 글로벌 시장에 2008년

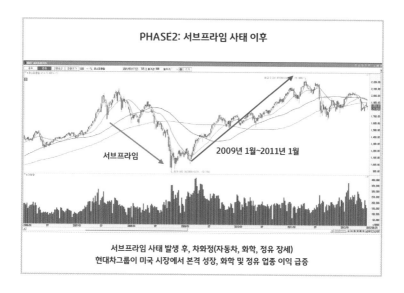

PHASE2: 서브프라임 사태 이후

서브프라임

2009년 1월~2011년 1월

서브프라임 사태 발생 후, 차화정(자동차, 화학, 정유 장세)
현대차그룹이 미국 시장에서 본격 성장, 화학 및 정유 업종 이익 급증

엄청난 폭탄이 떨어지게 됩니다. 바로 서브프라임 모기지 사태입니다. 이 사태가 왜 벌어졌고, 무슨 사태인지에 대한 설명은 이 책과 어울리지 않으니 따로 하지 않겠습니다. 중요한 것은 이 폭탄으로 인해 전 세계 증시가 엄청난 하락을 겪었다는 사실입니다. 외환위기와 다르게 미국, 유럽 가릴 것 없이 전 세계 모든 증시가 절망적으로 폭락했습니다.

앞서 언급했듯이 시장은 탐욕과 공포 속에서 하락과 상승이 반복됩니다. 서브프라임 모기지 사태 이후 2009년부터 상승장이 시작되었고, 이때 상승장의 주도 업종은 '차·화·정'이라 불리는 자동차, 화학, 정유 업종이었습니다. 대표적인 기업으로는 현대차, LG화학, 호남석유(롯데케미칼), GS가 있습니다. 당시 현대차는 경쟁사인 토요타 자동차의 리콜 사태로 인한 반사이익, 원화 약세 등으로 미국 시장 점유율이 급격하게 확대되었고, 화학 및 정유 업종은 원재료 가격과 판매 가격 간의 스프레드 확대로 실적이 큰 폭 상승했습니다.

2009년에서 2011년 사이 코스피 지수 상승률은 평균 2.1배였는데, 주도 업종인 현대차(자동차)는 9배, LG화학(화학)은 8배, 롯데케미칼(화학)는 9배가량 상승했습니다.

특이한 점은 당시 주도주였던 차화정 주식들의 과거 움직임인데, 2003년부터 2008년까지 큰 움직임이 없었습니다. 이전 상승장에서 주도주였던 조선, 철강, 해운 업종들은 2009년부터 2011까지의 새로운 상승장에서는 움직임이 없었다는 점도 주목할 만합니다.

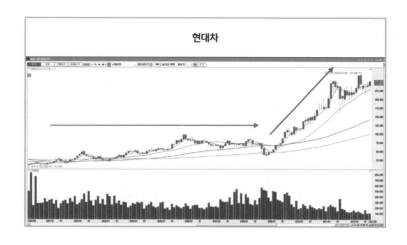

현대차는 3만 원에서 27만 원으로 9배 상승했습니다.

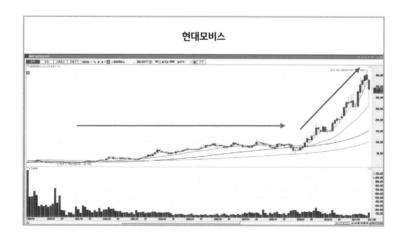

현대모비스는 5만 원에서 41만 원으로 8.2배 상승했습니다.

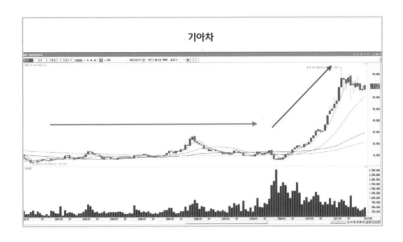

기아차(기아)는 5,000원에서 8만 4,000원으로 16.8배 상승했습니다.

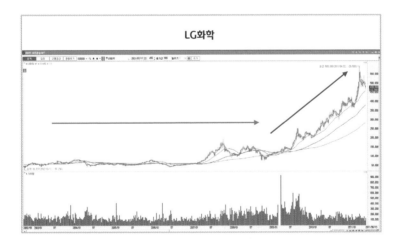

LG화학은 7만 5,000원에서 58만 원으로 약 8배 상승했습니다.

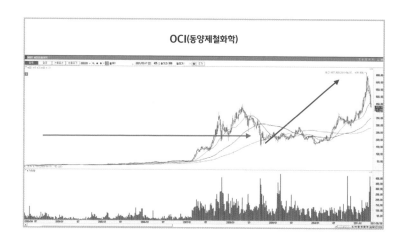

OCI(동양제철화학)은 15만 원에서 65만 원으로 약 4배 상승했습니다.

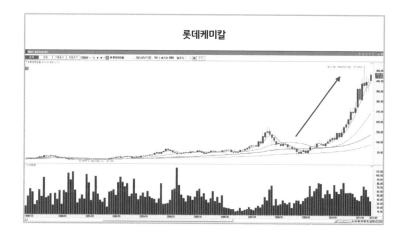

롯데케미칼은 5만 원에서 45만 원으로 9배 상승했습니다.

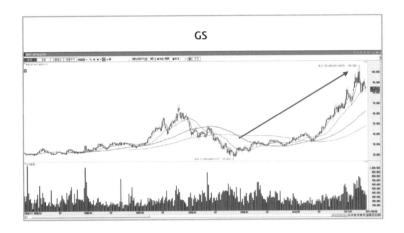

GS는 2만 원에서 10만 원으로 5배 상승했습니다.

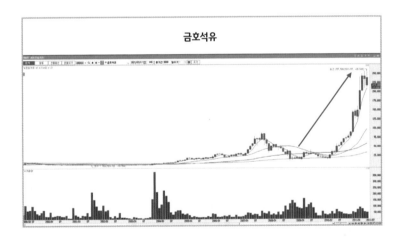

금호석유는 2만 원에서 25만 원으로 12.5배 상승했습니다.

삼성전자는 9,000원에서 2만 원으로 약 2배 상승했습니다.

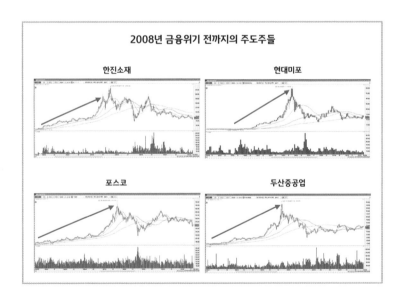

차트에서 확인할 수 있듯이 2008년 금융위기 전까지 큰 폭으로 상승했던 이전 주도주들은 차화정 업종들의 상승 시기에 하락 혹은 횡보했습니다.

코스피 지수는 2009년 900pt에서 2011년 2,200pt까지 상승했습니다. 지수 상승률은 2.1배였습니다. 주도 업종 상승률은 다음과 같습니다.

[자동차]
현대차: 9배
기아차: 16.8배
현대모비스: 8배

[정유 화학]
LG화학: 8배
OCI: 4배
롯데케미칼: 9배
GS: 5배
금호석유: 12.5배
삼성전자: 2.1배

PHASE3: 박스권 장세

2011년~2020년 박스피 장세 스마트폰 시장의 본격적인 개화로 삼성전자가 상승했으며,
화장품, 제약/바이오 모바일 게임주 등의 순환매 장세가 발생.

박스권 장세는 2011년부터 2020년 초반까지 약 8~9년간 유지되었습니다. 당시 코스피 지수 차트를 보면 2017년~2018년 2,000pt~2,500pt까지 상승을 했으나 재차 하락했습니다. 진짜 '박스피'라고 불릴 만큼 박스 안에 갇힌 움직임입니다. 그렇지만 이러한 시장 속에서도 일부 종목은 주도 업종으로서 주가가 엄청나게 상승하는 모습을 보였습니다.

2011년~2020년 박스피 장세에서의 주도 업종은 스마트폰, 제약/바이오, 모바일 게임, 화장품이었습니다. 대표적인 회사로 스마트폰에선 삼성전자, 게임에선 컴투스, 화장품에선 아모레퍼시픽, 그리고 제약/바이오에선 셀트리온과 한미약품 등이 있습니다.

우선 애플의 아이폰 출시로 스마트폰 시장이 열리고 삼성전자의 갤럭시 시리즈가 성공하면서 삼성전자가 상승했습니다. 중국 시장에서 한국산 화장품이 인기를 끌기 시작했고, 스마트폰 보급이 본격화되면서 모바일 게임 업종들이 상승했습니다.

제약/바이오 업종은 2015년 초 한미약품의 대규모 기술수출을 시작으로 업종 전반에 대한 '주가 재평가(Re-Rating)'가 이루어지면서 큰 폭으로 상승하기 시작했습니다.

해당 기간 코스피 지수는 횡보했지만, 주도 업종들은 지수와 상관 없이 강하게 상승했습니다. 삼성전자(스마트폰)는 5배 상승, 아모레퍼시픽(화장품)은 5배 상승, 컴투스(게임)는 9배 상승, 셀트리온(제약/바이오)은 11배 상승했습니다.

삼성전자는 13,000원에서 62,000원으로 4배 이상 상승했습니다.

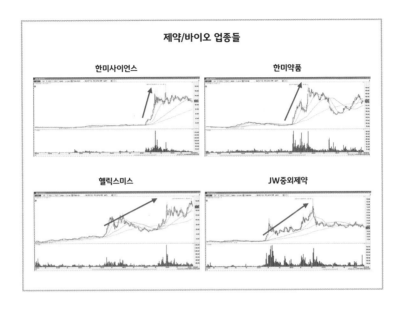

한미사이언스는 10배, 한미약품은 8배, 헬릭스미스(바이로메드)는 6배, JW중외제약은 6배 상승했습니다.

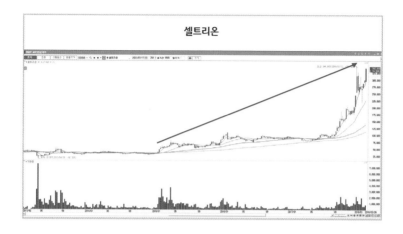

셀트리온

셀트리온은 3만 원에서 34만 원으로 11배 상승했습니다.

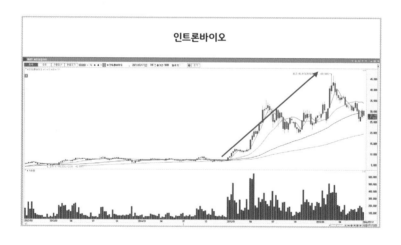

인트론바이오

인트론바이오는 8,000원에서 4만 5천원으로 6배 상승했습니다.

당시 주도주인 제약/바이오 업종은 2015년 1월부터 동반 상승을 시작합니다. 다시 말해 주도주(주도 섹터 혹은 주도 업종)는 유사한 움직임을 보입니다.

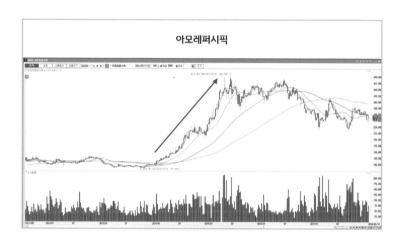

아모레퍼시픽은 9만 원에서 45만 원으로 5배 상승했습니다.

한국콜마는 2만 원에서 13만 원으로 6배 상승했습니다. 화장품 업종은 2014년 1월부터 동시에 상승했습니다.

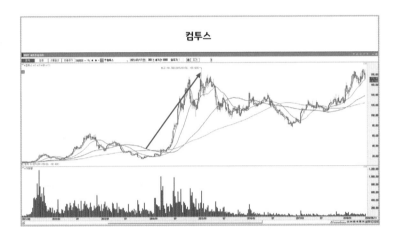

컴투스는 2만 원에서 18만 원으로 9배 상승했습니다.

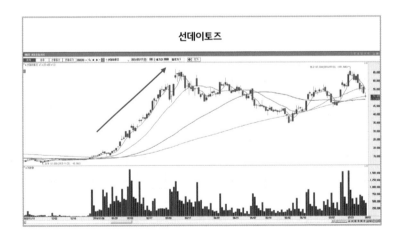

모바일게임 애니팡을 개발한 선데이토즈는 1만 4천원에서 6만 4천원으로 4.5배 상승했습니다. 스마트폰 시장이 커지면서 모바일게임주인 선데이토즈, 컴투스 등은 2014년 1월부터 상승하기 시작했습니다.

2011년부터 2020까지 코스피 지수는 박스권 장세였지만 주도 업종들의 상승률은 다음과 같습니다.

주도 업종상승률

[주도 업종]

-애플 아이폰 출시, 삼성전자 갤럭시 출시로 스마트폰 시장 성장

삼성전자: 5배

제약/바이오 업종

-그동안 소외받았던 제약/바이오주 상승 시작, 시장 주도주 진입

-2015년 초. 한미약품의 대규모 기술수출로 제약/바이오주의 Re-Rating 시작

한미사이언스: 10배

한미약품: 7배

헬릭스미스: 6배

JW중외제약: 6배

셀트리온: 11배

인트론바이오: 6배

[화장품 업종, 게임 업종]

-2014년 초 중국향 화장품 업종 상승

-모바일게임들의 글로벌 진출로 컴투스 등 상승

아모레퍼시픽 : 5배

한국콜마 : 6배

컴투스 : 9배

4 코로나 팬데믹 이후 현재

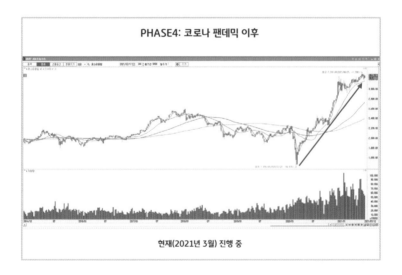

PHASE4: 코로나 팬데믹 이후

현재(2021년 3월) 진행 중

　　2011년부터 2020년까지 박스권 장세를 보이던 코스피는 또 한
번 하락을 경험하게 됩니다. 바로 현재 진행 중인 코로나 사태 때문

입니다. 코로나 사태로 인해 2020년 3월 전 세계 증시는 엄청난 폭락을 겪었고, 국내 증시도 큰 폭 하락을 했습니다. 이번 하락 국면에도 시장은 다시 상승해 코스피 지수가 3,000pt를 돌파했습니다. 이번 상승장의 주도 업종은 무엇인지 살펴보겠습니다.

개인적으로 판단하는 두 가지 주도 업종은 2차전지와 인터넷(플랫폼)이라고 생각합니다. 2차전지 업종에 포함되는 기업은 LG화학, 삼성SDI, 엘앤에프, 에코프로비엠, 천보 등이며, 인터넷 업종은 네이버, 카카오입니다. 상승과 하락이 반복되고 있지만 2차전지 관련 종목들은 전부 신고가를 기록하는 중이며, 인터넷 종목은 여전히 강세를 보이고 있습니다. 물론, 상승추세가 얼마나 이어질지 지켜봐야겠지만 향후 주도 업종들은 이 두 업종이 유력하다고 보고 있습니다.

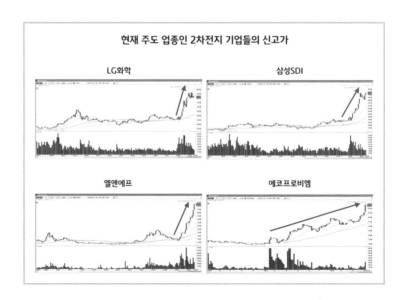

현재 주도 업종인 2차전지 기업들의 신고가

[2차전지 종목의 신고가 달성일]

삼성SDI: 2021년 2월 신고가 달성

에코프로비엠: 2021년 7월 신고가 달성

엘지화학: 2021년 7월 신고가 달성

엘앤에프: 2021년 7월 신고가 달성

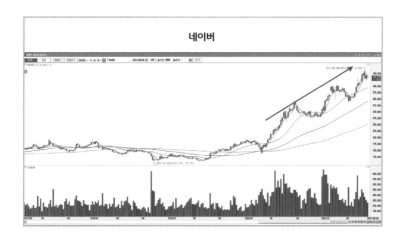

네이버(인터넷)는 2021년 7월 신고가를 달성했습니다.

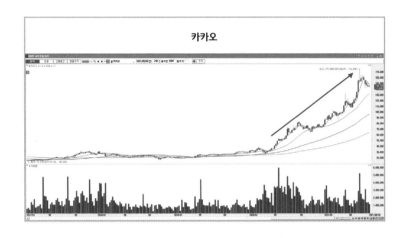

카카오

카카오(인터넷)은 2021년 6월 신고가를 달성했습니다.

각 구간별 주도주의 흐름은 다음처럼 정리할 수 있습니다.

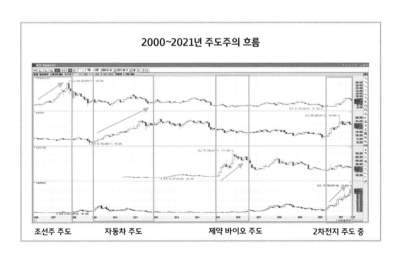

2000~2021년 주도주의 흐름

조선주 주도   자동차 주도   제약 바이오 주도   2차전지 주도 중 주도주를 찾는 방법에 정해진 답은 없습니다.

시장에서 주도주를 찾는 것은 미인 선발 대회와 같습니다. 미인의 기준은 시대의 유행에 따라 바뀌어 왔습니다. 주식도 마찬가지입니다. 주도주의 기준도 시장 상황에 따라 바뀝니다. 그래도 변하지 않는 기준이 있습니다. 시장을 주도하려면 결국 다수의 시장 참여자들로부터 관심을 받아야 합니다. 시장 참여자들의 관심을 받아야 거래량이 늘어나고 가격도 올라갑니다.

개인적으로 주도주를 선정하는 기준은 다음과 같습니다.

[주도주 선정 기준]

(1) 52주 신고가 혹은 역사상 신고가 종목

(2) 상승종목군을 형성한다

첫 번째 기준은 52주 신고가 혹은 역사상 신고가를 달성한 종목입니다. 52주 신고가를 달성했다는 것은 거래량이 늘어나며, 그만큼 상승에도 힘이 실렸다는 의미이기 때문입니다. 더불어 신고가가 역사상 최고점이라면 더욱 좋은 신호입니다. 바로 그 종목의 전성기를 의미하기 때문입니다.

상승종목군은 같은 업종에 속한 다른 종목들을 보면 알 수 있습니다. 같은 업종에 속한 종목들 중에서 52주 신고가를 기록한 비율이 높다면 그 업종은 시장 주도 업종이라 판단할 수 있습니다.

주도주를 간략하게 표현하자면 가장 강하게 올라가는 종목입니다. 매수에 대해서는 다음과 같이 정리해 볼 수 있습니다.

가장 많이 오른 종목을 분할매수하고 반드시 손절 라인을 정하시기 바랍니다.

분할매수 후, 상승추세가 유지되는 한 흐름을 지켜보며 보유하시기 바랍니다.

통상 주도주는 상승과 하락을 반복하며 계단식 상승을 하는 경우가 많습니다.

어느 순간 거래량이 늘어나면서 주가가 강하게 상승할 때 분할매수하시기 바랍니다.

이렇게 매수한 종목들의 제일 좋은 매도 시점은 전체 시장 혹은 종목의 추세가 하락으로 전환할 때입니다. 하지만 하락 전환 시점을 정확히 알 수는 없습니다. 고점도 정확하게 예측할 수 없습니다. 매도 시점에 관한 얘기는 다른 부분에 다양하게 나와 있으니 참고 바랍니다. 큰 추세의 하락은 뒷부분에 이야기할 '장기 이동평균선을 활용한 시장 추세 확인' 편을 참고하시기 바랍니다.

지금까지 시장 주도주를 찾고, 매매하는 방법에 대해서 알아봤습니다. 시장이 본격적으로 상승하는 시점과 그 시기에 어떤 업종이 상승을 주도했는지도 살펴봤고, 지금 시장에서도 어떤 시장이 주도할지도 살펴봤습니다.

각 시기별 주도 업종을 정리해 보면 1차는 조선/해운/중공업, 2차는 자동차/화학/정유, 3차는 바이오/게임/화장품, 현재는 2차전지/인터넷 업종이라 판단합니다. 그리고 네 번의 상승에서 주도 업종이 중복된 경우는 없습니다. 굳이 이야기하자면 LG화학이 '순수 화학'으로 한번, 그리고 '2차전지'로 또 한번 주도 업종이 되었다고 말할 수는 있습니다.

투자자는 시장의 새로운 상승 흐름에서 어떤 업종이 주도할지 잘 찾아야 합니다. 투자자들은 흔히 하락장에서 계속 저점을 잡으려 하는데, 이는 많이들 범하는 실수입니다. 솔직히 말해서, 어느 누구도 정확한 저점을 잡기란 불가능합니다. 매수한 구간이 저점과 비슷하다면, 운이 좋은 경우가 대부분입니다.

꼭 저점에 매수하지 않아도 괜찮습니다. "무릎에 사서 어깨에서 판다"라는 말처럼, 시장의 흐름에 편승해 차분한 수익을 올리시기 바랍니다.

02

성장주 VS 가치주

프라임PB
영상으로
확인하기

성장주와 가치주, 무엇이 다를까?

주식시장에서 통용되는 개념 중에 성장주와 가치주라는 개념이 있습니다. 일반적으로 성장주(Growth Stock)는 현재 밸류 대비 주가가 고평가되어 있으나, 앞으로 성장할 가능성이 큰 종목을 말하며, 가치주(Value Stock)는 현재 밸류 대비 주가가 저평가되어 있으나, 성장주에 비해 안정적인 수익을 창출하는 종목을 의미합니다.

둘 다 각각의 매력이 있어서 성장주와 가치주의 투자 비중을 얼마로 할지 고민이 됩니다. 미래 성장성을 믿고 성장주에 투자하는 게 맞을지, 아니면 리스크를 줄이기 위해 가치주에 투자하는 게 맞을지, 투자자라면 누구나 고민하는 것이기도 합니다. 이번에는 이

를 판단하기 위해 성장주와 가치주에 관해 심도 있게 알아보도록
하겠습니다.

성장주와 가치주의 구분

성장주인지, 가치주인지를 판단하는 명확한 기준은 없습니다. 같
은 종목을 보더라도 누군가는 그 종목을 성장주로 여길 수도 있는
반면, 누군가는 가치주라고 여길 수도 있습니다. 삼성전자가 그런
경우입니다. 물론, PER이나 PBR 같은 지표를 근거로 성장주인지
가치추인지 판단을 내릴 순 있으나, '이 종목은 성장주이고, 저 종
목은 확실하게 가치주이다'라고 말할 수는 없습니다.

그렇기에 성장주와 가치주는 시장 참여자들에 의해 자연스럽게
결정된다고 이해하면 됩니다. 이러한 특징으로 시대에 따라 성장
주가 가치주가 되기도 하고 가치주가 성장주로 평가를 받기도 합
니다.

한번 예를 들어보겠습니다. 과거 1970년대 한국의 성장주는 건
설 업종이었습니다. 당시 중동에서 어마어마한 수주를 받아 매출
과 이익이 폭발했기 때문입니다. 그리고 2000년대 초반 조선업의
초 호황으로 조선 업종들이 성장주로 인식되었습니다. 즉, 시대의
변화에 따라 강하게 올라가는 주식을 성장주라 할 수 있습니다(성
장주는 주도주입니다).

반면, 매출액과 이익의 성장은 멈췄으나 꾸준하게 이익이 지속되는 주식을 가치주라 할 수 있습니다. 또한 시대의 흐름에 따라 성장주가 가치주로, 가치주가 성장주로 평가받는 경우도 발생합니다.

전자의 대표적인 예는 SK텔레콤입니다. 과거 휴대폰이 폭발적으로 보급되던 시기에는 성장주라 여겨졌으나 현재는 꾸준히 이익을 창출하는 가치주라 할 수 있습니다. 후자의 대표적인 예는 LG화학과 현대차가 있습니다. LG화학은 2차전지 사업을 통해서, 현대차는 전기차, 수소차 등 신사업을 통해서 현재 가치주보다는 성장주라 평가받고 있습니다.

성장주는 주도주이기도 합니다. 앞에서 주도주가 다른 종목에 비해 큰 폭으로 상승한다는 점을 확인했습니다. 물론 하락하는 시장에서 방어주 개념으로 가치주가 시장을 주도하는 경우도 있으나, 성장주가 시장 주도주가 되는 게 일반적입니다.

성장주

사전적인 정의까지는 아니지만, 성장주는 다음과 같은 네 가지 특징을 갖고 있습니다.

(1) 미래가치를 중요시한다

(2) PER, PBR이 높은 편이다

(3) 주가 변동성이 큰 편이다

(4) 배당성향이 낮고 하락장에 약하다

대표적인 성장주 업종으로는 2차전지, 친환경자동차, 바이오, 인터넷 플랫폼, IT, 신재생에너지, 게임 등이 있습니다. 성장주는 '향후 매출액과 이익이 늘어날 것이다'라는 시장 참여자들의 공감대가 형성된 종목입니다. 즉, 시장 참여자들의 꿈을 먹고 상승하는 종목을 성장주라 할 수 있습니다.

성장주는 매출과 이익 성장에 대한 기대감으로 주가가 상승합니다. 일반적으로 2~3년간 매출과 이익이 폭발적으로 늘어날 것으로 예상하고 미래가치가 현 주가에 반영되어 주가가 높게 형성됩니다. 그렇기에 성장주의 주가는 기업의 현재 펀더멘탈과 무관하게 꿈과 기대감으로 가격이 형성됩니다. 이러한 특징 때문에 성장주의 주가 흐름은 어느 정도 일정한 패턴을 가지고 있습니다.

(1) 매출액, 영업이익과 무관하게 기대감으로 주가가 엄청나게 상승(고PER주)

(2) 시간이 흘러 매출액과 이익의 성장을 어느 정도 확인(고PER주 ⇒ 저PER주)

(3) 성장률이 정체되기 시작하며 주가 상승세가 둔화되기 시작(주가 정체 및 하락)

(4) 실적은 평이하게 유지되며 주가는 정체(가치주로 바뀜)

물론, 반드시 위와 같은 단계를 거치는 것은 아닙니다. 앞서 말했듯이 주가 변동이 심하고 기대감으로 상승하기 때문에 상승과 하락이 반복되는 경우가 많습니다. 성장주를 투자하기 가장 좋은 시기는 (1)번 타이밍인데, 많은 개인투자자들이 (2)번이나 (3)번 타이밍에 매수를 한 후 마음 고생을 하는 경우가 많습니다. 따라서 성장주 투자는 초기에 투자금의 일부라도 과감하게 매수하는 전략이 필요합니다.

성장주는 매출과 이익 증가폭에 대한 기대감이 가장 큰 재료이기 때문에 재무정보를 볼 때, 매출액과 이익의 분기 성장률 혹은 연간 성장률 증가폭을 가장 주의 깊게 보셔야 합니다.

매출액과 이익의 성장률은 증권회사 리포트를 보면 참고할 수 있습니다.

어차피 성장주(주도주)는 시장이 상승하는 흐름에서 가장 많이 올라가고 시장 참여자들의 관심이 많기 때문에 자연스럽게 여러 증권사에서 분석 보고서를 발간하는 경우가 많습니다. 따라서 향후 2년~3년 매출액과 이익 추정치에 관한 예측자료가 발간됩니다.

각 증권사에서 발행하는 분석 보고서에 미래 실적에 대한 추정치는 상이 할 수 있습니다. 성장주는 정확한 예측이 어렵기 때문입니다. 하지만 HTS 종목 기본 분석 자료를 보면 발간된 각 증권사의 매출액과 이익 추정치에 대한 '예상치의 평균값(estimate를 뜻하는 E로 표기)'을 확인할 수 있습니다.

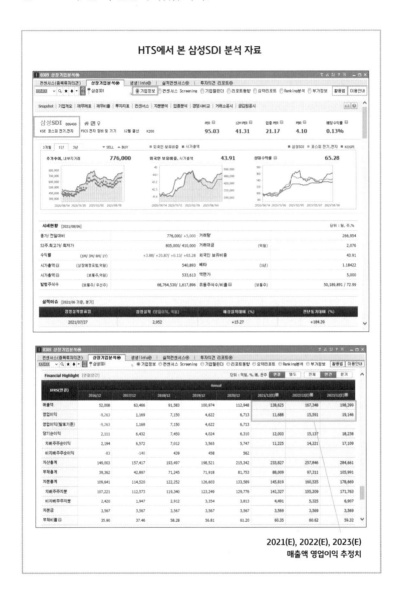

HTS에서 본 삼성SDI 분석 자료

2021(E), 2022(E), 2023(E)
매출액 영업이익 추정치

성장주는 PER이 100이든 50이든 향후 성장에 대한 기댓값이 주가에 선반영되기 때문에 PER 개념보다는 말 그대로 매출액과 이익 성장률을 보고 판단하는 게 현실적이라 생각합니다.

따라서 우리는 52주 신고가 혹은 역사상 신고가 갱신 종목 중에서 최소 2년 후의 예상치를 근거로 성장주를 판단할 것입니다. '영업이익' '당기순이익' '지배주주순이익' 중 '영업이익'을 기준으로 해 이익 증가폭을 살펴보겠습니다. 성장주의 기준은 매출액/영업이익 성장률이 향후 2년간 15% 이상 증가한다고 추정한 종목을 선별해 현재 주가 움직임을 살펴보겠습니다.

또한 투자자라면 성장주를 얼마나 편입해야 할지 고민이 될 수 있습니다. 만약 "나는 비싼 주식에는 손이 안 나간다"거나 "이 주식은 PER이 100배라서 도저히 못 사겠다(대표적인 예: 테슬라)"라고 할 수도 있습니다. 어찌 됐건 성장주는 전통적인 PER, PBR을 중시하는 가치투자자들은 매수가 부담스럽습니다.

하지만 앞서 주도주 사례에서 보았듯이, 성장주(성장주=주도주)는 상승장에서 엄청난 수익률을 보여줍니다. 따라서 성장주 투자 비중은 본인의 투자성향에 맞춰서 편입하면 됩니다. 다만 개인적으로 성장주에 최소 50%의 투자 비중은 필요하다고 생각합니다.

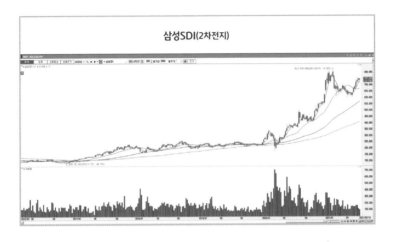

삼성SDI(2차전지)

	2018	2019	2020	2021	2022	2023
매출액	91,583	100,974	112,948	139,349	166,141	195,776
증가율 (yoy)		9.30%	10.60%	18.95%	16.13%	15.74%
영업이익	7,150	4,622	6,713	11,152	14,703	18,086
증가율 (yoy)		-54.69%	31.15%	39.80%	24.15%	18.75%
PER				46	35	28

(단위: 억 원)

　　2차전지 업종의 삼성SDI입니다. 매출액 증가율, 영업이익 증가율이 양호합니다. 2022년, 2023년까지 매출액 증가율은 15% 이상, 영업이익 증가율은 각 24%, 18%로 예상됩니다.

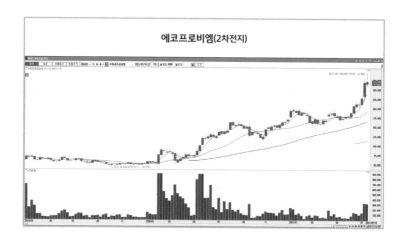

에코프로비엠(2차전지)

	2018	2019	2020	2021	2022	2023
매출액	5,892	6,161	8,547	13,149	20,143	29,288
증가율 (yoy)		4.37%	27.92%	35.00%	34.72%	31.22%
영업이익	503	371	548	964	1,541	2,365
증가율 (yoy)		-35.58%	32.30%	43.15%	37.44%	34.84%
PER				66	41	27

(단위: 억 원)

마찬가지로 2차전지 업종인 에코프로비엠입니다. 2023년까지 매출액 증가율, 영업이익 증가율이 양호합니다. 30% 이상의 고성장을 예상하고 있습니다.

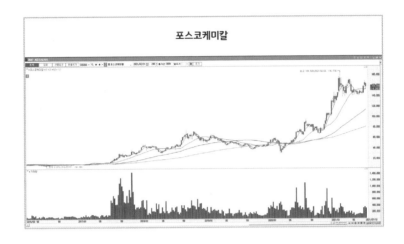

포스코케미칼

	2018	2019	2020	2021	2022	2023
매출액	13,836	14,838	15,662	20,090	24,687	35,205
증가율 (yoy)		6.75%	5.26%	22.04%	22.04%	29.88%
영업이익	1,063	899	603	1,400	1,400	2,506
증가율 (yoy)		-18.24%	-49.39%	56.93%	56.93%	29.93%
PER				92	92	51

(단위: 억 원)

　　포스코케미칼의 경우도 2022년과 2023년 매출액 증가율, 영업
이익 증가율이 각 20%, 30%씩 성장한다고 추정하고 있습니다.
PER은 2021년 92배, 2022년 73배, 2023년 51배입니다(영업이익으
로 계산).

　　앞서 말씀드렸듯이 성장주는 매출액과 이익의 성장률을 중시합
니다. PER이 높거나 낮은 것은 크게 의미가 없습니다.

천보(2차전지)

	2018	2019	2020	2021	2022	2023
매출액	1,201	1,353	1,555	2,488	3,544	5,059
증가율 (yoy)		11.23%	12.99%	37.50%	29.80%	29.95%
영업이익	270	272	301	493	721	1,041
증가율 (yoy)		0.74%	9.63%	38.95%	31.62%	30.74%
PER				49	33	23

(단위: 억 원)

    천보도 매출액 증가율과 영업이익 증가율 둘 다 2023년까지 양
호한 것으로 보고 있습니다. 2023년까지 연평균 30% 정도의 성장
률을 예상하고 있습니다.

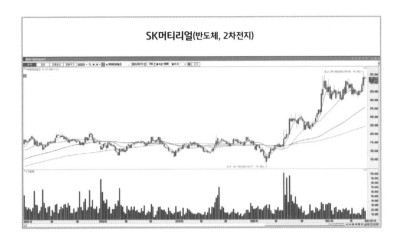

SK머티리얼(반도체, 2차전지)

	2018	2019	2020	2021	2022	2023
매출액	6,873	7,722	9,550	11,697	13,468	15,401
증가율 (yoy)		10.99%	19.14%	18.36%	13.15%	12.55%
영업이익	1,829	2,148	2,339	2,903	3,547	4,195
증가율 (yoy)		14.85%		19.43%	18.16%	15.45%
PER				14	11	10

(단위: 억 원)

SK머티리얼의 경우, 2022년과 2023년 영업이익 증가율을 각 18%와 15% 정도로 예상하고 있습니다. 매출액 증가율은 2023년까지 양호하고, 영업이익 증가율은 2022년까지 양호할 것으로 보입니다.

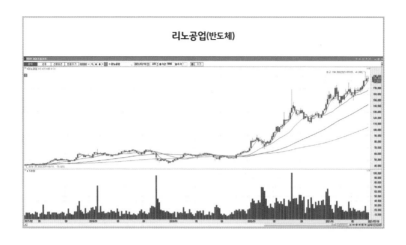

리노공업(반도체)

	2018	2019	2020	2021	2022	2023
매출액	1,504	1,703	2,013	2,533	2,994	3,516
증가율 (yoy)		11.69%	15.40%	20.53%	15,40%	14.85%
영업이익	575	641	779	997	1,165	1,376
증가율 (yoy)		10.30%	17.72%	21.87%	14.42%	15.33%
PER				29	25	21

(단위: 억 원)

반도체 후공정 업체인 리노공업입니다. 매출액 증가율과 영업이익 증가율 둘 다 2023년까지 양호할 것으로 보이고, 대략 2023년까지 약 14~15% 성장률을 예상하고 있습니다.

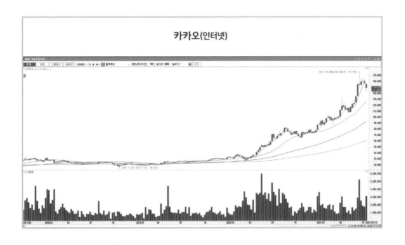

카카오(인터넷)

	2018	2019	2020	2021	2022	2023
매출액	24,170	30,701	41,568	56,928	71,601	86,209
증가율 (yoy)		21.27%	26.14%	26.98&	20.49%	16.94%
영업이익	729	2.068	4,559	7,865	11,531	15,054
증가율 (yoy)		67.75%	54.64%	42.03%	31.79%	23.40%
PER				87	59	45

(단위: 억 원)

　　카카오 또한 매출액 증가율이 2022년까지, 영업이익 증가율은 2023년까지 양호할 것으로 보입니다. 2023년까지 연평균 20% 이상 성장률을 예상하고 있습니다.

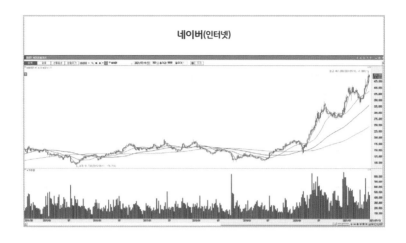

네이버(인터넷)

	2018	2019	2020	2021	2022	2023
매출액	55,869	43,562	53,041	66,366	79,399	93,166
증가율 (yoy)		-28.25%	17.87%	20.08%	16.41%	14.78%
영업이익	9,425	11,550	12,153	13,435	16,759	21,040
증가율 (yoy)		18.40%	4.96%	9.54%	19.83%	20.35%
PER				54	43	35

(단위: 억 원)

플랫폼이자 IT 업종인 네이버입니다. 매출액 증가율, 영업이익 증가율 둘 다 양호합니다. 2022년과 2023년 둘 다 15% 이상 고성장을 예상하고 있습니다.

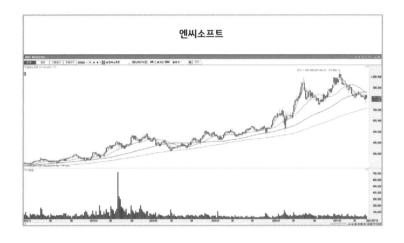

엔씨소프트

	2018	2019	2020	2021	2022	2023
매출액	17,151	17,012	24,162	27,287	36,781	40,262
증가율 (yoy)		-0.82%	29.59%	11.45%	25.481%	8.65%
영업이익	6,149	4.790	8,248	8,424	14,105	14,915
증가율 (yoy)		-28.37%	41.93%	2.09%	40.28%	5.43%
PER				22	13	12

(단위: 억 원)

엔씨소프트는 2022년까지 고성장을 예상하고 있고, 2023년부터는 매출액 성장률 8%를 달성할 것으로 보입니다. 영업이익 증가율은 5%로 살짝 성장이 둔화될 것으로 예상하고 있습니다. 이런 경우 주가가 횡보하고 있음을 확인할 수 있습니다.

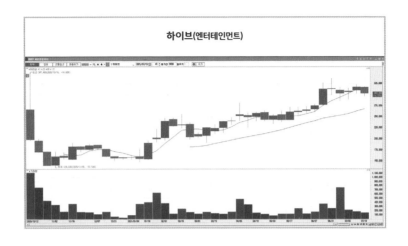

하이브(엔터테인먼트)

	2018	2019	2020	2021	2022	2023
매출액	3,014	5,872	7,963	12,183	17,877	22,426
증가율 (yoy)		48.67%	26.26%	34.64%	31.85%	20.28%
영업이익	799	987	1,455	2,234	3,699	4,917
증가율 (yoy)		19.05%	32.16%	34.87%	39.61%	24.77%
PER				55	33	25

(단위: 억 원)

엔터테인먼트 업종인 하이브입니다. 매출액 증가율, 영업이익 증가율이 양호합니다. 하이브는 BTS로 유명하고, 2023년까지 고성장을 예상하고 있습니다.

셀트리온(제약/바이오)

	2018	2019	2020	2021	2022	2023
매출액	9,821	11,285	18,491	23,806	28,400	32,514
증가율 (yoy)		12.97%	38.97%	22.33%	16.18%	12.65%
영업이익	3,387	3,781	7,121	10,048	11,967	13,917
증가율 (yoy)		10.42%	46.90%	29.13%	16.04%	14.01%
PER				36	30	26

(단위: 억 원)

제약/바이오 업종인 셀트리온입니다. 매출액 증가율, 영업이익 증가율은 양호합니다. 셀트리온도 2023년까지 무난한 성장을 예상하고 있습니다.

삼성바이오(바이오)

	2018	2019	2020	2021	2022	2023
매출액	5,358	7,016	11,648	14,354	16,4532	18,908
증가율 (yoy)		23.63%	39.77%	18.85%	13.17%	12.57%
영업이익	557	917	2,928	4,305	5,285	6,050
증가율 (yoy)		39.26%	66.68%	31.99%	18.54%	12.64%
PER				141	115	100

(단위: 억 원)

바이오 업종인 삼성바이오입니다. 매출액 증가율은 2021년까지, 영업이익 증가율은 2022년까지 높게 유지할 것으로 예상하고 있습니다. 다만 PER이 높아 부담스럽게 느껴지는 것도 사실입니다.

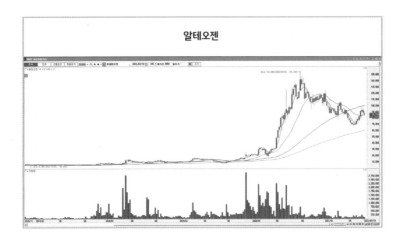

알테오젠

	2018	2019	2020	2021	2022	2023
매출액	137	292	424	667	996	1,332
증가율 (yoy)		53.08%	31.13%	36.43%	33.03%	25.23%
영업이익	-77	-23	1	167	382	552
증가율 (yoy)			2400.00%	99.40%	56.28%	30.80%
PER				223	97	67

(단위: 억 원)

알테오젠입니다. 매출액 증가율, 영업이익 증가율 둘 다 2023년까지 양호합니다. 이 종목 역시 높은 성장률을 달성할 것으로 예상하고 있습니다. 다만 마찬가지로 PER이 높습니다.

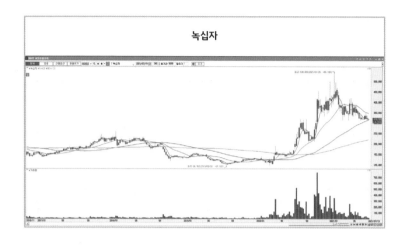

녹십자

	2018	2019	2020	2021	2022	2023
매출액	13.349	13,571	15,041	17,723	18,093	17,830
증가율 (yoy)		1.64%	9.77%	15.13%	2.04%	-1.48%
영업이익	502	417	503	1,950	1,913	1,498
증가율 (yoy)		-20.38	17.10%	74.21%	-1.93%	-27.70%
PER				19	19	25

(단위: 억 원)

녹십자의 경우는 성장주라고 보기는 애매합니다. 2021년 정점을 이루고 매출액과 영업이익은 정체를 예상하고 있습니다.

대표적인 가치주 업종으로는 은행, 철강, 건설, 조선, 음식료, 필수소비재 등이 있습니다. 가치주는 다음과 같은 특징을 가지고 있습니다.

포스코

	2018	2019	2020	2021	2022	2023
매출액	649,778	643,668	577,928	687,630	708,868	717,773
증가율 (yoy)		-0.95%	-11.38%	15.95%	3.00%	1.24%
영업이익	55,426	38.689	24,030	73,206	65,924	65,632
증가율 (yoy)		-43.26%	-61.00%	67.17%	-11.05%	-0.44%
PER				4	4	4

(단위: 억 원)

(1) 현재가치를 중요시 여긴다

(2) PER, PBR이 낮은 편이다

(3) 주가 변동성이 작은 편이다

(4) 배당성향이 높고, 하락장에 상대적으로 강하다

가치주의 대표적인 사례인 포스코입니다. 매출액과 영업이익의

삼성전자

	2018	2019	2020	2021	2022	2023
매출액	2,437,714	2,304,009	2,368,070	2,721,010	2,974,860	3,190,403
증가율 (yoy)		-5.80%	2.71%	12.97%	8.53%	6.76%
영업 이익	588,867	277,685	359,939	517,816	610,967	669,351
증가율 (yoy)		-112.06%	22.85%	30.49%	15.25%	8.72%
PER				9	8	7

(단위: 억 원)

증가율이 2021년에 정점입니다. 즉, 포스코는 2021년 실적이 반짝 좋아지고 2022년 2023년 매출과 이익이 정체된다고 예상하고 있습니다.

삼성전자의 경우, 2021년에 매출액 증가율이 정점이고, 2022년에 영업이익 증가율이 정점입니다. 삼성전자는 성장주로도 여겨져 왔지만, 개인적으로 가치주라 판단하고 있습니다.

농심

	2018	2019	2020	2021	2022	2023
매출액	22,364	23,439	26,398	25,812	26,962	728,074
증가율 (yoy)		4.59%	11.21%	-2.27%	4.27%	3.96%
영업이익	886	788	1,603	1,048	1,268	1,408
증가율 (yoy)		-12.44%	50.84%	-52.96%	17.35%	9.94%
PER				19	16	14

(단위: 억 원)

농심은 매출액과 영업이익의 증가율이 2020년에 정점입니다.

2022년과 2023 년부터 소폭 실적 상승을 예상하고 있습니다.

신한지주 역시 특별한 성장은 보이지 않습니다.

	2018	2019	2020	2021	2022	2023
매출액	135,725	157,074	147,740	146,172	151,942	165,540
증가율 (yoy)		13.59%	-6.32%	-1.07%	3.80%	8.21%
영업이익	44.994	50,463	49,297	57,238	58,963	62,111
증가율 (yoy)		10.84%	-2.37%	13.87%	2.93%	5.07%
PER				3	3	3

(단위: 억 원)

롯데케미칼

	2018	2019	2020	2021	2022	2023
매출액	160,731	1151,235	122,230	174,076	180,366	181,853
증가율 (yoy)		-6.28%	-23.73%	29.78%	3.49%	0.82%
영업이익	19,462	11,073	3,569	22,235	20,359	20,028
증가율 (yoy)		-75.76%	-210.25%	83.95%	-9.21%	-1.65%
PER				4	5	5

(단위: 억 원)

롯데케미칼도 이익은 꾸준하나 성장률이 높지는 않습니다.

성장주와 가치주, 어느 것에 투자할까?

지금까지 성장주와 가치주로 여겨질 수 있는 종목들을 데이터를 통해 살펴보았습니다. 성장주와 가치주의 비중은 본인의 투자성향에 맞춰서 투자하면 됩니다. 본인이 어떤 주식에 더 큰 수익을 올리는지 파악하지 못했다면, 우선 50 대 50의 비중은 유지하는 게 좋습니다. 하지만 가치주보다는 성장주 쪽을 추천합니다. 기업의 가치도 중요하지만, 주가는 기업의 성장 스토리나 꿈을 먹고 상승하는 경향이 더 크기 때문입니다. 물론, 가치주 투자가 나쁘다는 것은 아니니 오해는 하지 말기 바랍니다.

정리하자면, 성장주는 앞서 말한 여러 기준에 부합하고, 매출액 증가율과 영업이익 증가율이 각각 전년 대비 최소 15% 이상 성장할 것이라고 예상되는 기업이라 할 수 있습니다. 성장률 추정치는 해당 업종 애널리스트가 보고서에서 제시한 컨센서스를 기준으로 합니다. 현재 국내 시장에서 성장주로 볼 수 있는 업종은 2차전지, 반도체 소부장, 게임, IT(플랫폼), 바이오 등이 있습니다. 성장주에 투자하고 싶다면 해당 업종 내에서 좋은 종목을 골라야 합니다.

"고(高) 퍼(PER)에 사서, 저(低) 퍼(PER)에 팔아라"라는 말이 있습니다. 성장주에 투자할 때는 이렇게 단순하게 접근하는 것도 좋습니다. 성장주는 매출과 이익 증가에 대한 기대감으로 주가가 상승하기에 PER이나 PBR이 가치주에 비해 엄청 높은 편입니다. 심지어 적자인 기업도 있습니다.

성장주의 가장 대표적인 사례로는 테슬라가 있습니다. PER이나 PBR을 중요시하는 가치투자자의 입장에서 보면 테슬라의 주가는 설명이 안 됩니다. 성장주에 투자한다면 성장률 증가폭 추정치를 보고 매수해야 합니다.

성장주라고 생각되는 종목을 위에서 열거했는데 이외에도 많은 주식들이 있습니다.

일일이 열거할 수는 없지만 앞에서 보았듯이 증권사 발간 보고서를 통해서 차근차근 찾아보시거나 역사상 신고가를 내고 있는 종목 중 HTS를 통해 매출액과 영업이익의 성장률을 보시기 바랍니다.

성장주는 곧 주도주입니다. 우리는 앞서 시장주도주 편에서 주도주(성장주)의 극적인 상승을 확인했습니다. 각자의 투자 성향이 다르겠지만 성장주(주도주)는 최소 50%라도 포트폴리오에 편입하시기 바랍니다.

03

증권사 리포트

증권사 리포트는 어떻게 발간되나요?

증권사 리포트란 이름 그대로 증권사에서 발행한 분석 보고서
입니다. 증권사가 리포트를 통해 다루는 주제는 다양합니다. 거시
적인 시각으로 증시 전체의 전망을 분석하는 리포트도 있고, 좀 더
세부적인 시각에서 특정 산업이나 종목(특정 기업)에 대해 분석하
는 경우도 있습니다. 이러한 증권사 리포트는 시중에서 쉽게 접할
수 있는 정보들과는 달리, 특정 산업이나 종목에 대한 전문적 지식
과 분석 능력을 가진 증권사 애널리스트들이 공식적인 데이터를
기반으로 작성하기 때문에 어느 정도 전문성과 신뢰성이 보장된
자료라고 볼 수 있습니다.

물론, 애널리스트들의 분석이 100% 정확할 수는 없습니다. 애널리스트들이 주식의 신이 아닌 이상 어쩔 수 없습니다. 하지만 그렇다고 그 가치가 떨어지진 않습니다. 그래도 개인투자자들이 얻기 힘든 정보들도 많고, 자신의 경험에 근거해 체계적으로 분석한 자료이기에 특정 산업이나 종목에 대한 투자 여부를 결정하는데 있어 도움이 되는 자료입니다. 저희 PB들도 관심이 가는 종목이 생기면 반드시 애널리스트들이 낸 리포트를 여러 개 비교하며 읽어보곤 합니다.

그런데 개인투자자들은 생각보다 리포트를 잘 읽어보지 않습니다. 그 이유는 귀찮아서일 수도 있고, 읽어봐도 이해하기 어려워서일 수도 있지만, 보통은 잘 몰라서 그런 경우가 많습니다. 누군가 알려주지 않으면 증권사 리포트를 어떻게 찾아야 하는지, 또 이를 어떻게 활용해야 할지 모를 수 있습니다. 그런 분들을 위해 증권사 리포트에 대해 좀 더 자세히 이야기를 해보겠습니다.

증권사 리포트가 발간되는 배경부터 시작하겠습니다. 증권사에서 리포트를 발간하는 곳은 증권사 내 리서치 센터입니다. 물론, 증권사별로 약간의 차이는 있겠지만 일반적으로 개별 기업이나 산업을 분석하는 파트와 금리, 환율, 매크로 등을 연구하는 자산배분 파트, 총 두 개 파트로 구분되어 운영되고 있습니다. 소형 증권사의 리서치 센터 규모는 약 20~30명 정도이고, 메이저 증권사는 적게는 60명에서 많게는 100명으로 운영이 되고 있습니다.

기업분석 파트에서는 보통 산업분석, 업황분석, 기업분석 형태의 탑-다운 방식으로 각 분야의 전문 애널리스트들이 분석을 진행합니다. 기업분석을 담당하는 애널리스트들은 리서치 어시스턴트 생활부터 시작해 산전수전을 다 겪은 후에 애널리스트로 승진한 사람들이라 짧게는 5년 이상, 길게는 10년 넘는 경력을 가지고 있습니다. 특정 분야의 전문가라 불릴 만한 경력을 쌓아온 것입니다. 그리고 리포트는 이런 경력을 가진 애널리스트들의 경험과 노하우가 녹아있는 귀중한 자료입니다. 경력이 오래된 만큼, 애널리스트들은 당연히 개인투자자들보다 산업의 흐름, 업황, 경쟁기업 동향 등을 더 거시적으로 파악하고 분석하는 능력을 가지고 있습니다.

대형증권사의 리서치 센터는 국내 주요 업종 및 섹터별로 애널리스트들을 다 보유하고 있습니다. 대형증권사로서는 고객(개인투자자뿐만 아니라 연기금, 외인, 기관 등 포함)들의 다양한 요구에 응대하기 위해선 이런 구성이 필수적이기 때문입니다. 대신 중소형 종목보다는 업종 대표주, 주도주 혹은 시가총액이 큰 종목 위주로 보고서를 발간 합니다. 시장엔 종목이 너무나도 많기 때문에 어쩔 수 없는 부분이기도 합니다. 중소형 종목을 전담하는 스몰캡팀을 운영하는 증권사도 있습니다.

증권사 리포트는 생각보다 자주, 많이 발간됩니다. 하루에 적게는 100개에서 많게는 300개 이상이 발간되기도 합니다. 그래서 이걸 다 읽어 보는 것은 불가능합니다. 전문 투자자들도 그렇고, 개인 투자자는 10개도 읽기 힘든 것이 사실입니다.

증권사 리포트와 친해지기 위해선 재밌어 보이는 리포트부터 시작하면 좋습니다. 리포트 제목만 먼저 읽어보면서 뭔가 특이하거나 재밌는 것, 평상시와 다른 톤의 제목 등이 보이면 그것들 위주로 읽는 방법을 권해드립니다. 제목이 남다른 리포트, 즉 관점이 다른 애널리스트 리포트에 집중하는 것이 시간을 아끼는 방법입니다.

시장에 영향을 주는 애널리스트의 조건

단순히 오래 일했다고 해서 리포트를 발간하는 애널리스트가 될 수 있는 것은 아닙니다. 증권사 애널리스트들은 1년에 상반기, 하반기 각각 한 번씩 시험을 칩니다. 그 결과에 따라 업계에서 자신의 순위가 결정되고, 이 순위는 다음 연도 재계약 여부와 연봉 산정의 근거가 됩니다. 즉, 애널리스트들에게 엄청나게 중요한 시험입니다. 이 시험의 결과에 따라 앞으로의 연봉, 평판이 달라집니다.

애널리스트들이 치는 시험은 자금 운용사의 펀드매니저들과 각종 언론사들에게 산업 이슈나 기업 이슈에 대해 얼마나 신속하고, 정확하게 설명했는지의 여부와 그들의 의사결정에 실제적으로 도움을 주었는지를 근거로 평가하게 됩니다. 그렇기 때문에 애널리스트들은 1년 내내 동분서주하고 바쁘게 지냅니다. 주로 고객들(펀드매니저, 기관 담당자 등)과 점심 혹은 저녁식사를 같이 하면서 자신의 리포트를 설명하고, 향후 전망에 대해 진지하게 토론하곤 합니다.

시험 과정을 보면 알겠지만 이 시험은 단순히 외워서 치는 시험이 아니라, 실제적으로 애널리스트가 영향력을 발휘했는지 아닌지를 평가하는 시험이기에 그 권위가 엄청납니다. 그리고 이 시험에서 가장 좋은 점수를 받은 애널리스트를 베스트 애널리스트라고 하는데, 보통 한국경제, 매일경제, 조선일보 이렇게 세 곳의 언론사에서 상반기 1회, 하반기 1회 총 연 2회 발표하고 있습니다. 언론사별 우선순위는 없고 어느 언론사에서든 1등을 한다는 것은 큰 영광입니다.

2021년 상반기 베스트 애널리스트

분야	이름	증권사
반도체	김경민	하나금융투자
통신	김홍식	하나금융투자
통신 및 네트워크 장비 단말기	김록호	하나금융투자
전기전자 가전	김동원	KB증권
디스플레이	김동원	KB증권
인터넷 소프트웨어	안재민	NH투자증권
엔터테인먼트, 레저	이기훈	하나금융투자
미디어, 광고	홍세종	신한금융투자
유통	박종대	하나금융투자
운송	황어언	신한금융투자
증권, 보험, 기타금융	강승건	KB증권
은행, 신용카드	최정욱	하나금융투자
유틸리티	유재선	하나금융투자
자동차, 타이어	김준성	메리츠증권
조선, 중공업, 기계	김현	메리츠증권
제약, 바이오	허혜민	키움증권
석유화학	윤재성	하나금융투자
음식료, 담배	김정욱	메리츠증권
생활소비재(화장품 등), 교육	박종대	하나금융투자
섬유, 패션	하누리	메리츠증권
철강, 금속	박성봉	하나금융투자
건설, 시멘트	박형렬	메리츠증권
지주회사	최남곤	유안타증권
거시 경제, 금리	나중혁	하나금융투자
투자전략	이은택	KB증권
계량분석	이경수	하나금융투자
데일리 시황	하인환	KB증권
파생상품	이경수	하나금융투자
글로벌 투자전략(미국, 선진국)	박석중	신한금융투자
글로벌 투자전략(중국, 신흥국)	김경환	하나금융투자
원자재	황병진	NH투자증권
채권	오창섭	현대차증권
신용분석	김상훈	신한금융투자
글로벌 자산 배분	김중원	현대차증권
글로벌 ETF	이창환	현대차증권
스몰캡	코스닥벤처팀	하나금융투자
ESG	신한금융투자	

(출처: 한경비즈니스)

개인투자자들은 이 베스트 애널리스트가 누구인지 알아두는 것이 중요합니다. 좋은 성적표를 받은 애널리스트일수록 고객의 마음을 잘 움직인다는 것인데 투자자의 마음을 움직인다는 것은, 다시 말해서 투자자금을 끌어온다는 의미입니다. 자금이 들어오면 당연히 주가에 좋은 영향을 주고, 특히 대형주나 업종 대표주 같은 경우엔 베스트 애널리스트들의 리포트에 따라 기관, 외국인 수급이 연결되는 경우가 꽤 있습니다. 그렇기 때문에 자기가 투자하고 있는 업종의 베스트 애널리스트가 누군지 알고, 그 사람이 내는 리포트는 항상 체크하는 것이 좋습니다. 물론, 베스트 애널리스트라고 100% 다 맞는 것은 아니지만, 체크 안 하는 것보단 100배 낫습니다. 위 표는 한경비즈니스에서 발표한 업종별 2021년 상반기 베스트 애널리스트들입니다. 투자할 때, 참고하면 좋을 듯합니다.

증권사 리포트에 관심 있는 분들을 위해, 리포트를 챙겨 볼 수 있는 방법을 알아보겠습니다. 우선, 증권사 리포트를 구해야 합니다. 증권사 리포트에는 무료 리포트와 유료 리포트가 있습니다. 퀄리티는 당연히 비용을 지불하는 유료 리포트가 더 좋지만, 처음엔 무료 리포트부터 활용해보는 것이 좋습니다. 구하는 방법도 어렵지 않습니다.

증권사 리포트 화면(HTS)

증권사 리포트 화면(MTS)

전체 KB데일리 자산배분/매크로 한국투자

검색어를 입력하세요 🔍

산업/기업 #스몰캡

자이언트스텝 (289220)
가상세계 창조자

2021/08/26 이수경

한국투자 #채권

KB BOK Watch
실기하지 않겠다. 현 총재 임기 내 2회 인상 전망 유지

2021/08/26 김상훈

산업/기업 #전략

ESG insight [Case Study ①]
선도기업 바클레이즈의 사례로 본 금융업종 ESG 경영

2021/08/26 김준섭

무료 리포트는 일반적으로 증권사 홈페이지에서 다운로드하거나, HTS와 MTS를 통해서도 무료로 열람할 수 있습니다.

증권사 외에도 네이버 금융 리서치, 한경 컨센서스 등에서 무료로 제공해 간편하게 열람할 수 있으니 본인에게 편한 방법을 통해서 구하면 됩니다.

유료 리포트를 제공하는 EQUITY

반면, 유료 리포트는 유료 리포트 제공 서비스를 운영 중인 증권사나 관련 홈페이지에 가입해 비용을 지불하면 받아 볼 수 있습니다. 대표적으로는 Fnguide.com, equity.co.kr 등이 있습니다. Krx(한국거래소)에서도 발간하긴 하는데 숫자가 많지 않아서 활용도가 떨어집니다.

우리나라에선 별로 활성화되지 않았었는데 최근 주식투자에 대한 관심도가 높아지면서 국내 증권사 리서치 센터에서도 유료 리포트 제공 서비스를 강화하고 있습니다. 여기에 리포트를 제공해 줄 뿐만 아니라, 유튜브를 통해 모닝미팅, 장중미팅 등을 중계하며 리포트 내용을 실시간으로 설명하기도 합니다.

프라임PB
영상으로
확인하기

증권사 리서치센터에선 특정 기업에 대한 리포트를 수시로 발간하고 있습니다. 특히, 실적발표 시즌만 되면 발표 전엔 컨센서스 자료, 실적 발표 후엔 실적에 대한 평가 자료, 그 후엔 다음 시즌 실적 전망 자료 등을 발간합니다. 1년에 실적 발표는 분기별로 하니까 분기당 3회 발간되고, 1년은 4분기이니 한 기업당 최소 12번의 리포트가 발간된다는 것입니다.

그리고 앞서 말했듯 증권사에선 중소형 종목보다는 대형주 위주로 리포트를 발간합니다. 대형주의 경우 이슈 사항이 많고, 악재/호재에 대한 주가 영향도 크고, 지수에 미치는 영향력이 크기 때문에 수시로 보고서가 발간되고 목표주가도 자주 변동됩니다. 만약, 실적이 꾸준히 성장하고 있거나 업황이 긍정적으로 전망된다면 애널리스트는 목표주가를 상향 조정하게 되고, 반대의 경우엔 하향하기도 합니다.

보통 특정 업종에 대한 애널리스트들의 시각은 비슷한 편이므로 업황이 좋은 경우엔 긍정적인 전망의 리포트가 쏟아져 나와서 수급에 긍정적 영향을 줄 확률이 높습니다. 그렇기에 애널리스트들이 특정 기업에 대한 목표주가를 조정할 때는 엄청나게 신중하게

SK하이닉스 관련 리포트

날짜	리포트 제목	증권사
2019.01.08	SK하이닉스-2018년 4분기 빗 출하량 감소에 따른 실적 하향 조정	대신증권
2019.01.03	SK하이닉스-4분기 수요 약세	BNK투자증권
2019.01.02	SK하이닉스-기대감과 우려가 공존하는 시점	IBK투자증권
2019.01.02	SK하이닉스-결국 상반기가 중기 저점이다	SK증권
2019.01.02	SK하이닉스-불확실한 수요	미래에셋대우
2018.12.27	SK하이닉스-아직 망설여진다	하나금융투자
2018.12.26	SK하이닉스-1Q19가 DRAM 업황의 변곡점	신한금융투자
2018.12.20	SK하이닉스-2019년 1분기 이후 업황 개선 전망	KB증권
2018.12.20	SK하이닉스-4분기 Preview: 기대감의 조정	삼성증권
2018.12.19	SK하이닉스-수요 둔화는 1분기까지 지속	한화투자증권
2018.12.18	SK하이닉스-조금 더 내립니다	이베스트투자증권
2018.12.17	SK하이닉스-Winter is coming	KTB투자증권
2018.12.17	SK하이닉스-수요 둔화와 불확실성으로 실적 전망치 하향	유진투자증권
2018.12.17	SK하이닉스-큰 그림에서 저점매수 조율 필요	현대차증권
2018.12.17	SK하이닉스-Positive Feedback Loop	키움증권
2018.12.17	SK하이닉스-18년 4분기 실적 둔화	NH투자증권
2018.12.17	SK하이닉스-남한산성(南漢山城)	하나금융투자
2018.12.10	SK하이닉스-PER 2.9배 Tier1 업체 중 대한민국 역사상 이런 적은 없었다.	DS투자증권
2018.12.10	SK하이닉스-과거와 다를 패턴	BNK투자증권
2018.12.10	SK하이닉스-4Q18 Preview: 가격과 물량 모두 예상보다 약세	한국투자증권
2018.12.10	SK하이닉스-이미 충분히 보수적	DB금융투자

(출처: KB증권, FN가이드)

판단을 내립니다. 자신의 리포트에 따라 주가가 변동될 수 있기 때문입니다. 자, 그럼 대형주 리포트 활용을 어떻게 하면 될지 사례를 통해 한번 보겠습니다.

개인투자자들에겐 아주 익숙한 기업인 SK하이닉스를 예로 가져왔습니다. 2018년 12월~2019년 1월 사이에 발간된 SK하이닉스 관련 리포트들을 한번 봅시다. 이 시기에는 D램의 수요 부진으로 D램 가격 하락이 지속되고 있었습니다. 그래서 하이닉스 실적이 엄청나게 안 좋을 것이라는 우려가 많았습니다. 그래서인지 리포트 제목들을 보면 "조금 더 내립니다" "아직 망설여진다" "불확실한 수요" 등 부정적인 표현이 대부분입니다. 실제로 실적도, 주가도 내려가고 있었습니다.

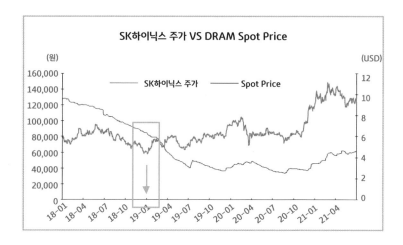

당시 하이닉스 주가와 D램 가격을 한번 보면, D램 스팟 프라이스(현물가격)가 계속해서 내려가고 있습니다. 2018년 1월 기준 9달러 정도였던 가격이 2019년 1월에 6달러 부근까지 내려옵니다. 그리고 하이닉스 주가도 9만 원대에서 6만 원대 부근까지 서서히 우하향 하는 모습을 그리고 있습니다. 이런 상황이었으니 당시 하이닉스에 대한 평가가 박했던 것은 당연한 것이었을지도 모릅니다.

제목이 변하기 시작하는 관련 리포트들

날짜	리포트 제목	증권사
2019.02.11	SK하이닉스-NAND가 먼저, DRAM이 뒤를 따른다	키움증권
2019.02.01	SK하이닉스-슈퍼사이클	미래에셋대우
2019.01.25	SK하이닉스-바닥을 가늠하는 시기	DB금융투자
2019.01.25	SK하이닉스-어려운 상반기 후 하반기를 기대하자	BNK투자증권
2019.01.25	SK하이닉스-수요의 과점화	미래에셋대우
2019.01.25	SK하이닉스-하반기를 보고 투자할 시점	리딩투자증권
2019.01.25	SK하이닉스-회복의 강도 보다는 방향성에 집중해야 할 시기	키움증권
2019.01.25	SK하이닉스-펀더멘털 악화 vs. 밸류에이션 상승	유진투자증권
2019.01.25	SK하이닉스-공급 제약과 상저하고 수요	신한금융투자
2019.01.25	SK하이닉스-바닥 확인	한화투자증권
2019.01.25	SK하이닉스-실적은 악화, 주가는 상승	KTB투자증권
2019.01.25	SK하이닉스-수요의 불확실성 vs. 바닥 확인	신영증권
2019.01.25	SK하이닉스-기대감과 우려가 공존하는 시점	IBK투자증권
2019.01.24	SK하이닉스-공급 조절 환영!	하나금융투자
2019.01.24	SK하이닉스-2019년 하반기를 바라보며	대신증권
2019.01.24	SK하이닉스-상저하고: 주가 선행성을 고려할 때	KB증권
2019.01.24	SK하이닉스-2Q19 이후를 보자	NH투자증권
2019.01.24	SK하이닉스-주가조정 시 매수 접근	유안타증권
2019.01.24	SK하이닉스-주가 추세 전환에는 시간이 좀더 필요함	하이투자증권
2019.01.24	SK하이닉스-컨센서스 하회 실적 발표 후 오히려 상승. 이유는?	상상인증권
2019.01.22	SK하이닉스-바닥을 확인하는 중	한화투자증권
2019.01.22	SK하이닉스-더 이상의 치킨게임은 없다	DS투자증권
2019.01.21	SK하이닉스-아직도 양날의 검이다	하나금융투자
2019.01.16	SK하이닉스-하강국면 시작, 하지만 기간은 짧을 것	IBK투자증권
2019.01.15	SK하이닉스-1Q19가 DRAM 업황의 변곡점	신한금융투자
2019.01.14	SK하이닉스-하락 사이클 압력에 낮아지는 눈높이	유진투자증권
2019.01.14	SK하이닉스-유례 없는 급경사	메리츠증권
2019.01.11	SK하이닉스-부들부들 떨지만 않고, 부글부글 끓지만 말고 모락모락 피어날 기회를 엿보며	상상인증권
2019.01.10	SK하이닉스-흔들리지 않고 피는 꽃이 있으랴	키움증권

(출처: KB증권, FN가이드)

하지만 2019년 1월 4일부터 갑자기 분위기가 변하기 시작합니다. 이에 맞춰 주가가 반등하기 시작합니다. 그리고 이와 함께 리포트 제목들이 바뀌기 시작합니다. "흔들리지 않고 피는 꽃이 있으랴" "모락모락 피어날 기회를 엿보며" "더 이상의 치킨게임은 없다" 등 한 달 전만 해도 부정적 뉘앙스 일색이었던 리포트 제목들이 갑자기 긍정적인 느낌으로 바뀌었음을 알 수 있습니다.

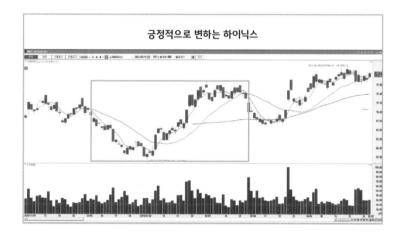

실제로 6만 원 아래까지 떨어졌던 주가가 1월 4일을 기점으로 상승추세로 전환되더니 그 뒤로 쭉쭉 상승합니다. 거의 1달간 상승곡선을 그리면서 주가는 7만 원 중반까지 올라가게 됩니다. 약 1달 만에 20% 넘게 오른 것입니다.

전문가들의 의견과 목표주가

일시	증권사	투자 의견	목표주가(원)
2018.12	NH투자증권	BUY	85,000
	삼성증권	BUY	88,000
	하나금융투자	중립	62,000
	KB증권	BUY	75,000
	대신증권	BUY	86,000
	유진투자증권	BUY	79,000
	현대차증권	BUY	92,000

일시	증권사	투자 의견	목표주가(원)
2019.01	NH투자증권	BUY	85,000
	삼성증권	BUY	88,000
	하나금융투자	중립	78,000
	KB증권	BUY	81,000
	대신증권	BUY	80,000
	유진투자증권	BUY	79,000
	현대차증권	BUY	92,000

일시	증권사	투자 의견	목표주가(원)
2019.04	NH투자증권	BUY	85,000
	삼성증권	BUY	89,000
	하나금융투자	BUY	94,000
	KB증권	BUY	93,000
	대신증권	BUY	90,000
	유진투자증권	BUY	90,000
	현대차증권	BUY	92,000

(출처: KB증권, FN가이드)

제목만 주목해봐도 전문가들의 의견을 대충 알 수 있습니다. 제목이 변하면 보통 목표주가도 변합니다. 1월 한 달만 봐선 확신이 없어서인지 몰라도, 1월엔 큰 변화가 없었지만 4월에는 대부분의

카카오-금융 자회사 상장 기대감은 반영

발간일	리포트 제목	증권사	투자의	목표주가
2021.07.19	카카오-금융 자회사 상장 기대감은 반영	신한금융투자	매수	175,000
2021.07.15	카카오-진격의 '카카오'	메리츠증권	BUY	184,000
2021.06.21	카카오-이제 국내 3위일 뿐	삼성증권	BUY	200,000
2021.06.21	카카오-카카오 생태계 한국을 덮다	하나금융투자	BUY	190,000
2021.06.01	카카오-카카오에 카카오를 더하다	메리츠증권	BUY	150,000
2021.05.07	카카오-전 사업부문의 양호한 성장세 지속	KB증권	BUY	135,000
2021.05.07	카카오-올라운드 플레이어 (All-round Player)	하나금융투자	BUY	140,000
2021.05.06	카카오-성장의 아이콘	삼성증권	BUY	157,000
2021.05.06	카카오-1분기 IPO모멘텀에 이어 실적 모멘텀 확인	미래에셋증권	BUY	142,000
2021.04.22	카카오-단거리 아닌 마라톤, 인터넷 업종 Top Pick 제시	교보증권	BUY	140,000
2021.04.15	카카오-영향력의 전이(轉移)	NH투자증권	BUY	135,000
2021.04.15	카카오-모든 자회사 성장성 부각	신한금융투자	매수	135,000
2021.04.15	액면분할 후 재상장			
2021.04.12	카카오-'최초'에서 '최고'로	메리츠증권	BUY	650,000
2021.04.09	카카오-쉬지 않는 모멘텀	KB증권	BUY	645,000
2021.04.08	카카오-신고가에도 부담 없는 밸류에이션	대신증권	BUY	600,000
2021.04.08	카카오-아직 남아있는 밸류가 많다	삼성증권	BUY	680,000
2021.04.07	카카오-카카오 주가 8.4% 상승, 카카오모빌리티와 구글의 협력	교보증권	BUY	550,000
2021.04.05	카카오-신고가 경신은 올해도 이어진다	대신증권	BUY	600,000

(출처: KB증권, FN가이드)

증권사들이 목표주가를 상향 조정했습니다. 물론, NH투자증권, 삼성증권, 현대차증권 같이 조정하지 않은 증권사도 있지만 많이들 상향 조정했습니다. 이는 주가 상승이 확인되었고, 2019년 연내에 D램 가격의 반등이 있을 것으로 애널리스트들이 판단했기 때문입니다.

이번에는 대표적인 플랫폼 기업인 카카오를 한번 보겠습니다. 올해 액면분할 이슈, 카카오뱅크/카카오페이 상장, 카카오모빌리티/카카오엔터테인먼트/카카오재팬 IPO 검토 등 수많은 이슈로 화제를 모았습니다.

2021년 4월 리포트를 보면 "아직 남아있는 밸류가 많다" "신고가에도 부담 없는 밸류에이션" 등 긍정적인 뉘앙스를 풍기는 제목들이 많습니다. 다른 제목들을 봐도 부정적인 뉘앙스는 거의 하나도 없습니다. 이는 애널리스트들이 여전히 카카오를 좋게 평가하고 있다는 것입니다.

긍정적인 전망으로 상승하는 카카오

이런 긍정적인 전망들 덕분인지, 액면분할 이슈 후에도 카카오는 꾸준히 상승하는 모습을 보입니다. 액면분할 이후 목표주가가 조정되었는데 6월 21일에는 삼성증권에서 목표주가를 200,000원까지 제시합니다. 물론, 이에 대해 거품이라는 의견도 있었지만 카카오의 주가는 거침없이 상승했고, 거래량도 엄청나게 몰렸습니다. 그만큼 시장에서 많은 관심을 받았다는 것입니다.

카카오 사례를 보면 알 수 있듯이 대형주의 경우엔 성장 모멘텀이 한번 이슈가 되면 주가가 짧게는 3개월에서 길게는 6개월까지 연속성을 가지면서 우상향 패턴을 그리는 경우가 많습니다. 중간중간 등락은 있어도, 큰 추세는 상승을 하는 것입니다. 그렇기 때문에 대형주에 대한 증권사 리포트는 해당 종목의 이슈와 주가 방향성을 파악하는데 참고하면 정말 좋습니다.

중소형주 리포트 활용하기

대형주의 사례를 봤으니, 이번엔 중소형주 리포트를 활용하는 법에 대해 설명하겠습니다. 기본적으로 중소형주도 대형주와 크게 다르지 않습니다. 중소형주는 보통 모멘텀이 부각되면서 주가가 움직이기 시작하면 중소형주 담당 애널리스트들이 해당 기업에 대한 보고서를 발간하기 시작합니다.

앞서 말했듯이 증권사가 보통 대형주 위주로 리포트를 발간한다고 했는데, 갑자기 특정 중소형주의 리포트가 자주 발간된다면 무언가 좋은 신호를 포착했거나, 좋은 재료가 있는 것이라고 보면 됩니다. 따라서 중장기 투자 스타일을 가진 투자자들이면 주요 증권사에서 발간되는 리포트를 지속적으로 체크하면서 매수 타이밍을 잡아나가는데 활용하면 좋습니다.

2021년 2분기의 경우에 펄어비스, 엘앤에프, 천보, 자이언트스텝 등 중소형주이면서도 모멘텀이 확실했던 종목들은 시장과 애널리스트들의 관심을 많이 받았습니다. 펄어비스는 액면분할, 중국 한한령 해제 이슈, 신작 모멘텀이 있었고, 엘앤에프와 천보는 2차전지 소재주로서 공장 증설과 실적 모멘텀이 있었으며, 자이언트스텝은 메타버스 주도주라는 모멘텀 등을 들 수 있습니다.

펄어비스 주요 증권사 발간자료(2021.04.01~07.19)

발간일	제목	증권사
2021.07.19	펄어비스-이미 검증된 검은사막으로 중국 모멘텀은 시작되었다	IBK투자증권
2021.07.14	펄어비스-22년을 향해 쏴라	DB금융투자
2021.07.09	펄어비스-이제는 모멘텀 공백기가 없다	키움증권
2021.07.02	펄어비스-순차적 주가 상승을 전망	KTB투자증권
2021.06.30	펄어비스-드디어 발급된 판호	NH투자증권
2021.05.31	펄어비스-계단식 기업가치 레벨업 전망	KTB투자증권
2021.05.31	펄어비스-주가는 단기 실적보다는 신작 기대감에 연동	케이프투자증권
2021.05.13	펄어비스-신작 출시를 기다릴 일만 남았다	KB증권

(출처: KB증권, FN가이드)

엘앤에프 주요 증권사 발간자료(2021.04.01~07.19)

발간일	제목	증권사
2021.07.19	엘앤에프-LG에너지솔루션과 테슬라의 찐사랑	교보증권
2021.07.13	엘앤에프-서프라이즈 시작, 압도적인 주가 상승 여력	미래에셋증권
2021.06.01	엘앤에프-LG와 SK의 대표 하이니켈 양극재 공급망	NH투자증권
2021.05.26	엘앤에프-돋보이는 성장 매력	NH투자증권
2021.05.20	엘앤에프-희석보다 더 큰 추정치 상향, 목표가 상향	미래에셋증권
2021.05.20	엘앤에프-중장기 성장 재원 마련	교보증권
2021.05.10	엘앤에프-하반기 수익성 개선 본격화	하나금융투자

(출처: KB증권, FN가이드)

천보 주요 증권사 발간자료(2021.04.01~07.19)

발간일	제목	증권사
2021.07.16	천보-아직도 갈길이 일만이천보	삼성증권
2021.07.13	천보-천보, 이런 증설 첨본다	한국투자증권
2021.07.08	천보-반가운 증설 시즌2 공개	유안타증권
2021.06.01	천보-배터리 성능 개선 추세에 필수 동반자	유진투자증권
2021.05.26	천보-배터리 전해질에 기반한 성장 기대	NH투자증권
2021.05.11	천보-구체화된 성장 전략	대신증권
2021.05.11	천보-1Q21 Review : 컨센상회, 2차전지 성장 지속	교보증권
2021.05.11	천보-리튬염 맛집	하나금융투자

(출처: KB증권, FN가이드)

자이언트스텝 주요 증권사 발간자료(2021.04.01~07.19)

발간일	제목	증권사
2021.06.30	자이언트스텝-K-메타버스 대표 기업	유안타증권
2021.06.21	자이언트스텝-버추얼 휴먼 등 실감형 콘텐츠로 성장 가속	하이투자증권
2021.05.17	자이언트스텝-버추얼 휴먼으로 메타버스 선점	키움증권
2021.05.10	자이언트스텝-실감형 콘텐츠로 메타버스 실현	하이투자증권
2021.04.07	자이언트스텝-우리 눈이 가는 모든 곳이 공략점	키움증권

(출처: KB증권, FN가이드)

이 자료들은 네 기업의 실제 리포트들인데, 중소형주 치고는 발간 리포트 숫자도 많고, 제목으로만 봐도 긍정적인 뉘앙스를 풍기고 있습니다. 전문가들이 긍정적으로 보고 있다는 것은 우선 좋은 신호입니다. 다만 주의해야 할 점은 시장이 약세장으로 전환될 경우엔 호재도 단기간에 짧게 반영되는 경우가 많다는 것은 알아두셔야 합니다.

매일 아침 증권사 기업 보고서 활용하기

각 증권사에서는 매일 리포트를 발간하고 있습니다. 기업 보고서, 산업보고서, 거시경제 보고서, 해외 주식 보고서 등 발간하는 종류도 엄청나게 다양합니다. 국내 메이저 증권사 기준 1일 발간 리포트 숫자만 해도 하루에 평균 50개 이상이고 실적 발표 시즌 혹은 특정 이슈 시즌엔 100개 이상 발간되는 경우도 있습니다. 특히, 한 주를 시작하는 월요일과 마감하는 금요일에는 발행량이 더 많아집니다. 체감상 금요일은 다른 요일의 거의 2배 정도라고 생각하면 됩니다.

이렇듯 증권사에서는 하루에만 수백개의 다양한 리포트가 발간됩니다. 이 모든 리포트를 다 볼 수 없기에 두 가지 규칙만으로 리포트들을 살펴보는 것이 좋습니다. 첫 번째는 자신이 보유한 종목만 보는 것이고, 두 번째는 보고서들의 제목만이라도 읽어보는 것입니다.

보유한 종목만 검색해서 살펴보면, 그래도 하루에 2~3개를 읽는 정도밖에 되지 않을 것입니다. 이 정도면 개인투자자들이 점심시간이나 퇴근 후에 시간을 내서 충분히 읽어보고 검토할 수 있는 수준입니다. 일단 보유한 종목만 살펴보고, 추가로 관심 가는 종목 정도만 살펴봐도 충분히 좋은 투자입니다.

리포트의 제목은 보통 애널리스트가 작성한 보고서의 내용을 함축적으로 표현한 지표입니다. 애널리스트들도 고객들이 리포트를 다 읽을 수 없다는 걸 알기에 강렬한 제목으로 고객을 현혹시켜서 자기 리포트를 읽게 합니다. 그래서 보통 제목만 봐도 그 종목에 대한 의견이 어떤지 간략하게는 알 수 있습니다. 긍정적인 뉘앙스의 제목이 많으면 좋은 거고, 부정적인 뉘앙스의 제목이 많으면 보유 종목을 한번 점검해보셔야 합니다.

프라임PB
영상으로
확인하기

2021년 7월 19일 주요 증권사 발간자료

발간일	제목
2021.07.19	RFHIC-질주하는 전력 반도체
2021.07.19	서진시스템-5G에 이어 배터리팩 양산 시작
2021.07.19	대한광통신-3년 만에 찾아온 기회
2021.07.19	현대미포조선-이미 달성한 수주목표, 주도할 만 했다
2021.07.19	한국조선해양-확실한 Big-Bath가 훨씬 낫다
2021.07.19	쌍용C&E-환경산업 차기 대표주자
2021.07.19	HDC현대산업개발-아직 걸음마 단계
2021.07.19	후성-3년 만에 찾아온 강력한 어닝 모멘텀
2021.07.19	삼성SDI-2Q21 Preview: 높아진 눈높이 그 이상
2021.07.19	삼성SDI-친환경 정책이 강화될수록 배터리 수요는 늘어난다
2021.07.19	삼성전자-불확실성 확대 국면, 가장 안정적인 투자 대상
2021.07.19	넷마블-하반기에는 실적도 좋고, 신작도 있고, IPO도 한다
2021.07.19	녹십자랩셀-세포치료제 개발 시너지를 위한 합병
2021.07.19	펄어비스-이미 검증된 검은사막으로 중국 모멘텀은 시작되었다
2021.07.19	엘앤에프-LG에너지솔루션과 테슬라의 전사랑
2021.07.19	조광ILI-오광 떴습니다. 다들 긴장하십시오

(출처: KB증권, FN가이드)

실제로 2021년 7월 19일에 발간된 리포트들을 한번 보겠습니다. 이날 발간된 기업 보고서가 총 82개로, 이 중에서 제목을 보고 의미 있는 종목을 몇 개 선별해서 주가의 동향과 연결해서 살펴보면 됩니다. 모멘텀, 실적, 향후 전망 관련 코멘트가 좋은 종목들 위주로 보는 게 좋습니다. 이 종목들의 주가 추이를 분석해 보는 습관을 가지면 투자하는데 많은 도움이 될 것입니다.

매도 리포트(SELL)가 없는 이유

투자는 단순히 좋은 종목을 사는 것이 아니라, 그것을 파는 것이 기도 합니다. 흥미롭게도, 국내 증권사들의 리포트를 보다 보면 정말 보기 힘든 단어가 하나 있습니다. 바로 '매도 의견'입니다.

우리나라 증권사의 리포트들을 보면, 매도 리포트를 내는 경우는 거의 없습니다. 1년에 전체 5건 나와도 많이 나왔다고 보면 됩니다. 2020년 3월 기준으로 국내 47개 증권사 중에서 지금까지 매도 리포트를 한번도 내지 않은 곳의 비율이 28곳으로 전체의 절반이 넘습니다. 그리고 매도 리포트를 낸 적이 있는 증권사도 대부분 외국계 증권사의 국내 지점이니 매도 리포트를 낸 곳은 외국계 증권사 밖에 없다고 생각하면 됩니다. 이렇듯, 국내 증권사는 국내 기업에 대한 매도 리포트를 거의 내지 못하는 이유에 대해 알아보겠습니다.

1. 대상 회사 IR 부서에서 당 애널리스트의 요청을 거절(탐방이나 세미나 등)

2. 대상 회사 계열사 등에서 자금을 유치하는 리테일 부서 혹은 IB 부서의 영업에 부정적 영향

3. 대상 회사 주식을 보유한 개인투자자들의 항의 전화나 메일

우선 증권사 입장에서 매도 리포트를 작성하는 일은 리스크가 큰 일입니다. 만약 애널리스트가 매도 보고서를 작성하게 되면 그 법인(기업)과의 거래는 일단 끝났다고 보면 됩니다. 기업 입장에선 아무리 상황이 좋지 않다 하더라도 자신에 대해 부정적인 평가를 내리는 애널리스트와 거래하고 싶지 않은 게 정상입니다.

만약, 매도 리포트를 낸다면 추후 기업탐방이나 자료 요청 같은 것은 꿈도 꾸지 말아야 합니다. 게다가 증권사 입장에선 법인 거래, 법인 영업이 실적에 미치는 영향이 크기 때문에 이들을 건드렸을 때의 리스크가 더욱 커지기 때문에 웬만해선 쓰지 않습니다.

게다가 주주들의 항의도 한몫합니다. 만약, 내가 보유한 기업에 대해서 특정 애널리스트가 대놓고 부정적인 매도 리포트를 낸다면, 주주들이 가만히 있지 않을 것입니다. 리포트 작성할 시간도 부족한데 전국에서 오는 항의 전화까지 받으려는 사람은 없을 것입니다.

이런 이유들로 인해 애널리스트 입장에선 매도 리포트를 쓰면 얻는 것보다 잃는 게 훨씬 많다고 보면 됩니다. 그래서 다들 매도 리포트를 쓰지 않는 것입니다. 다들 모르거나, 그러한 의견이 없어서 안 쓰는 것이 아닙니다.

외국계 증권사는 조금 다릅니다. 그나마 메릴린치, 모건스탠리, 노무라금융투자 등은 매도 보고서를 자주는 아니지만 꾸준히 작성하고 있습니다. 2020년 기준 메릴린치 서울지점은 전체 리포트의 21.4%가 매도 리포트였습니다. 그래서 외국계 증권사가 매도 리포트를 낸 종목은 투자는 잠시 보류하는 게 낫습니다.

　그렇다고 해서 국내 증권사의 부정적인 의견을 볼 수 없는 것은 아닙니다. 매도 의견은 아니지만 매도에 가까운 의미로 해석되는 의견이 있습니다. 바로 매수 의견 중립이나 목표주가 하향 조정입니다. 이것은 애널리스트가 대놓고 매도 의견을 못 내니, 우회적으로 표현한 매도에 가까운 의견이라고 해석하면 됩니다. 물론, 이걸 확대해서 "저 표현이 나오면 무조건 매도 의견이다!"라고 해석하면 안 되고, 둘 중에 하나라도 나오면 좀 더 유심히 살펴보고, "리스크에 대한 대비를 미리 해야 되겠다" 정도로 생각하면 좋습니다.

　증권사 리포트는 다양하고, 또 그만큼 차이도 납니다. 이를 신뢰하고 안 하고는 투자자 개인의 선택입니다. 리포트를 읽는다고 해서 무조건 수익이 나는 것도 아니고, 안 본다고 수익이 안 나는 것도 아니기 때문입니다. 그래도 저는 개인투자자분들이 적극적으로 활용하는 걸 추천합니다. 금융시장은 날이 갈수록 복잡해지고 있고, 개인의 정보력은 전문가들에 비해 부족할 수밖에 없습니다. 그런데 이러한 간극을 효율적으로 채워주는 도구 중 하나가 바로 증권사 리포트라고 할 수 있습니다. 특정 기업이나 종목에 대한 자신의 견해와 전문가들의 결론을 비교해 볼 수 있는 것부터 시작해 매수, 매도, 보유 시점을 파악하는데도 충분히 도움이 됩니다.

증권사 리포트를 읽기만 해도 괜찮습니다. 읽었더라도, 정작 종목을 매매할 때는 그와 상관없는 결정을 내려도 되는 것이 투자이기 때문입니다. 하지만 단지 1년, 2년 동안만 투자할 것이 아니라면, 증권사 리포트를 읽는 것은 시장 전체의 흐름과 기업의 상황을 갈수록 쉽게 파악할 수 있게 해 줍니다. 자신이 가진 종목만이라도 읽어보는 습관을 가지면 앞으로의 투자 생활에 있어 많은 도움이 될 것입니다. 개인적으로는 발간 리포트의 제목만 보고도 시사점을 파악할 수 있을 때까지는 리포트를 찾아봐야 한다고 생각합니다.

물론, 전문가가 작성했다는 사실만으로 맹목적으로 믿기보다는 그 예측이 틀릴 수 있다는 점을 반드시 기억하고 있어야 합니다. 투자의 판단과 책임은 투자자 자신에게 있음을 잊지 말고, 투자하고자 하는 산업이나 종목에 관련된 증권사 리포트를 꾸준히 탐독하면서 본인의 실력을 한 단계 발전시키길 바랍니다.

04

공모주 투자란?

최근 SK바이오사이언스, 카카오뱅크와 같은 공모주 청약을 통해 수익을 본 사람들이 늘어나면서 공모주에 대한 관심이 엄청나게 높아진 상황입니다. 특히, 얼마 전 상장한 카카오뱅크 같은 경우 청약증거금만 약 58조 원이 몰렸고, 상장 당일엔 카카오뱅크 상장 이야기로 포털이 도배될 정도였습니다. 당시 대국민 이벤트라 불러도 손색이 없을 정도였습니다.

일반적으로 비상장기업은 기업공개(IPO)를 통해 일반투자자들이 증권시장에서 해당 주식을 거래할 수 있는 기회를 제공합니다. 해당 기업은 유상증자 방식으로 신주를 발행하거나 대주주가 보유하고 있는 주식을 일반투자자에게 공개적으로 매각하는데 이 주식을 공모주라고 합니다.

그리고 이 공모주를 매수하기 위해 진행하는 것이 공모주 청약입니다. 이런 공모주 청약은 2019년까지만 해도 카카오뱅크, SK바이오사이언스와 같은 대어급이 아닌 이상, 개인투자자들의 관심을 크게 받지 못했었습니다. 하지만 2020년 코로나 팬데믹 이후, 주식투자 열풍으로 엄청나게 많은 투자자와 예탁금이 유입되면서 공모주에 대한 관심도 자연스럽게 늘어났습니다. 실제로, 2020년 6월에 상장한 SK바이오팜부터 시작해 얼마 전 상장한 카카오뱅크까지, 다양한 기업들이 IPO를 진행했고, 과거에 비해 엄청나게 흥행한 것도 사실입니다.

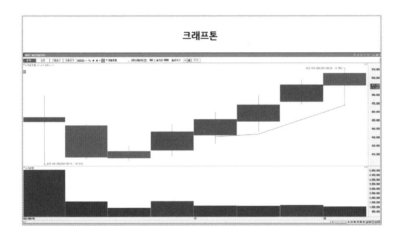

하지만, 공모주 투자에 대해 많이들 오해하고 있는 사실이 하나

있습니다. 바로 "공모주'는 손실을 볼 확률이 없고, 100% 수익을 볼 수 있다"라는 속설입니다. 하지만, 이 말은 틀린 말입니다. 공모주 투자가 개별 종목 투자에 비해 승률이 높은 것은 사실이나, 손실을 보는 경우도 종종 발생하고 있습니다.

가장 최근의 사례로는 배틀그라운드라는 게임의 개발사로 유명한 '크래프톤'의 기업공개를 들 수 있습니다. 크래프톤의 공모가는 490,000원이었는데, 상장 당일 시초가는 이보다 낮은 가격인 448,500원이었으며 종가는 454,000원으로 마감했습니다. 즉, 청약을 통해 주식을 배정받은 사람들은 결국 손해를 봤다는 것입니다. 그렇기 때문에 공모주 투자도 손실을 볼 수 있는 리스크가 존재한다는 점은 반드시 알아두는 것이 좋습니다.

2021년 따상을 기록한 대형 공모주

업종	KOSDAQ 화학	KOSPI 의약품	KOSDAQ 디지털 콘텐츠	KOSDAQ 오락문화	KOSDAQ 소프트웨어
종목명	선진뷰티사이언스	SK바이오사이언스	모비릭스	자이언트스텝	맥스트
코드번호	086710	302440	348030	289220	377030

올해 IPO를 통해 상장한 기업들을 보면 시간이 갈수록 따상(상장 당일 시초가가 공모가 대비 두 배 가격에 형성된 후 상한가로 마감)을 하는 기업이 줄어들고 있습니다. 그만큼 공모주 투자를 통해 수익을 보기가 어려워졌다고 볼 수 있습니다. 그럼에도 불구하고 공모

주 시장이 여전히 매력적인 투자처라는 사실은 변함없습니다. 공모주 투자에서 성공하기 위해 필요한 것들을 알아보겠습니다.

공모주 투자에서 성공하기 위해선, 해당 청약과 관련된 여러 데이터를 꼼꼼히 살펴보는 것이 가장 중요하다고 생각합니다. 예를 들면 공모가액 산출 방법, 기관 수요예측 결과, 청약 경쟁률 등 여러 가지 살펴볼 사항은 많습니다. 여기서 핵심은 디테일한 분석입니다. 공모주 투자 경험이 많지 않은 투자자들을 위해 공모주 투자 시 점검해야 할 지표들에 대해 간략하게 설명해 보겠습니다.

공모주 투자의 포인트

공모주 투자에서는 총 세 가지 중요한 포인트가 있습니다.

(1) What : 어떤 종목에 투자할 것인가?
(2) How : 어떻게 많이 배정받을 것인가?
(3) When : 언제 팔아야 할 것인가?

What, How, When 이 세 가지 포인트만 잘 분석해도 공모주 투자로 손해 볼 일은 절대 없다고 생각합니다. 각각의 이유는 다음과 같습니다.

[What] : 어떤 종목을 고를 것인가?

이 기업에 청약을 할 것인지 아닌지를 먼저 결정해야 합니다. 그걸 판단하기 위해서 우선적으로 해당 기업의 가치와 공모가가 적정한지를 판단해야 합니다. 만약, 이 기업의 가치에 비해 공모가가 다소 비싸게 산정됐다면 상장일에 주가 상승이 아니라 오히려 하락할 수도 있습니다. 실제로 공모가 대비 상장 당일 종가가 낮은 사례도 꽤 있습니다.

반면, 기업가치에 비해 공모가가 다소 저렴하게 책정됐다면 개인 투자자들이 원하는 따블 혹은 따상을 기록할 확률이 높아질 것입니다. 그렇기에 기업가치와 공모가를 기준으로 이 종목에 투자할 만 한지 결정해야 합니다.

[How] : 어떻게 많이 받을 것인가?

다음으로, 이 공모주에 청약하기로 결정했다면, 최대한 많은 수량을 받기 위한 전략을 짜야 합니다.

[When] : 언제 팔아야 할 것인가?

마지막으로 상장일에 들어온 주식을 언제 팔아야 가장 좋을지를 판단해야 합니다. 만약, 따상을 갈 것 같다면 상장일에 팔지 않고 보유해야 할 것이고, 시초가보다 종가가 더 낮을 것 같으면 장이 열리자마자 바로 매도하는 게 좋습니다. 매도 타이밍을 잡기 위해서는 다음 세 가지 지표를 보면 됩니다. 바로 의무보유확약비율, 청약 경쟁률, 그리고 상장일 거래량입니다.

프라임PB
영상으로
확인하기

(1) 의무보유확약비율

특정 기업의 공모주를 배정받는 기관투자자들과 기업공개를 진행하는 기업 사이엔 의무보유확약이라는 약속이 있습니다. 이는 기관투자자가 약속한 기간 동안은 주식을 팔지 않겠다고 기업에게 맹세하는 것입니다. 기간은 15일, 1개월, 3개월, 6개월로 나눠집니다. 기업 입장에선 자기 회사를 좋게 평가해 주는 것이니 의무보유확약 기간을 길게 제시한 기관에는 관례적으로 더 많은 수량을 배정해 줍니다.

기관투자자들이 의무보유확약 기간을 길게 잡는 의미는, 장기적으로 해당 기업의 주가 흐름이 좋을 것이라는 예상입니다. 상장일 주가가 따상을 갈 수도 있고, 종가가 시초가보다 낮을 수도 있는 불확실성을 감수하더라도 이 회사의 주식을 약속한 기한까지 보유하겠다는 의사를 밝힌 것입니다. 그렇기에 의무보유확약을 한 주식의 비율이 높으면 기관투자자들이 이 회사는 정말 괜찮은 회사라고 판단했다는 뜻입니다.

또한 의무보유확약을 하면 그 기간이 되기 전까진 기관투자자들은 그 주식을 매도할 수 없습니다. 시장에 매도 물량이 안 나온다는 것입니다. 매도 물량이 묶이게 되면 당연히 주가 하락보다는 상승에 힘이 실리게 됩니다. 그렇기에 의무보유확약비율이 높을수록 주가가 하락할 가능성이 낮아집니다.

이렇듯, 의무보유확약비율은 공모주 투자에 있어 엄청나게 주요한 지표라 볼 수 있습니다. 이러한 확약비율은 다트(전자공시 시스템)를 통해 간편하게 확인할 수 있습니다.

(2) 청약 경쟁률

일반적으로 청약 경쟁률이 높을수록 주가를 높게 유지할 확률이 높습니다. 청약 경쟁률이 높다는 건 그만큼 괜찮은 기업이고, 투자자들의 많은 기대를 받고 있는 기업이라는 것입니다. 2020년 ~ 2021년 6월 말 기준으로 코스피, 코스닥에 신규 상장한 기업 94개를 기준으로 청약 경쟁률이 높았던 상위 20개 기업 중에서 6개 기업이 따상을 기록했습니다. 약 30% 확률로 따상을 간 것입니다. 남은 14개 기업은 따상을 기록하진 못 했어도 상장일 상승률이 평균적으로 높습니다. 물론, 100%는 아니기 때문에 너무 맹신해선 안되지만 데이터는 청약 경쟁률과 주가 상승이 비례한다는 쪽의 손을 들어주고 있습니다.

(3) 당일 거래량

마지막으로 상장일 첫날 거래량을 참고합니다. 기업이 상장한다고 해서 그 기업의 모든 주식이 상장 첫날 거래되진 않습니다. 앞서 말한 대로 의무보유확약이라는 것이 있기 때문에. 상장일에 유통되는 주식은 일반 개인투자자 물량과 의무보유미확약 물량을 합친 것이라 보면 됩니다. 이 상장일 유통가능물량이 전체 주식 수에서 차지하는 비중이 높으면 높을수록, 따상 갈 확률이 낮다고 생각합니다. 그만큼 상장 첫 날에 매도 가능한 수량이 많기 때문입니다.

그리고 또 하나, 이 유통가능물량의 약 20% 이상의 주식이 거래가 이루어지는 순간 따상 갈 확률이 0에 수렴하기 때문에 미련 없이 매도하는 것이 좋습니다. 보통 20% 넘어가는 순간부터 거래가 늘기 시작합니다. 그러면 점점 주가는 하락하면서 불안감을 느낀 개인투자자들이 마구잡이로 매도하는 것이 일반적입니다. 개인투자자들은 다 혼자이기 때문에 계속 붙잡고 있자고 서로 독려할 수가 없기 때문입니다. 그래서 주가가 하락하기 시작하면 다 던지듯 팔기 시작합니다. 어쩔 수 없는 일입니다.

공모주 정보는 다트(DART)에서

공모주에 대한 각종 정보는 바로 '다트(DART)'라는 이름으로 널리 알려진 전자공시시스템에서 살펴볼 수 있습니다. 모든 상장 예정 기업은 다트를 통해 증권신고서와 투자설명서를 공시하도록 되어있습니다. 증권신고서는 본격적인 청약을 진행하기 전에 상장심사를 받기 위한 것이고, 투자설명서는 공모주 청약 참여자들을 위한 자기소개서 개념이라 보면 됩니다. 이름과 목적은 다르지만 내

용은 거의 일치합니다. 하지만 제대로 된 분석을 위해선 이후에 나온 투자설명서를 보는 게 더욱 좋습니다.

투자설명서에는 해당 기업 IPO에 대한 모든 정보가 들어있다고 보면 됩니다. 기업 개요 및 실적, 공모가격 산출 근거, 기관 수요예측 결과 등 공모주 투자에 필요한 정보들이 세세하게 기재되어 있어 투자 여부를 결정할 때 활용하면 됩니다. 다른 자료는 볼 필요 없고, 딱 이거 하나만 보셔도 됩니다. 투자설명서를 바탕으로 공모주 청약 신청 여부를 결정하는 투자자들은 많습니다.

이 투자설명서에는 많은 정보들이 있지만 그 중에서도 공모가, 기관 수요예측 경쟁률, 상장일 유통물량, 의무보유확약비율, 총 네 가지를 살펴보면 됩니다. 근데 여기서 "기업의 업황이나 재무는 안 살피나요?"라는 질문이 나올 수도 있습니다. 물론, 투자에 있어 중요한 정보임은 틀림없지만 상장일 이후 단기적인 주가 흐름에는 그렇게 큰 영향을 미치지 않는 내용들입니다. 오히려 장기투자를 고려하고 있는 분들이 참고하기 좋은 지표입니다. 그렇기에 이 네 가지 사항 위주로만 봐도 크게 문제는 없을 것입니다.

공모가 적정 여부 판단하기

공모가가 적정한지 알기 위해서는, 청약 공모가가 과연 어떤 수준인지를 최우선으로 판단해야 합니다. 만약, 기업가치에 비해 공모가가 다소 비싸게 평가됐다면 상장일에 주가가 상승하는 것이 아니라 오히려 하락할 가능성이 더 큽니다. 실제로 상장 당일 종가가 공모가보다 낮은 사례도 꽤 흔한 일입니다. 가장 최근 사례로는 2021년 8월 10일에 상장한 크래프톤이 있습니다. 상장일 시초가는 공모가인 498,000원보다 낮은 448,500원이었습니다. 반면, 기업가치에 비해 공모가가 다소 낮게 평가됐다면, 상장 후 주가가 상승할 확률이 높아질 것입니다.

즉, 청약 공모가가 저평가 됐는지 혹은 고평가 됐는지를 따져보는 일은 주가 흐름을 예측할 수 있는 좋은 방법 중 하나입니다. 방법은 간단합니다. 공모가 가치평가방법과 공모가 산출을 위한 비교기업(피어그룹)이 적절하게 선정됐는지를 살펴보면 알 수 있습니다.

---

①절대가치평가법: 상장 예정 회사 그 자체만을 평가해 가격을 매기는 방법. 회사의 미래현금흐름(DCF: 현금흐름할인법) 또는 자산·수익가치 등을 기준으로 회사 자체만 보고(본질가치법) 평가하는 방법이다. 보통 인수합병 시에 활용한다.

②상대가치평가법: 상장 예정인 회사와 유사한 업종의 기업을 선정해 이들과의 비교평가를 통해 가격을 산출하는 방법이다. 국내외 주식시장의 동종업체들과 기업 전망, 실적 등을 종합해 비교하고 기업공개(IPO) 시에 주로 활용한다.

상장기업의 공모가 평가를 위해 쓰이는 방법은 두 가지가 있습니다. 절대가치평가법과 상대가치평가법입니다. 하지만 절대가치평가법은 기업가치가 지나치게 높게 책정될 수 있어 거의 사용되지 않고 있습니다. 그렇기에 국내에서 상장하는 대부분의 기업들은 유사한 기업과 비교하며 공모주를 산출하는 상대가치평가법을 활용

하기 때문에 이를 기준으로 설명하겠습니다.

상대가치평가법도 세부적으로는 다양한 방법으로 나뉘게 됩니다. PER(주가수익비율), EV/EBITDA(상각전 영업이익 대비 기업가치), PBR(주가순자산비율), PSR(주가매출비율), EV/Pipeline(파이프라인 대비 기업가치) 등을 활용합니다. 이 다섯 가지 지표 중에서 PER을 활용하는 방법이 가장 많이 쓰는 방법이며, 유사기업들의 평균 PER을 구해 공모가를 산출합니다. 물론, 다른 기준도 간간이 쓰이지만 PER을 기준으로 하는 방법이 가장 일반적입니다. 그리고 최종적으론 각 방법에 따라 사용된 지표를 기준으로 적용된 멀티플(Multiples)이 과연 적정한 수준인지를 판단하는 것이 상대가치평가법의 첫 걸음입니다.

'게임 대장주' 등극을 앞둔 크래프톤이 '공모가 거품' 논란에도 높은 눈높이를 거두지 않았다. 당초 월트디즈니와 워너뮤직 등 글로벌 콘텐츠 기업들과 비교해 공모가를 산정했다가 이를 10% 낮췄던 크래프톤이 이번에는 삼성전자를 끌어들여 자사의 현재 공모가가 적정하다는 주장을 펼쳤다.

-<'고평가 논란' 크래프톤, 이번엔 삼성전자와 비교?>,
한재희 기자, 서울신문, 2021년 7월 27일.

다음으로 살펴봐야 하는 것은 바로 '피어그룹'입니다. 피어그룹이란 상대가치평가법에서 기업가치 산정을 위한 선정한 유사기업들인데, 이 비교집단이 어떤 기업이냐에 따라 공모가를 산출하는 기준이 달라집니다. 일반적으로 상장 기업들은 공모가를 최대한 올리기 위해 고평가된 기업들 위주로 선정하는 경향이 있습니다.

여기서 "기업이 원하는 대로 피어(Peer)그룹을 선정하면 다 고평가 되는 거 아닌가요?"라는 질문이 나올 수 있습니다만, 당연히 이를 막기 위해 존재하는 기관이 있습니다. 바로 금융감독원입니다. 아까 언급한 크래프톤을 예로 들자면, 크래프톤은 게임회사임에도 불구하고 월트디즈니와 워너뮤직 등의 글로벌 콘텐츠 기업을 피어그룹에 선정했습니다. 이에 대해 고평가 논란이 일자 금융감독원에서 증권신고서 정정을 요청한 적이 있습니다.

그래서 공모가가 고평가 되었는지 판단하기 위해선 이 피어그룹 또한 꼼꼼하게 살펴야 합니다. 개념 설명은 여기까지 하고, 최근 상장한 두 회사의 사례를 통해서 공모가 선정 관련 정보를 DART에서 어떤 부분에서, 어떻게 파악하면 되는지 알려드리도록 하겠습니다.

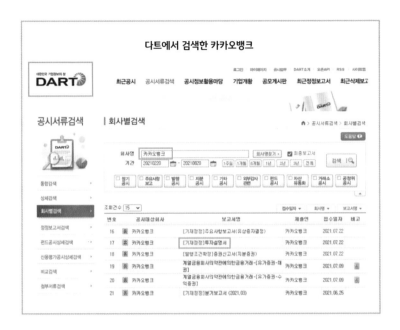

2021년 7월과 8월에 가장 큰 이슈였던 공모주인 카카오뱅크를 한번 보겠습니다. 다트에 들어가서 카카오뱅크를 검색하고, '투자설명서'를 열어보겠습니다.

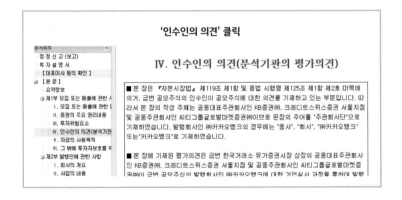

여러 목차 중에서 '인수인의 의견(분석기관의 평가의견)'을 클릭해 이동합니다.

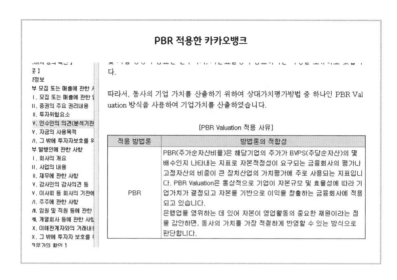

이어서 희망공모가액 산출 방법 – 평가방법 선정으로 이동하면 됩니다. 카카오뱅크의 경우, 여러 방법론 중에서 PBR을 활용하는 'PBR Valuation'을 적용했습니다. 방법론의 적합성 부분에 그 이유가 적혀있긴 하지만 이것까지 분석할 필요는 없습니다. "PBR을 적용해 공모가를 산출했다" 정도로 이해하면 됩니다.

'다. 희망 공모가액 산출'로 이동

다. 희망 공모가액 산출

(1) 적용 PBR 거래배수 산출
동사의 희망공모가액을 산출하기 위한 PBR 거래배수 산출 내역은 다음과 같습니다.

[최종 비교회사 PBR 멀티플 산정내역]

(단위: 백만원, 배)

구분	산식	Rocket Companies, Inc.	Pagseguro Digital Ltd	TCS Group Holding PLC	Nordnet AB publ
기준시가총액 주1)	(A)	43,184,655	18,918,666	16,522,978	4,923,031
자본총계 주2)	(B)	9,404,053	2,152,996	2,057,841	644,004
PBR	(A)/(B)	4.6	8.8	8.0	7.6
적용 PBR 거래배수		7.3			

자료: Bloomberg
주1) 기준시가총액은 6월 21일을 기준으로 하여 1개월 평균 주가, 1주일 평균 주가, 기준일 주가 중 최솟값
주2) 자본총계는 2021년 1분기말 기준
주3) 기준시가총액 및 자본총계 변환 시 적용 환율은 분석 기준일 1,132.20 KRW/USD, 222.41 KRW/BRL, 15.56 KRW/RUB, 13
1.51 KRW/SEK 환율을 적용하였습니다.

그리고 '다. 희망 공모가액 산출'로 이동합니다. 첫 번째 행에 네 곳의 피어그룹이 보입니다. 여기에서 공모가 산출을 위한 각 피어그룹 기업의 PBR 수치, 그리고 이들의 PBR을 합해 평균을 낸 거래배수 등을 확인할 수 있습니다. 이제 이 피어그룹이 적절한지를 반드시 살펴봐야 합니다.

카카오뱅크는 피어그룹을 국내 금융회사는 단 하나도 없고, 해외의 핀테크 기업들 위주로 선정했습니다. 로켓컴퍼니는 주사업이 주택담보대출이라 적절해 보이지만, 나머지는 핀테크 기업이기에 카카오뱅크와의 유사성이 그리 높지 않습니다. 즉, 고평가를 위해 선정한 피어그룹으로 해석할 수 있습니다.

평가 시가총액 산출 내역

[평가 시가총액 산출 내역]

(단위: 배, 억원)

구분	산식	내용
PBR 거래배수	(A)	7.3
자본총계 주1)	(B)	28,495
공모자금유입액 주2)	(C)	21,599
평가 시가총액	(D) = (A) × (B) + (C)	229,610

평가 시가총액 산출 내역

[평가 시가총액 산출 내역]

(단위: 억원, 주, 원)

구분	산식	내용
평가 시가총액	(A)	229,610
공모전 발행주식수 주)	(B)	412,323,037
공모주식수	(C)	65,450,000
공모후 발행주식수	(D) = (B) + (C)	477,773,037
주당 평가가액	(E) = (A) / (D)	48,058

주) 증권신고서 작성 기준일 현재 보통주식수 409,650,237주와 미행사 주식매수선택권 2,672,800주 합계

(3) 희망 공모가액 산출
상기 PBR Valuation 결과를 적용한 동사의 희망 공모가액은 아래와 같습니다.

[희망공모가액]

구분	내용
주당 평가가액	48,058
평가액 대비 할인율	18.8% ~ 31.3%
희망 공모가액 밴드	33,000원 ~ 39,000원
희망 시가총액 밴드	156,783억원 ~ 185,289억원
확정 공모가액	**39,000원**

다음은 피어그룹 PBR의 평균값인 7.3을 근거로 공모가액을 구하는 과정입니다. 총 세 단계로 이루어진다고 보면 됩니다.

(1) 피어그룹의 PBR 평균값인 7.3을 적용해 평가 시가총액 계산

(2) 평가 시가총액을 기준으로 주당 평가가액 계산

(3) 주당 평가액 대비 할인율 및 확정 공모가 확인

(1)번, (2)번은 증권사에서 알아서 적어주기 때문에 개인투자자들

할인율 내역

참고로, 최근 5개년 유가증권시장에 상장을 완료한 기업들의 평가액 대비 할인율 내역은 아래와 같습니다.

[최근 5개년 유가증권시장 상장 기업 평가액 대비 할인율 내역]

회사명	상장일	평가액 대비 할인율	
		하단	상단
제이에스코퍼레이션	2016.02.04	47.4%	36.4%
대림씨엔에스	2016.03.30	28.0%	15.1%
해태제과식품	2016.05.11	28.1%	11.8%
용평리조트	2016.05.27	26.3%	16.2%
해성디에스	2016.06.24	27.6%	9.5%
한국자산신탁	2016.07.13	23.9%	13.8%
두올	2016.07.29	25.5%	10.6%
LS전선아시아	2016.09.22	18.7%	6.5%
화승엔터프라이즈	2016.10.04	21.0%	10.7%
JW생명과학	2016.10.27	21.2%	5.2%
삼성바이오로직스	2016.11.10	32.2%	18.4%
두산밥캣	2016.11.18	48.1%	40.9%
핸즈코퍼레이션	2016.12.02	21.1%	7.9%
호전실업	2017.02.02	29.0%	17.2%
덴티움	2017.03.15	39.1%	32.3%

이 따로 구하지 않아도 되니, 걱정할 필요 없습니다. 세 번째 단계에서 확정 공모가액과 평가액 대비 할인율만 봐도 무방합니다. 카카오뱅크는 공모가액 밴드가 33,000원 ~ 39,000원이었는데 기관투자자 수요예측이 흥행한 덕분에 최종 공모가는 39,000원으로 확정된 것을 알 수 있습니다.

마지막으로 확인할 것은 할인율입니다. 카카오뱅크의 확정 공모가가 39,000원이니 평가액 대비 할인율은 약 18.8%입니다. 18.8%의 할인율이면 할인이 그리 많이 된 것도 아니고, 적게 된 것도 아닌 평이한 수준입니다. 이를 판단할 수 있도록 최근 5개년 유가증권시장 상장 기업 평가액 대비 할인율을 제공하고 있으니 쉽게 알아볼 수 있습니다.

다음으로는 PBR이 아닌 PER을 통해 공모가액을 산출한 크래프톤의 사례를 보도록 하겠습니다.

카카오뱅크와 방법은 똑같으니 중복되는 내용은 제외하고 간략하게 설명하겠습니다. 마찬가지로 다트로 가서 회사명에 크래프톤을 검색하고 '투자설명서'를 열겠습니다.

P/E Valuation 적용 사유

방법론	방법론의 적합성
P/E	P/E(주가수익비율)는 해당 기업의 시가총액이 지배주주이익의 몇 배인가를 나타내는 지표로 기업의 영업활동 기반 수익력에 대한 시장의 평가, 성장성, 영업활동의 위험성 등이 총체적으로 반영된 지표입니다. 또한 P/E는 개념의 명확성, 산출의 용이성 등으로 가장 일반적으로 사용되는 투자지표이기도 합니다. P/E는 지배주주순이익을 기준으로 상대가치를 산출하기에 개별 기업의 수익성 반영 측면에서 유용성이 높다는 것이 일반적인 의견입니다. 또한, 향후 산업의 성장성 등이 투영되어 개별 기업의 P/E가 형성되는 것이 일반적이기에 P/E를 적용할 경우 특정 산업과 관련된 기업의 성장성, 수익성 및 고유 위험 관련 할인 요인도 주가에 반영될 수 있습니다. 이에 따라 발행회사인 ㈜크래프톤의 금번 공모주식에 대한 평가에 있어 상대가치 평가방법 중 가장 보편적이고 소속업종 및 해당기업의 성장, 수익, 위험을 반영할 수 있는 모형인 P/E를 활용하였습니다.

크래프톤은 PBR을 적용한 카카오뱅크와 달리 PER Valuation을 적용했습니다. 그 밑엔 해당 방법을 적용한 사유를 적혀있지만 역시 크게 신경 쓸 필요 없습니다.

P/E 거래배수

[2020년 온기 기준 비교회사 P/E 거래배수 산정 내역]

(단위: 백만원, 배)

구분	산식	엔씨소프트	넷마블	카카오게임즈	펄어비스
기준시가총액	(A)	18,068,160	11,216,932	4,111,561	4,086,813
지배주주순이익	(B)	587,403	312,851	85,971	86,608
P/E	(C)=(A)/(B)	30.8	35.9	47.8	47.2
적용 여부		○	○	○	○
적용 P/E 거래배수		40.4			

(자료) Bloomberg
(주1) 기준시가총액은 1개월 평균 주가, 1주일 평균 주가, 분석일 주가의 최소값을 기반으로 산출하였습니다.
(주2) 지배주주순이익은 2020년 온기 지배주주순이익을 적용하였습니다.

[2021년 1분기 기준 비교회사 P/E 거래배수 산정 내역]

(단위: 백만원, 배)

구분	산식	엔씨소프트	넷마블	카카오게임즈	펄어비스
기준시가총액	(A)	18,068,160	11,216,932	4,111,561	4,086,813
지배주주순이익	(B)	323,509	225,698	83,023	121,787
P/E	(C)=(A)/(B)	55.9	49.7	49.5	33.6
적용 여부		○	○	○	○
적용 P/E 거래배수		47.2			

(자료) Bloomberg

크래프톤은 2020년 온기 기준, 2021년 1분기 기준 두 개 기간을 설정해 각각의 평균 PER 거래배수를 구했습니다. 2020년 온기 기준 거래배수는 40.4이고, 2021년 1분기 기준 거래배수는 47.2로 두 개의 평균 값은 43.8입니다. 그리고 이 평균값을 근거로 공모가액을 산출하게 됩니다.

평가 시가총액 산출 내역

구분	산식	단위	내용
2020년 온기 지배주주순이익	(A)	백만원	556,267
2021년 1분기 지배주주순이익	(B)	백만원	194,018
연환산 지배주주순이익	(C) = (B) * 4	백만원	776,073
적용 지배주주순이익	(D) = [(A) + (C)]/2	백만원	666,170
2020년 온기 P/E	(E)	배	40.4
2021년 1분기 연환산 P/E	(F)	배	47.2
적용 P/E 거래배수	(G) = [(E) + (F)]/2	배	43.8
평가시가총액	(H) = (D) * (G)	백만원	29,166,229

(주1) 금번 ㈜크래프톤의 희망 공모가격 산출 시 대표주관회사 및 공동주관회사는 2020년 온기 지배주주순이익과 2021년 1분기 연환산 지배주주순이익을 산술평균하여 사용하였습니다.

평균값인 43.8을 적용한 결과 시가총액은 약 29조 1,662억 원이 나옵니다. 여기서 팁을 하나 드리면 비교기업으로 선정된 기업들과 매출액, 영업이익, 순이익 등을 기준으로 적절한 시가총액 수준인가를 검증해보는 것도 좋은 방법입니다.

주당 평가가액 산출 내역

구분	산식	단위	내용
평가시가총액	(A)	백만원	29,166,229
공모 전 발행주식수	(B)	주	43,274,070
공모주식수	(C) = (D) + (E)	주	8,654,230
신주모집주식수	(D)	주	5,624,000
구주매출주식수	(E)	주	3,030,230
공모 후 발행주식수	(F) = (B) + (D)	주	48,898,070
희석가능주식수	(G)	주	1,462,115
공모 후 잠재주식수	(H) = (F) + (G)	주	50,360,185
주당 평가가액	(I) = (A) / (H)	원	579,153

[㈜크래프톤 희망 공모가액 산출 내역]

구분	내용
주당 평가가액	579,153원
평가액 대비 할인율	30.9% ~ 14.0%
희망 공모가액 밴드	400,000원 ~ 498,000원
확정 공모가액	498,000원

(주1) 확정 공모가액은 수요예측 결과를 반영하여 최종 확정되었습니다.

시가총액을 기준으로 주당 평가가액을 구한 뒤, 이를 기준으로 최종적으로 확정된 크래프톤의 공모가는 498,000원이었습니다. 할인율은 약 14%로 꽤나 낮은 수준입니다. 그렇기 때문에 크래프톤 흥행 부진의 징후는 여기서부터 파악할 수 있었습니다.

기관 수요예측 경쟁률 살피기

IPO를 진행하는 회사는 공모주 청약 진행 전, 먼저 기관투자자들을 상대로 수요예측 조사를 실시합니다. 이 기관투자자 대상 수요예측이 중요한 이유는 이 결과를 바탕으로 최종 공모가가 결정되기 때문입니다. 상장을 진행하는 기업의 주간사는 처음부터 공모가를 확정 짓지 않습니다. 대신, 공모가액 범위를 설정해 제시하는데, 이를 공모가 밴드라고 부릅니다. 주간사가 기관투자자들에게 공모가 밴드를 제시하면, 기관투자자들은 밴드 내에서 매수하고자 하는 수량과 가격을 신청합니다. 즉, 경매와 비슷한 방식으로 진행됩니다.

기관투자자들에게 인기가 많은 경우 당연히 공모가는 밴드 최상단에 위치하게 되며, 가끔 밴드를 초과하는 기업들도 있습니다. 이는 개인투자자 입장에선 반길만한 신호입니다. 기관투자자들이 웃돈을 주더라도 이 주식을 사겠다는 의미이고, 그만큼 괜찮은 기업이라는 것입니다. 반면, 기관투자자들에게 인기가 없는 경우엔 공모가 밴드 하단에 위치할 수도 있습니다. 일반적으로 기관투자자 수요예측 경쟁률이 높을수록, 상장일 종가가 공모가보다 높게 형성될 확률이 높은 것으로 알려져 있습니다. 그렇기에 수요예측 경쟁률이 높을수록 수익을 볼 확률이 높다는 것입니다.

수요예측 결과

(가) 수요예측 참여내역

| 구 분 | 국내기관투자자 | | | | 해외기관투자자 | | 합 계 |
	운용사(집합)	투자매매.중개업자	연기금,운용사(고유),은행, 보험	기타	거래실적(유)(주1)	거래실적(무)	
건수	581	258	243	205	194	186	1,667
수량	25,201,600,000	11,597,306,000	9,949,064,000	8,444,119,000	1,364,938,000	5,820,409,000	62,377,436,000
경쟁률	700.09	322.17	276.38	234.58	37.92	161.69	1,732.83

이 수요예측 경쟁률 또한 투자설명서에서 찾아보실 수 있습니다. 투자설명서를 열람하고 (13) 수요예측 결과 - (가) 수요예측 참여 내역에서 쉽게 경쟁률을 확인해보실 수 있습니다.

카카오뱅크의 경우, 총 건수 1,667건에 수량은 62,377,436,000주 신청으로 단순 경쟁률은 약 1732.83 : 1로 꽤 높은 수치를 기록했습니다. 좋은 신호입니다.

수요예측 신청가격 분포

| 구분 | 참여건수 기준 | | 신청수량 기준 | |
	참여건수(건)	비율	신청수량(주1)	비율
39,000원 초과	640	38.4%	26,259,108,000	42.1%
39,000원	767	46.0%	32,312,440,000	51.8%
33,000원 초과 39,000원 미만	0	0.0%	0	0.0%
33,000원	0	0.0%	0	0.0%
33,000원 미만	0	0.0%	0	0.0%
가격미제시	260	15.6%	3,805,888,000	6.1%
합계	1,667	100.0%	62,377,436,000	100.0%

다음은 아래에 위치한 (나) 수요예측 신청가격 분포를 보겠습니다. 공모가액 밴드 범위인 33,000원 ~ 39,000원에서 구간을 나눠

가격을 나눠 표시했습니다.

39,000원 초과 비율 42.1%, 39,000원 51.8%, 그리고 가격미제시가 6.1%입니다. 즉, 카카오뱅크 수요예측 결과 공모가 밴드 최상단인 39,000원 이상을 써 낸 기관의 비율이 전체의 100%라는 것으로, 엄청나게 흥행했다는 의미이기도 합니다.

여기서 "가격미제시는 미제시인데 왜 39,000원 이상이라고 해석하나요?"라는 의문이 들 수 있습니다. 일반적으로 '가격미제시'라고 적혀있는 경우는 가격제시를 포기한 것이 아니라, 시장에서 정해지는 가격대로 매수하겠다는 뜻입니다. 즉, 주식의 시장가 개념으로 이해하면 됩니다. 어떤 가격이든 사겠다는 의미입니다.

청약 경쟁률

또한 개인투자자들의 청약 경쟁률도 참고하면 좋습니다. 이는 사전에는 알 수 없습니다. 공모주 청약이 시작되어야 알 수 있습니다. 일반적으로 청약 경쟁률이 높을수록 상장일 종가가 공모가보다 높게 형성될 확률이 높습니다. 청약 경쟁률이 높다는 건 그만큼 투자자들의 많은 기대를 받고 있는 괜찮은 기업이라는 뜻입니다.

의무보유확약비율 + 상장당일 유통물량

공모주를 배정받는 기관투자자들과 IPO를 진행하는 기업 사이에는 '의무보유 확약'이라는 약속이 있습니다. 이는 기관투자자가 약속한 기간 동안은 주식을 팔지 않겠다고 기업에게 약조하는 것입니다. 의무보유확약 기간은 15일, 1개월, 3개월, 6개월로 나뉘는데 이 기간에 기관투자자는 공모 받은 주식을 시장에 매도할 수 없습니다. 기관투자자 입장에선 전혀 좋을 게 없어 보이지만, 매도하지 않겠다는 리스크를 감수하는 이유는 바로 공모주를 더 많이 배정받기 위해서입니다.

기관투자자들은 바보가 아닙니다. 그들은 프로 중의 프로이기에 절대 손해 볼 일은 하지 않습니다. 그런 그들이 이렇게 의무보유확약을 한다는 것은 해당 기업의 성장성을 높게 평가하고, 장기적으로 주가 흐름이 좋을 것으로 판단했다는 의미입니다. 상장일 주가가 따상을 갈 수도 있고, 종가가 시초가보다 낮을 수도 있는 불확실성을 감수하더라도 이 회사의 주식을 보유하겠다는 의사를 밝힌 것입니다.

기업의 입장을 생각해 보면, 기업도 의무보유확약을 해주는 기관에게 고마울 수밖에 없습니다. 우선 기관투자자가 자기 회사를 그만큼 좋게 평가해고 있다는 증거이기 때문입니다. 그리고 이는 청약을 망설이는 개인투자자들을 회유할 수 있는 좋은 근거이기도 합니다. 게다가 의무보유확약을 하게 되면 확약기간 전까지는 그 주식을 매도할 수 없습니다. 즉, 시장에 매도 물량이 안 나온다는 것입니다. 특히 상장일에 매도 물량이 묶이게 되어 유통주식수가 줄어들면 주가 하락보다는 상승에 힘이 더 실리게 됩니다.

그렇기에 기업 입장에선 의무보유확약은 엄청나게 도움이 되는 요인입니다. 이에 기업은 의무보유확약 기간을 길게 제시한 기관투자자에겐 관례적으로 더 많은 수량을 배정해 고마움을 표시하곤 합니다.

의무보유확약비율

구분	국내기관투자자										해외기관투자자				합계	
	운용사(집합)		투자매매·중개업자		연기금, 운용사(고유), 은행, 보험		기타				거래실적(유)		거래실적(무)			
	건수	수량	건수	수량	건수	수량	건수	수량			건수	수량	건수	수량	건수	수량
6개월 확약	66	2,742,398,000	10	442,696,000	15	695,108,000	23	936,917,000			8	42,429,000	17	42,500,000	138	4,896,918,000
3개월 확약	179	7,535,350,000	35	1,963,444,000	37	1,626,592,000	37	1,982,725,000			5	21,985,000	15	643,131,000	316	13,173,606,000
1개월 확약	112	5,186,629,000	32	1,456,682,000	40	1,768,521,000	23	984,292,000			5	48,450,000	7	158,761,000	219	9,541,355,000
15일 확약	5	219,259,000	6	395,435,000	2	98,087,000		49,087,000					1	2,500,000	15	634,367,000
미확약	219	9,517,936,000	146	7,463,129,000	146	5,830,656,000	121	5,091,098,000			176	1,247,154,000	146	4,975,517,000	979	34,131,190,000
합계	581	25,391,580,000	258	11,097,306,000	243	9,949,064,000	205	8,444,119,000			194	1,364,930,000	186	5,920,409,000	1,667	62,377,436,000

주1) 건수는[예약의무자]만 및 해외기관을 포함함(단)과 거래실적(유 및 거래수량의 실물결제 반자하고 있는 외국기관투자자

의무보유확약비율 또한 투자설명서에서 표기되어 있습니다. 투자설명서 열람 후, (13) 수요예측 결과 - (다) 의무보유확약 기관 수 및 신청수량에서 확인이 가능합니다. 표가 조금 복잡하게 구성되어 있어 이해하기 어려울 수 있습니다. 마지막에 있는 '합계' 부분만 보면 됩니다. 건수가 아닌 '수량'을 기준으로 합계 수량 대비 기간별 수량이 몇 개인지 그 비율을 구하면 됩니다.

의무보유확약비율

☑ 의무보유 확약비율

구분	신청수량(단위:주)
15일 확약	634,367,000
1개월 확약	9,541,355,000
3개월 확약	13,173,606,000
6개월 확약	4,896,918,000
합계	28,246,246,000
총 수량 대비 비율(%)	45.28%

카카오뱅크의 기간별 비율을 살펴보겠습니다. 6개월 확약비율 7.9%, 3개월 확약비율 21.1%, 1개월 확약비율 15.3%, 15일 확약비

율 1.0%입니다. 이를 기준으로 계산하면 의무보유확약비율은 45.3%이고, 미확약비율은 54.7%인데, 45.3%이면 꽤 높은 수준이라 보면 됩니다.

의무보유확약비율

가능여부	구분		주식의 종류	공모후 주식수 (주1)	공모후 지분율 (주1)	매각제한 기간
유통제한물량	최대주주	㈜카카오	보통주	129,533,725	27.26%	상장일로부터 6개월(주2)
	기존주주	IPB Ltd	보통주	10,640,000	2.24%	상장일로부터 6개월(주2)
		Keto Holdings, L.P.	보통주	10,640,000	2.24%	상장일로부터 6개월(주2)
		한국투자밸류자산운용㈜	보통주	110,484,081	23.25%	상장일로부터 6개월(주3)
		한국투자금융지주㈜	보통주	19,049,643	4.01%	상장일로부터 6개월(주3)
		㈜국민은행	보통주	38,097,959	8.02%	상장일로부터 6개월(주3)
		넷마블㈜	보통주	7,619,592	1.60%	상장일로부터 3개월(주4)
		Skyblue Luxury Investment Pte.Ltd.	보통주	7,619,592	1.60%	상장일로부터 3개월(주4)
	공모주주	우리사주조합	보통주	13,090,000	2.76%	상장일로부터 1년(주5)
	소 계			346,774,592	72.99%	-
유통가능물량	기존주주		보통주	75,965,645	15.99%	-
	공모주주		보통주	52,360,000	11.02%	-
	소 계		보통주	128,325,645	27.01%	-
합 계				475,100,237	100.00%	-

의무보유확약비율만큼 주요하게 볼 지표는 아니지만 같이 보면 좋은 지표가 하나 있습니다. 바로 상장일 당일의 유통가능물량입니다. 이 물량이 적어야 주가가 상승할 확률이 높습니다. 이 또한 그만큼 시장에 물량이 없다는 뜻이기 때문입니다.

카카오뱅크의 경우 상장 당일 유통가능물량이 기존주주 15.99%, 공모주주 11.02%로 전체의 약 27%였습니다. 평균이 전체의 약 30~40%이니, 이 정도면 크게 높은 편은 아니었습니다.

　공모주 관련해서 가장 많이 받는 질문 두 개가 있습니다. 첫 번째는 "이 주식 청약할까요?"와 "배정받은 주식을 언제 팔아야 할까요?"입니다. 첫 번째 질문에 대한 답은 스스로 결정할 수 있도록 앞에서 충분히 다 설명했습니다. 두 번째 질문은, 솔직히 "정답은 따로 없습니다"라고 말하고 싶습니다.

　만약, 따상을 갈 것 같다면 상장일에 팔지 않고 계속 들고 있어야 할 것이고, 시초가보다 종가가 더 낮을 것 같으면 장이 개시되고 빠른 시간 내에 매도하는 것이 좋아 보입니다. 매도하기 좋은 시점을 볼 때 참고하는 지표는 바로 상장 당일 유통가능 량과 시초 거래량, 그리고 수급입니다.

(1) 거래량 통한 매도 기준
유통가능물량의 20~25% 수준 이하면 홀딩, 이상이면 매도

　기업이 상장한다고 해서 모든 주식이 상장 첫날 거래가 가능한 것은 아닙니다. 왜냐하면 앞서 얘기한 의무보유확약 수량도 있고, 우리사주 배정 수량도 있기 때문입니다. 그래서 상장일에 유통되는 주식은 일반 개인투자자 물량과 의무보유확약을 하지 않은 물량을 합친 것으로 보면 됩니다. 그리고 이 상장일 유통가능물량이 전체 주식수에서 차지하는 비중이 높으면 높을수록, 따상 갈 확률

이 낮다고 생각합니다. 그만큼 첫날에 매도할 수 있는 잠재수량이 많기 때문입니다.

유통가능물량과 거래량, 이 둘을 다음과 같이 활용하면 됩니다. 유통가능물량의 약 25% 이상 거래가 발생하면서 주가가 하락할 때, 공모주를 미련 없이 팔아야 합니다. 특별히 수급이 들어온다거나, 호재가 갑자기 생기지 않는 이상 이런 신호를 보낸 공모주는 따상을 가기 힘듭니다. 보통 거래량이 20% 수준을 넘어가는 순간부터 매도 물량이 갑자기 시장에 나오기 시작하기 때문입니다.

그러면 점점 주가는 하락하게 되고, 이에 불안감을 느낀 개인투자자들은 팔기 시작합니다. 반대로, 거래량이 발생하지 않을수록 물량이 잠기면서 상한가 갈 확률이 높습니다. 물론, 이는 일반적인 경우이기 때문에 100% 일치하지 않는다는 점은 유념해야 합니다.

다음은 수급입니다. 수급은 개인 수급은 크게 의미 없고, 외국인/기관/연기금/법인 등의 큰 손들의 수급을 보셔야 합니다. 카카오뱅크는 상장 첫날, 시작이 좋지 않았습니다. 따상은커녕 공모가

투자자별매매동향

0232 종목별투자자별매매동향									
종목별투자자별매매동향		당일기관/외국인매매추정		외국인/기관매매상위		파워외국인/기관		한도소진	
023410 v Q ★ 카카오뱅크			직접입력 v	2021-05-23 ~ 2021-08-13		◎금액(백만원) ◉ 수량			
일자	현재가	대비	등락율	거래량	개인	외국인	기관계	기타법인	내외국인	외국계합
합계					-1,814,00	4,658,364	3,572,379	-6,480,54	63,810	7,989,974
2021/08/13	76,600 ▲ 2,800		3.79	10,907,99	-980,306	414,825	567,303	1,878	-3,700	562,346
2021/08/12	73,800 ▼ 600		-0.81	5,878,196	-501,930	194,268	313,832	-1,467	-4,703	225,558
2021/08/11	74,400 ▲ 3,000		4.20	21,592,73	-1,252,03	384,975	876,676	-9,687	73	543,287
2021/08/10	71,400 ▼ 7,100		-9.04	26,495,12	4,947,249	117,807	880,121	-5,972,25	27,081	259,822
2021/08/09	78,500 ▲ 8,700		12.46	44,833,69	931,349	-604,882	-254,522	-74,200	2,255	-29,882
2021/08/06	69,800 ◆ 16,100		29.98	59,402,37	-4,958,33	4,151,371	1,188,969	-424,810	42,804	6,428,843

의 두 배도 안 되는 가격으로 거래가 시작되어 개인들이 팔기 시작하자 이대로는 실망스럽게 끝날 것이라 예측하는 사람들도 있었습니다.

하지만 갑자기 외국인, 기관이 합심해 엄청나게 카카오뱅크를 매수하기 시작했고, 결국 이에 힘입어 첫날 상한가를 기록합니다. 그들이 2일차에도 대량으로 매수하지는 않았지만, 딱히 팔지도 않아 물량이 잠겼습니다. 그래서 이날도 약 +12.46%의 상승을 기록합니다. 하지만 3일 차에 -9.04%를 기록하는데, 이는 기타법인이 약 5,972,258주를 던졌기 때문입니다. 즉, 상장 이후 단기적인 주가 흐름에는 외국인/기관/법인 등의 수급도 꽤 큰 영향을 미친다는 점을 알 수 있습니다. 그렇기에 거래량과 함께 이 수급도 같이 살펴보는 게 좋습니다.

그리고 마지막 팁 하나, 공모주는 상장일 이후 길게 보유할수록 수익률이 낮아질 리스크가 증가합니다. 공모주는 상장 이후 5거래일 안에는 반드시 매도하는 게 좋습니다. 상승세가 그리 오래가지는 않기 때문입니다. 그렇기에 해당 기업에 장기투자하고 싶은 투자자라면 일단 공모 받은 주식은 5거래일 안에 매도하고, 그 뒤 조정이 왔을 때 저렴한 가격에 매수하는 것을 추천합니다.

지금까지 공모주 청약과 성공적인 공모주 투자를 위한 분석 방법에 대해서 알아보았습니다. 어떻게 보면 다 원론적인 얘기들이기 때문에 실제 주가 흐름은 변수에 따라 분석과 다르게 흘러갈 수 있음을 주의해야 합니다. 특히, 상장일 주가 흐름은 거래량과 수급에 따라 예측과 다르게 흘러갈 수 있기 때문에 계속 지켜보면서 신속하게 대응하는 것이 가장 중요합니다.

　특히, 최근 공모주 투자가 새로운 블루오션으로 떠오르면서 많은 투자자들이 몰리고 있는데, 이로 인해 오히려 공모주 투자의 난이도가 더 높아졌다는 생각이 듭니다. 사공이 많아지면 배가 산으로 간다는 말이 있듯이 더 많은 투자자들과, 더 많은 자금이 몰리면서 더 복잡해졌습니다.

　정리하자면 공모주 투자가 승률이 높긴 하지만 100% 확률로 수익을 보지 않는다는 것을 명심하고, 최소한의 분석을 통해 검증하는 과정을 거치는 것이 필요합니다. 그리고 이를 통해서 공모주 분석하는 실력을 키우고, 손실을 볼 확률을 줄여가며 성공적인 투자를 하길 바랍니다.

05

외국인과 기관 수급

프라임PB
영상으로
확인하기

    주식시장에서 '수급'이라는 말을 자주 사용하는데 수급은 수요와 공급의 줄임말로, 증권시장에 참여하는 투자주체들의 수요와 공급 동향을 말합니다. 다시 말해서 수급은 주식시장의 투자자인 개인, 기관, 외국인 투자자들의 매매동향, 즉 각 주체별 매수와 매도를 알려줍니다. 주식시장에서 중요한 수급의 주체는 기관과 외국인입니다.

    물론, 개인이 더 큰 힘을 발휘하는 경우도 간간이 있지만, 일반적으론 기관과 외국인의 수급이 중요합니다. 그렇기에 보통 기관, 외국인의 매수세가 강하면 "수급이 좋다"라고 말하고, 매도세가 강하면 "수급이 나쁘다"라고 말합니다. 이러한 수급이 중요하다는 말을 많이 듣긴 했는데 도대체 어떻게 판단하고 어떻게 활용해야 될지

감이 안 잡히는 개인투자자들도 많을 것입니다. 그런 분들을 위해 이번엔 외국인과 기관 수급을 활용하는 노하우에 대해 알려드리겠습니다.

결론부터 얘기하면 외국인/기관 수급은 단기 투자를 하든, 중장기 투자를 하든 어떤 투자 성향을 가지더라도 눈여겨봐야 할 정보임에는 틀림없습니다. 시장의 움직임을 좌지우지할 수 있는 큰 자금이 움직이는 동향을 체크하지 않는다면 시장의 흐름을 따라가지 못하고 소외될 가능성이 큽니다. 그렇기에 주식 투자자라면 반드시 체크하는 것이 좋습니다.

하지만, 주식시장에 100%는 없듯이, 외국인/기관의 매수세가 들어온다고 무조건 주가가 상승하진 않습니다. 반대로 매도가 나온다고 무조건 주가가 하락하지도 않습니다. 여러 이유가 있겠지만 기관도 기관별로 시각이 다를 수 있고, 외국인과 기관의 시각이 다를 수도 있기 때문입니다.

예를 들면 연기금이 있습니다. 실제로 2021년 상반기에 연기금이 코스피 주식만 18.8조 원을 매도했습니다. 이 연기금이 매도한 종목은 타 기관이 매수를 한다고 해도 연기금이 계속 던졌기 때문에 수익률이 저조했습니다. 그렇기 때문에 외국인/기관 매매동향을 맹신해선 안 되고, 특정 종목이나 업종에 투자하기 전에 참고하는 주요 지표 정도로 활용하면 좋습니다.

수급이란 무엇인가요?

주식시장 격언 중엔 '수급은 모든 재료에 우선한다'라는 말이 있습니다. 아무리 좋은 재료(호재)가 있어도 주식을 사는 사람(수급)이 없으면 주가가 상승하지 못하고, 안 좋은 재료(악재)라고 생각했는데 주식을 사는 사람(수급)이 많으면 주가는 상승한다는 말입니다. 즉, 주가에 직접적인 영향을 미치는 요인은 재료보단 수급입니다. 그렇기에 이런 관점에서 보면 수급은 '돈이 들어오는 것'을 의미합니다. 좀 더 쉽게 정리해보면 주가를 움직이는 주체들이 자신들의 판단과 근거를 가지고 주식을 사들이기 시작하면 '수급'이 들어온다고 보면 되고, 반대로 주식을 팔기 시작하면 '수급'이 이탈했다고 보면 됩니다.

투자 주체의 종류

주체	개인	외국인	기관
구분	일반인 신분의 개인투자자	대부분 외국에서 전문적으로 투자를 운용하는 집단	국내 법인 형태의 투자 집단

국내 시장에 참여하고 있는 투자 주체는 크게 세 가지로 나눌 수 있습니다. 바로 개인, 외국인, 기관입니다. 여기서 외국인은 해외 증권사나 국내 증권사를 통해 투자하는 외인투자자들을 의미하고, 기관투자자는 투자신탁, 금융투자, 연기금, 사모펀드 등 금융자산

을 운용하는 국내 주요 기관투자자들을 의미합니다. 그리고 마지막으로 개인은 일반 개인투자자들 즉, 개미들을 의미합니다. 이 세 주체 중에서 외국인과 기관의 동향을 근거로 수급을 판단하는 것이 일반적입니다.

왜 외국인/기관 수급을 체크해야 하나요?

일반적으로 수급을 결정하는 주체는 외국인과 기관이라는 사실은, 계속 강조해도 모자람이 없습니다. 이는 특정 종목에만 한정되는 것이 아니라 종합주가지수의 경우에도 마찬가지입니다. 주식시장에 참여하고 있는 외국인, 기관 투자자들의 수급이 매수 우위를 보이고 있는지, 매도 우위를 보이고 있는지에 따라 종합주가지수의 상승, 하락을 어느 정도 예측할 수 있습니다. 매수 우위를 보이면 상승, 매도 우위를 보이면 하락이라 여기는 것이 일반적입니다. 그렇기에 외국인과 매매동향을 수시로 보면서 수급을 체크하는 것은 주식투자의 기본 중의 기본입니다.

하루 종일 볼 수는 없는 노릇이니, 보통 시간 흐름에 따라 매수 비중과 매도 비중이 어떻게 달라지고 있는지를 살펴보는 것이 좋습니다. 하루에도 몇 번씩 사고 팔기를 반복하는 단기 투자자가 아닌 이상, 5~10분 정도의 짧은 간격으로 점검하는 것은 큰 의미가 없고, 1~2시간 간격으로 생각날 때마다 체크하는 것이 가장 좋은 방법입니다.

확인하는 방법은 어렵지 않습니다. 증권사 HTS 및 MTS에서 투자자별 매매동향을 체크하면 됩니다. 외국인과 기관이 어떤 움직임을 보이는지 살피면서 당일 시장의 분위기과 방향성을 파악하고, 매매 종목 선정에 활용하면 됩니다. 매수하고 싶은 종목이어도 외국인과 기관이 양쪽 모두 다 매도 우위를 보여 주가가 하락하고 있는 종목이라면 일단 한번 참고 동향을 살피면서 매매 타이밍을 잡는 게 성공 확률이 더 높습니다. 그렇기에 현명한 개인투자자라면 외국인과 기관 수급을 반드시 체크하는 습관을 가져야 합니다.

수급이 지수에 미치는 영향력

코스피 지수든, 코스닥 지수든 종합주가지수가 상승하려면 지수를 구성하는 비중이 높은 '대형주'가 올라가야 합니다. 중소형주에 비해 시가총액이 큰 대형주를 상승시키는 방법은 당연히 많은 매수 자금이 들어오는 일입니다. 이러한 역할은 개인투자자보다는 자금력이 있는 외국인들과 기관투자자들이 하는 일입니다.

물론, 2021년 들어 넘치는 유동성으로 인해 개인투자자들의 자금이 많이 들어오긴 했습니다. 10년 전인 2011년엔 고객예탁금이 16조 원 수준이었는데, 2021년 7월 20일 기준 예탁금은 68조 원으로 10년 전의 약 4배가 되었습니다. 게다가 지난 5월 3일에는 77조 원을 기록하며 사상 최고치를 기록하기도 했습니다. 그렇지만 개인들의 고객예탁금이 아무리 많아도 지수에 미치는 영향력은 생각보다 크지 않습니다.

근본적인 이유는 주로 특정 종목을 저렴하게 사려는 개인투자자들의 성향 때문입니다. 그래서 대형주의 주가가 하락할 때 매수하기 때문에 주가를 끌어올리기보다는 하방을 지지하는 성격이 강합니다. 반면, 외인이나 기관들은 매수 시점이라고 판단하면 그 시점의 주가는 크게 고려하지 않고 오히려 집중 매수해서 물량을 모으는 편입니다. 그것도 대량으로 말입니다. 보통 시간 별로 일정 수량을 꾸준히 매수하거나, 원하는 수량을 모을 때까지 매수하는 패턴

중 하나입니다. 그렇기에 주가를 지지하는 성격보다는 주가를 끌어올리는 성격을 가지게 됩니다.

개인들이 뭉치지 못하는 점도 큰 원인입니다. 누군가는 특정 주가가 저렴하다고 판단해 매수를 하고 반대로 누군가는 주가가 더 내려갈 것이라 생각해 매도를 합니다. 즉, 같은 주가를 봐도 각 개인의 투자 판단이 다르게 나타나는 것입니다. 그래서 아무리 고객예탁금이 많다고 해도 그 자금이 한 방향으로 모이지 못하기 때문에 규모에 비해 파괴력을 가지지 못합니다. 반면, 기관은 특정 스탠스를 정하면 그 방향으로 우직하게 밀고 나갑니다. 이것이 개인보단 외인과 기관의 수급이 종합주가지수에 미치는 영향력이 큰 이유입니다.

2020년 12월 ~ 2021년 1월의 시장 추세를 통해서 이것을 한번

투자자별매매동향-추이

일자	개인	외국인	기관계	금융투자	투신	보험	은행	기타금융	연기금등	사모펀드	기타법인
2021/01/08	-5,591	16,478	-11,479	-1,732	-2,314	-1,161	-72	-94	-6,090	-15	635
2021/01/07	-11,836	1,112	10,339	16,211	-879	-129	-123	-8	-4,411	-320	363
2021/01/06	17,292	-4,021	-13,691	-4,676	-1,150	-1,892	-261	-66	-4,395	-1,227	373
2021/01/05	7,283	-2,089	-5,362	402	-996	-742	19	-1	-3,400	-644	160
2021/01/04	10,310	643	-11,958	-1,745	-1,943	-3,168	-15	65	-5,607	-1,653	691
2020/12/30	-4,916	2,494	1,958	5,363	-597	-911	-105	-13	-1,002	-775	499
2020/12/29	21,969	-3,172	-19,733	-14,318	-553	-1,477	-546	20	-1,977	-860	870
2020/12/28	-9,460	710	8,303	10,956	-785	-964	95	-199	-762	-36	376
2020/12/24	-8,031	1,243	6,296	7,585	-567	-8	-22	17	-988	280	542
2020/12/23	-3,858	832	3,016	3,817	-158	-389	-37	-15	349	-549	13
2020/12/22	3,693	-1,471	-2,028	-524	-336	-519	-1	-26	-70	-550	31
2020/12/21	-855	-99	1,322	518	-141	-81	-9	-50	913	173	-359
2020/12/18	3,897	-1,939	-1,497	521	-161	-759	-28	3	-612	-260	-482
2020/12/17	3,252	-2,586	-106	2,247	-253	-715	-75	-66	-691	-551	-561
2020/12/16	-2,402	932	2,126	3,211	-674	-172	-25	2	-97	-116	-657
2020/12/15	6,076	-3,724	-2,375	-60	-435	-534	-17	-38	-861	-426	33
2020/12/14	10,333	-3,670	-7,032	-4,209	-648	-624	-7	19	-1,303	-258	287
2020/12/11	-476	-1,539	2,100	2,972	-285	-950	-25	-19	425	-16	2

살펴보겠습니다. 12월 23일부터 1월 8일까지 외인 투자자들이 누적으로 1조 4,561억 원을 순매수했고, 기관투자자 중 금융투자는 2조 1,864억 원을 순매수했습니다. 연기금과 투신권은 포트폴리오 조절과 고객환매 요청으로 3.5조 원 수준의 매도를 기록하긴 했지만, 이 기간에 코스피 지수는 2,759pt에서 3,161pt까지 14.2%나 상승했습니다. 돌파하기 쉽지 않을 것으로 생각했던 3,000pt를 단숨에 뚫어버린 것입니다.

이를 가능하게 했던 가장 큰 동력은 외인과 기관의 '쌍끌이매수'였습니다. 물론, 개인투자자들의 매수세도 어느 정도 영향은 있었으나, 주된 원인은 외인과 기관의 대형주 중심 매수로 인해 상승 모멘텀이 작용했기 때문으로 보입니다.

만약 이때 어느 한 쪽이라도 매수세에 집중하지 않았으면, 3,000pt를 돌파하기가 쉽지 않았을 것입니다. 그런데 양쪽 모두가 매수하는 모양새가 나와서 단숨에 뚫어버렸습니다.

반대로 매도의 경우도 한번 보겠습니다. 2021년 2월 16일부터 3월 10일까지의 수급입니다. 해당 기간에 외인과 기관투자자들은 꾸준히 매도세를 보였습니다. 이럴 경우 주가는 하방 압력을 받게 됩니다. 외인들은 약 4.4조 원의 주식을, 기관은 약 5조 원에 가까운 주식을 매도했습니다. 물론, 개인투자자들은 10.7조 원어치 대형주 중심으로 집중매수했으나 코스피 지수는 3,150pt에서 3,000pt를 하향 이탈했고, 약 6.5%가 빠졌습니다.

즉, 종합주가지수는 100%는 아니지만 시장의 큰손인 외인과 기관투자자들이 좌우한다고 볼 수 있습니다. 그렇기에 투자에 성공하고 싶다면 그들이 가는 방향을 항상 체크해야 합니다. 그들과 반대 방향으로 가지 말고, 그들이 가는 방향으로 같이 가야 최대한 리스크를 줄일 수 있고 수익을 얻을 확률도 높아집니다.

종목분석 시, 수급 활용하기

투자 시장에서 수급의 영향에 대해 살펴봤으니, 이제 수급을 활용하는 방법을 알아보겠습니다. 주식시장 전체(종합주가지수) 입장에서 외인과 기관의 수급은 중요하지만 개별 종목 매매에도 투자 결정에 중요한 근거가 될 수 있습니다. 이는 대형주뿐만 아니라 중소형주에도 동일하게 적용됩니다.

보통, 단기간에 급등하는 종목들은 수급 외에도 다른 변수들이 작용하는 경우가 많지만 중장기 추세를 유지하는 것에는 외인과 기관의 안정적인 매수세가 필수입니다. 그렇기에 개별 종목을 볼 때도 외인과 기관의 동향을 살피는 것이 좋습니다.

종목별로 외인과 기관의 수급 상황을 파악해 활용하는 방법에는 크게 두 가지 전략이 있습니다. 하나는 중장기 연속 매수하는 종목을 찾는 전략, 또 하나는 당일 외국인/기관 매수세가 들어온 종목을 찾아 단기 매매에 활용하는 방법입니다.

(1) 외국인/기관 연속 매수 종목 찾기

먼저 중장기 연속 매수 종목을 찾는 방법을 알아보겠습니다. 증권사 HTS에서는 특정 종목과 관련된 다양한 정보를 열람할 수 있습니다. 시가총액, 거래량, 재무상황, 지분현황 등 기업에 관한 웬만한 정보는 다 볼 수 있는데 이 중에서 우린 '외국인/기관 연속 순매수일 상위 20종목'이라는 정보를 참고하면 됩니다.

보통 이 자료는 인포스탁(infostock.co.kr)을 통해서 제공하고, 증권사는 이 정보를 가져와 HTS를 통해 제공합니다. 그리고 이를 통해 어떤 종목을 외인과 기관이 연속적으로 매수하고 있는지 파악할 수 있습니다. 하지만, 여기서 주의할 점은 연속적으로 매수하고 있어도 무조건 좋은 종목은 아니라는 것입니다. 연속으로 매수하고 있어도 주가가 하락하는 경우가 있는데, 이는 매수는 하되 적게 매수해 시장의 관심을 유도하기 위한 트릭을 쓴 사례라고 이해하면 됩니다.

그렇기 때문에 우린 이렇게 찾은 종목을 바로 매수하지 말고, 다시 한번 분석을 해야 합니다. 해당 기업의 실적과 공시, 뉴스, 업황 등 다양한 정보를 기반으로 분석한 뒤에 매매 타이밍을 결정해야 좋은 성과를 기대할 수 있습니다. 즉, 매수세가 들어오는데 분석해 보니 앞으로 전망도 좋다는 결론이 나오면 매수를 하는 것입니다.

반대의 경우도 마찬가지입니다. 외인과 기관이 꾸준히 매도하고 있는 종목은 리스크 관리 차원에서 왜 계속 매도하는지 그 이유를 찾아보는 것이 좋습니다. 외인과 기관이 꾸준히 매도하는 종목은 주가가 상승할 확률도 상대적으로 낮고, 아직 알려지지 않은 악재가 있을 확률이 높기 때문입니다.

(2) 당일 외국인/기관 매수 종목 찾기

당일기관, 외국인매매추정

종목명	현재가	대비	등락률	거래량	외국인	기관계	투신	보험/종금저축	은행	연기금/공제회	기타법인
넥스트사이언스	33,350 ▲	1,100	3.41	2,912,736	-6,471	0	0	0	0	0	0
삼성엔지니어링	24,650 ▲	1,200	5.12	5,661,851	991,453	88,000	71,000	1,000	0	16,000	-13,000
두산중공업	21,500 ▲	50	0.23	4,666,606	821,333	32,000	29,000	-1,000	0	4,000	2,000
우리기술	2,390 ▲	40	1.70	7,398,970	507,371	0	0	0	0	0	-6,000
SBI인베스트먼트	2,005 ▲	10	0.50	4,661,687	406,857	0	0	0	0	0	0
HB테크놀러지	3,550 ▲	75	2.16	12,178,265	116,507	205,000	185,000	0	0	20,000	134,000
한화생명	3,470 ▲	5	0.14	1,505,886	205,738	208,000	-2,000	0	0	210,000	-20,000
사스윅	2,480 ▲	20	0.81	24,453,735	417,231	0	0	0	0	0	-26,000
서울식품	400 ▼		-0.25	7,523,936	299,000	0	0	0	0	0	50,000
리더스 기술루	862 ▼	4	-0.46	1,802,534	329,640	0	0	0	0	0	0
쌍방울	756 ▼	9	-1.18	5,536,381	312,000	0	0	0	0	0	0
오존베이스	4,845 ▼	45	-0.92	2,032,132	307,734	0	0	0	0	0	3,000
에이비트로바이	1,270 ▲	105	9.01	43,950,831	295,565	0	0	0	0	0	10,000
코리아센터	8,810	0	0.00	2,333,856	293,902	1,000	1,000	0	0	0	1,000
사조동아원	1,605 ▼	15	-0.93	7,586,465	286,828	11,000	0	0	0	11,000	-7,000

HTS에서 얻을 수 있는 또 다른 정보로 '당일 종목별 동향'이 있습니다. 오늘 하루 외인과 기관의 매매동향이 어떠한지 알 수 있는 정보인데, 단기 트레이딩에 활용하면 좋습니다. 수급을 보지 않는 단기 트레이딩은 성공할 수가 없습니다.

이는 당일 종목별 동향에서, 거래량이 증가하면서 외인/기관 수급이 유입된다면 주가가 상승할 확률이 높다고 보는 것입니다. 다만, 전산의 한계로 완벽하게 실시간 데이터를 줄 수 없고, 어느 정도 추정치로 제공하기 때문에 장 마감 후, 최종 집계된 데이터와는 다소 차이가 발생할 수 있다는 점만 주의하면 됩니다.

최근에는 증권사들이 AI프로그램을 통해 실시간 수급 현황에 대한 추정치 정보를 좀 더 정확하게 제공하려는 움직임도 있습니다. 이런 프로그램이나 기능을 활용해 보는 것도 좋은 방법입니다. HTS뿐만 아니라 MTS에서도 쉽게 사용이 가능해서 접근성도 뛰어납니다. 다만, 아직 도입단계라서 프로그램이 완벽하다고 보기엔 힘드니, 단순 참고용으로만 보시는 것을 추천합니다.

내 종목의 수급, 차트로 분석하는 방법

마지막은 자신이 보유한 종목의 수급을 수시로 체크하는 것입니다. 누구나 HTS와 MTS를 통해 할 수 있는 좋은 투자습관입니다. 좀 더 간편하게 보기 위해 외국인 누적순매수, 기관 누적순매수 기능을 차트에 표시되게 적용해놓는 것도 있습니다.

삼성SDI의 사례를 통해 한번 살펴보겠습니다. 삼성SDI는 2021년 2월 17일에 역사상 최고점인 810,000원을 기록했다가 그 뒤 조정 구간에 돌입했습니다. 삼성SDI의 조정은 약 6월 9일까지 지속

됐는데 이 기간 동안 주가 하락률을 따져보면 약 24.7%였습니다. 그리고 그 기간 동안의 외인과 기관의 수급을 보면 누적순매수가 우하향 차트를 그리고 있습니다. 주가 움직임과 거의 비슷하게 움직입니다.

6월 10일부터 주가와 수급을 보면 외인과 기관의 움직임이 바뀐 걸 볼 수 있습니다. 매도 기조에서 갑자기 매수 기조로 돌아선 것입니다. 이후 주가가 갑자기 상승곡선을 그리게 되며 즉각 반응이 나타납니다. 이러한 기관과 외인의 매수세는 7월 초까지 유지되었고 주가도 20% 정도 상승했습니다. 물론, 오로지 수급 때문에 상승한 것은 아니겠지만 움직임이 비슷한 걸 보면 영향이 없다고 볼 순 없습니다.

삼성전자도 한번 보겠습니다. 최고점을 찍고 조정구간이 길게 이어지고 있는 상황인데 아직 외인과 기관의 수급은 여전히 좋지 않습니다. 수급차원에서만 본다면 아직 삼성전자를 매수하기엔 이른 시기라는 것입니다. 만약 삼성전자를 매수하고 싶더라도 조금 참았다가, 외인과 기관의 수급이 돌아오는 시점에 매수를 고려하길 바랍니다.

이렇듯, 자신이 보유한 종목의 외인과 기관의 매매동향을 차트에 접목시켜 같이 살펴본다면 수급과 주가의 상관관계를 좀 더 쉽게 파악할 수 있습니다. 거의 대부분의 증권사가 이 기능을 제공하고

삼성전자

는 있지만, 혹시나 이 기능을 제공하지 않는 증권사라면 당장 이용

하는 증권사를 바꾸시는 것을 추천합니다.

손절

03

누구나 손실을 본다. 과감하게 손절하자.

01

손절이란 무엇인가?

차트 분석, 매매 타이밍 등이 보편적으로 어려워 보이지만, 의외로 투자자들이 가장 어려워하는 것은 '손절'이라 할 수 있습니다. PB들도 고객들에게는 항상 기계같이 손절해야 한다고 말하지만, 막상 그런 상황에 놓이게 되면 망설이는 것도 사실입니다. 전문투자자들도 이렇게 어려워하니, 개인투자자들은 말할 필요도 없습니다.

손절이란 무엇인가?

손절이 무엇인지 정확하게 알아보기 위해 우선 사전적 정의를 살펴보면 '손실을 확정한다' 정도로 볼 수 있습니다. 좀 더 자세하게 설명하면 본인이 매수한 종목의 주가가 하락해 손실 난 경우, 회복될 때까지 기다리지 않고 그 시점에서 손실액을 확정시키는 행위입니다. 즉, 자신의 투자가 실패했음을 인정하고 손실을 겸허하게 받아들이는 행위라고 할 수 있습니다. 이러한 손절은 장기투자를 하든, 중장기 스윙매매를 하든, 단타를 하든, 스캘핑을 하든, 투자 기간과 기법에 상관없이 주식투자에 있어 정말 중요한 개념입니다.

만약, 주식투자를 하면서 손절을 제때 하지 못하면 돌이킬 수 없는 상황에 빠지게 됩니다. 미리 손절했더라면 조금만 손해 보고 끝날 일을 계속 보유하다가 훨씬 더 큰 손해를 보게 됩니다. 최악의 경우엔 그동안 투자를 통해 벌었던 수익금을 한 종목 때문에 다 날리는 경우도 발생합니다.

손실 나는 것으로 끝이 아닙니다. 만약, 제때 손절하지 않고 계속 해당 종목을 보유한다고 가정합시다. 그러면 보유하는 기간 동안 투자자금이 묶여 다른 종목에 투자할 수도 없게 되니 기회수익을 날리는 것입니다. 이렇듯 손절은 손실 확대 가능성을 줄여주고 새로운 투자 기회를 제공하기 때문에 제대로 손절하는 것이 중요합니다.

투자자들이 하는 얘기를 듣다 보면 조금씩 수익을 내다가 한번의 투자 실패로 그동안의 수익을 모두 잃었다는 하소연을 가끔 들을 수 있습니다. 이는 그동안의 매매에서 수익이 났기 때문에 주가 회복이 될 거라 믿고 계속 기다렸다가 손실이 확대되었기 때문입니다. 만약, 이 사람이 손절을 제때 했더라면 어느 정도 손실은 봤겠지만 그동안의 수익은 지켰을 것입니다.

많은 개인투자자들의 오해 중 하나는 유명한 트레이더들이나 워런 버핏, 피터 린치 같은 투자의 대가들은 항상 수익만 본다고 생각하는 것입니다. 하지만 실상은 그렇지 않습니다. 그들도 여느 투자자들처럼 투자에 실패하는 경우가 있습니다. 다른 점은 그들은 자신만의 손절원칙에 따라 기계적으로 손절한다는 점입니다.

통상 성공적인 투자승률은 높게 잡아도 60~70% 정도입니다. 70% 정도의 승률이면 최상위 트레이더라고 보면 됩니다. 즉, 10개 종목을 사면 아무리 주식투자를 잘 하는 사람이라도 3~4개 종목에선 손해를 본다는 것입니다. 물론, 손익금액을 종합해보면 결과적으론 수익을 내고 있긴 하겠지만 세상의 어느 누구라도 손절로부터 자유로울 순 없습니다. 그렇기에 손절은 주식투자에 있어서 반드시 겪을 수밖에 없는 일이고 손절을 한다고 해서 자신이 주식투자를 못 하고 있는 게 아니니, 너무 좌절감을 느끼실 필요는 없습니다. 누구나 겪는 과정입니다.

기댓값 이론으로 보는 손절이 필요한 이유

투자 의사결정을 할 때, 성공할 확률과 실패할 확률이 비슷한 경우가 가끔 있습니다. 이럴 때는 기대 수익금과 기대 손실금을 계산해보면 됩니다. 기대 수익금이 기대 손실금액보다 크면 투자가 가능합니다. 50번 수익을 내고, 50번 손실을 냈는데 수익률이 10%고, 손실률이 5%이면 결국 시간이 지날수록 수익을 얻게 되는 구조입니다. 이를 좀 더 보편적으로 설명하면. 투자에서 성공하기 위해선 수익거래 시 수익 폭을 크게 만들고, 손실거래 시 손실 폭을 작게 만들어야 합니다. 그리고 손실 폭을 줄이는데 가장 필요한 습관은 손절입니다. 손실 기댓값이 수익 기댓값을 넘어서기 전에 손절을 해서 수익 폭을 더 크게 만들어야 합니다.

하지만 개인투자자들은 대부분 이익은 짧게 가져가고, 제때 손절을 하지 못해 손실은 길게 가져가곤 합니다. 이러면 결국 손실 기댓값만 커지게 됩니다. 이것은 자신만의 손절 원칙이 없기 때문으로, 이를 고치지 않으면 구조적으로 자산이 점차 줄어들게 되는 비극에 빠집니다. 이를 수학적으로 표현한 이론이 하나 있는데, 바로 기댓값 이론입니다.

기댓값은 이 공식으로 구할 수 있지만, 공식만 보면 이해하기 어려우니 한 가지 예를 들어보겠습니다.

어떤 기업이 대형 수주 계약 관련 발표를 앞두고 있는 상황을 가정해봅시다. 계약 성사 가능성은 약 70% 정도로 높은 수준인데 이미 이 소식이 시장에 알려져 이 기업의 주가가 많이 상승한 상황입니다. 그래서 계약이 성사된다고 해도 주가는 5% 정도 오를 것으로 예상됩니다. 하지만 계약이 무산되는 경우엔 다릅니다. 계약 무산 가능성은 30%이지만, 이미 계약 소식이 반영되어 주가가 많이 오른 상황이기에 계약이 무산되면 주가는 15% 정도 하락할 것으로 예상됩니다. 이럴 경우의 기댓값을 구해보겠습니다.

(1) 계약 성사 시: 70% × 5% = 3.5%

(2) 계약 실패 시: 30% × (-15%) = -4.5%

기댓값 공식에 따르면 계약 성사 시와 실패 시의 기댓값은 각각

3.5%와 −4.5로, 계약 실패 시의 기댓값이 더 높게 나옵니다. 단순히 보면 주가 하락에 배팅하는 것이 더욱 합리적입니다. 우리는 이 예시에서 계약 성사 확률을 주가가 상승할 확률로 바꾸고, 실패 확률을 하락 확률로 바꿔서 생각해 볼 필요가 있습니다.

어떤 종목의 주가가 70%의 확률로 상승하며 평균 5%의 수익률을 낼 수 있고, 반면 30%의 확률로 주가가 하락한다고 가정하겠습니다. 그렇다면 이 상황에서 수익을 내기 위해선 발생하는 기대 손실을 계산해야 합니다. 즉, 손실률이 얼마 이내여야 이러한 투자 전략에서 기댓값이 +가 되는지 찾아야 합니다. 이것을 공식으로 한 번 표현하면 다음과 같습니다.

* 수익 시의 기댓값 〉 손절 시의 기댓값
* 70% × 5% 〉 30% × 손절률
* 11.67% 〉 손절률

순서대로 손절률을 구해보면 기댓값을 0으로 만들어주는 손절률은 −11.67%입니다. 만약 −11.67%를 넘게 되면 기댓값이 다시 마이너스가 되기 때문에 −11.67% 이내에서 손절률을 잡아야 한다는 것입니다. 손절률을 10%로 잡은 상황에서의 기댓값도 계산해보겠습니다.

* 기댓값 = (70% × 5%) − (30% × 10%) = 0.5%

손절률을 -10%로 잡으면 매매 1번당 약 0.5%의 수익을 벌 수 있는 것으로 계산됩니다. 물론, 이는 어디까지나 단순한 수학적 계산이기에 실제 매매는 다를 수 있습니다. 하지만 이를 통해서 누적 수익을 내기 위해, 매매에서 이기기 위해 어떤 역할을 하는지, 그 중요성이 얼마나 큰지는 충분히 이해가 될 것이라고 생각합니다.

그런데 이 이론에 따르면, 손실률이 작을수록 기댓값이 커지기 때문에 손절라인(손절률)을 작게 잡으면 되는 것 아니냐고 생각할 수 있습니다. 즉, "손실이 나면 무조건 빨리 파는 게 좋다"라고 해석되기도 하지만 실제 매매는 이와 다르기 때문에 이렇게까지 생각하면 안 됩니다.

이 이론에서는 손절이 투자의 기댓값을 높이는 역할을 해준다는 것이고, 반드시 필요하다는 정도로 이해하시면 됩니다. 손절이 좋은 일은 아니지만, 수익을 얻기 위한 투자비용이라고 생각해 볼 필요는 있습니다. 사업을 하든, 자영업을 하든 비용 투자 없이 수익을 얻을 순 없습니다. 그렇기에 손절을 더 큰 수익을 얻기 위한 투자비용으로 인식한다면 보다 기계적으로, 냉정하게 손절을 하는데 도움이 될 것이라 생각합니다.

02

주식 투자자들 중에서 손절이 투자에 있어서 꼭 필요한 행위고, 기계적으로 실천해야 시장에서 살아남을 수 있다는 것을 알고 있는 분들도 많습니다. 투자에 대해 얘기하는 사람들이 강조하고, 어떤 주식 강의나 책을 봐도 손절을 중요하게 얘기합니다. 그런데 이를 실제로 실천하는 투자자의 비율은 20%도 안 될 것입니다. 다들 머리로는 이해하지만 실천하려면 망설이게 됩니다. 손절이라는 것이 정말 쉽지 않은 것이기 때문입니다.

호텔신라를 잘못 산 A씨

급락하는 호텔신라

　사례를 통해 그 부담감을 살펴보겠습니다. 누구나 공감할 만한 이야기입니다. 개인투자자 A씨는 어느 날 차트를 보다가 호텔신라가 급락하는 것을 발견합니다. 이에 A씨는 호텔신라가 급락으로 고점 대비 많이 떨어져 보여, 124,000원에 매수를 했습니다. 이렇듯 개인투자자들은 급락 이후에 반등이 나올 것이라는 근거 없는 믿음을 가지고 매수하는 경우가 꽤 많습니다만, 결과는 보통 좋지 않습니다. 어쨌든, 급락 후 반등이 나올 거라고 생각하고 매수한 이후, 주가는 A씨의 예상과 다르게 더 내려갑니다.

매수 후에도 내려가는 호텔신라

　반등은커녕, 계속해서 음봉만 내리꽂기 시작합니다. 이 시점에서, 자신만의 손절 기준이 있는 투자자들은 적정선에서 손절하고 나왔을 것입니다. 하지만 A씨는 따로 손절라인을 정해놓지 않았기에 계속해서 불안에 떨며 보고만 있습니다. 그러다 보니 어느새 손절하기엔 금액이 너무 커졌습니다.

　이 시점에서 A는 계좌를 볼 때마다 한숨을 쉬게 됩니다. 물론 가끔 뜨는 양봉에 기분이 좋아지고, 아무런 근거 없이 주가가 회복할 것이라는 믿음을 가지게 되는 단계입니다.

A씨의 믿음대로 올라오는 호텔신라

　　다행히도, A씨의 믿음대로 주가가 슬슬 올라옵니다. 어느새 매수
가까지 오고, 마이너스였던 잔고는 플러스가 됩니다. 하지만 A씨는
팔지 않습니다. 그동안 물려있던 기간을 생각하면 지금 매도하기에
너무 억울한 마음이 들기 때문입니다. 자신의 판단이 틀리지 않았
단 생각에 최소 5%의 수익은 봐야 만족할 것 같습니다.

2차로 하락하는 호텔신라

A씨의 예상은 또 한번 틀렸습니다. 다시 주가가 하락하기 시작합니다. 하지만 이제 A씨는 겁나지 않습니다. 이미 겪어봤었던 일이기에, 주가가 다시 올라갈 것이라 믿습니다. 다시 손절은 생각도 안 하고 기다립니다.

시간이 조금 흘렀습니다. 주가는 이전 하락 지점까지 갔다가 다시 상승하는 중입니다. A씨는 생각합니다. '쌍바닥 찍었고, 이젠 상승추세니까 먹을 일만 남았다'라고 스스로에게 최면까지 걸게 됩니다.

이제 상승추세만이 남은 것 같은 A씨

안타깝게도 이번에도 예상과 다르게 하락세가 계속됩니다. 물론, A씨는 이때까지도 다시 오를 것이라는 확신을 가지고 있습니다. 하지만 그 믿음을 확실히 깨부수듯, 바닥을 뚫고 내려갑니다. 이전과 다르다는 느낌은 오지만 A씨는 애써 부정합니다. 우량주니까 다시 오를 것이고, 이때까지 기다린 게 아까워서 차마 손절하지 못하고 있습니다.

본격적인 비극이 시작되는 호텔신라

이제 엄청나게 하락하기 시작하며 본격적인 비극이 찾아옵니다. 이전과는 비교도 안 될 정도로 주가가 내려갑니다. 124,000원에 매수 한 주식이 1주당 90,000원까지 내려갑니다. 이쯤 되면 강제로 장기투자자가 되어버릴 정도로, 아예 손절은 생각하지도 못하게 됩니다.

A씨의 매수가보다 한참 아래서 형성된 바닥

급격했던 하락세가 진정되고, 주가가 바닥을 다지는 모습을 보입니다. 하지만 A씨는 웃을 수 없습니다. 하락이 멈추었을 뿐이지, 이미 계좌는 만신창이가 되었기 때문입니다. A씨는 1년이든, 5년이든 주가가 다시 올라올 때까지 기다리기로 마음을 먹습니다. 하지만 4년이 지난 2021년인 지금도 124,00원은커녕 100,000원 근처에도 가지 못하고 있습니다.

호텔신라를 산 A씨의 사례를 통해 주가 흐름에 따른 개미들의 심리와 손절을 하지 못하는 이유, 그리고 손절을 제때 하지 못했을 때 어떻게 되는지 알아보았습니다. 어디서 많이 본듯한, 누구에게나 일어날 수 있는 일이기도 합니다. A씨가 만약 적정 타이밍에 손절을 했다면 일부 손해만 보고 끝났을 터이지만, 제때 손절을 못했기에 결국 강제로 장기투자자가 되고, 기회비용을 날리게 되었습니다.

제일 위험한 믿음

이렇듯 손절이 어려운 이유는 여러 가지가 있겠지만 가장 큰 이유는 자신이 매수한 종목이 언젠가 오를 거라는 근거 없는 믿음 때문입니다. 투자에서는 심리가 생각보다 큰 영향을 끼칩니다. 특히, 개인투자자들은 이런 경향에 자주 휘둘리곤 합니다. 이는 본인만의 원칙이 없거나, 옆에서 누가 계속 말해주지 않는 경우엔 사람이 확증편향에 빠지기 쉽기 때문입니다. 그래서 "이 종목은 언젠가 오를 건데 손해를 보고 왜 팔아?"라는 생각에 빠지는 것입니다.

물론, 이 생각대로 언젠가 주가가 다시 오를 확률도 있습니다. 하지만 그 확률은 아무도 장담할 수 없습니다. 오히려 다시 오를 확률보다 계속해서 하락해 물리게 될 가능성이 더 높을 수도 있습니다. 그러니 이처럼 근거 없는 믿음은 지양하는 게 좋습니다.

사람인 이상, 어떻게 하더라도 손절을 좋게 생각할 수 없는 건 사실입니다. 손실 폭을 축소했다는 순기능을 알지만, 손절을 하는 그 순간만은 누구나 기분이 안 좋습니다. 이러한 감정적인 부분들도 실제 손절을 방해하는 요소 중 하나입니다. 시장이 명확한 하락 신호를 보내고 있고, 손실 폭이 커지는데도 그 불쾌한 경험을 피하고 싶어서 애써 무시하는 경우도 많습니다.

개인투자자들에겐 그 어떤 행위보다 막연한 믿음이 제일 위험한 함정입니다. 확증편향에 의거한 근거 없는 믿음을 떨쳐내고, 자신이 투자에 실패했다는 사실을 객관적으로 받아들일 수 있는 사람은 몇 없을 것입니다. 특히, 투자경력이 짧을수록 더 그렇습니다. 하지만 이 과정을 회피하고 무시하면 안 됩니다. 실천하기는 어렵지만 계속해서 손절하는 습관을 들여야 합니다. 그래야 손실은 최소화하고, 수익은 크게 가져감으로써 장기적으로 수익을 얻을 수 있게 됩니다. 이 시장에서 살아남고, 성공한 투자자가 되기 위해선 적절한 시점에 기계적으로 손절하는 습관이 반드시 필요합니다.

03

정액손절법: 손절률이 아니라 금액으로 손절하기

"손절은 '언제' 해야 합니다"라는 정확한 기준은 없습니다. 손절에 대한 기준은 자신이 감당할 수 있는 수준에서 정하면 됩니다. 계속해서 주식투자 경험을 쌓다 보면 본인에게 맞는 손절 라인을 찾을 수 있겠지만, 처음에는 감을 잡기 어렵습니다. 그런 분들을 위해 몇 가지 손절 방법에 대해서 소개해드리려고 합니다. 우선 정액손절법입니다. 간단히 요약해보자면, 손절률을 기준으로 잡는 게 아니고, 손절 금액(정액)을 정해서 진행하는 방법입니다.

정액손절법은 자신이 감당 가능한 수준의 손절액을 정하고 이를 기준으로 적정 주식수를 구하면 됩니다. 이 방법을 사용하면 자신이 원하는 대로 다양한 손절 라인을 정할 수 있고, 손절 금액이 너무 커지지 않도록 제한할 수 있는 효과를 얻을 수 있습니다.

정액손절법 공식

(1) 주식수 = 손절 금액 / (매수가 − 손절가액)

(2) 투자금 = 매수가 × 주식수

단, 손절가액을 너무 타이트하게 설정한 경우, 투자 금액이 과다하게 나올 수 있습니다. 그래서 손절금액과 동시에 최대 투자 가능 금액도 같이 정해두고 그 범위 내에서만 투자금을 운용하는 게 좋습니다. 이제 사례를 통해 살펴보겠습니다.

5,000만 원의 투자자금을 갖고 네이버에 투자를 해보겠습니다. 최대 투자 가능 금액은 2,000만 원, 정액손절금액은 200만 원으로 가정하고 진행하겠습니다.

매수가는 452,500원입니다. 손절가를 10일 이평선 이탈 지점인 354,350원으로 설정하면 다음과 같이 나옵니다.

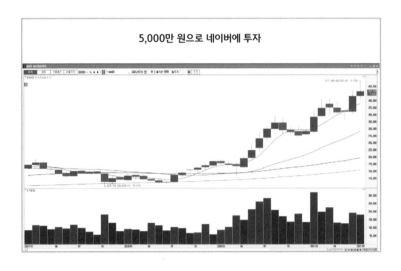

5,000만 원으로 네이버에 투자

(1) 주식수 = 2,000,000원 / (452,500원 - 354,350원) = 20주

(2) 투자금액 = 452,500 × 20주 = 9,220,581원

계산대로라면 네이버를 매수할 때, 9,220,581원의 투자금으로 20
주를 매수한 뒤, 손실 금액이 200만 원을 넘어가는 순간 미련 없이
손절하면 됩니다.

같은 조건으로 NPC라는 종목에 투자를 해보겠습니다. 투자자
금, 최대 투자 가능 금액, 정액 손절 금액은 모두 동일하게 각 5,000
만 원, 2,000만 원, 200만 원입니다.

매수가는 5,450원이고, 손절가는 볼린저밴드 상단선인 5,243원
이라고 가정하고 진행합니다.

같은 조건(5,000만 원)으로 NPC에 투자

(1) 주식수 = 200만 원 / (5,450원 - 5,243원) = 9,662주

(2) 투자금액 = 5,450원 × 9,662주 = 52,657,005원

앞서 언급했듯이 이런 경우가 손절가액이 너무 빠듯해서 투자금액이 너무 과다하게 나온 경우입니다. 이럴 경우엔 미리 정해놓은 최대 투자 가능 금액을 매수가로 나누어 주식수를 구하면 됩니다.

(1) 매수 주식수 = 2,000만 원 / 5,450원 = 3,670주

이에 따르면 최종적으로 3,670주만 매수를 진행하면 되고, 손실금액이 200만 원을 넘어가는 순간 손절을 실행하면 됩니다.

정액손절법은 손절이 익숙하지 않은 투자자분들에게 매우 유용

한 방법입니다. 정액손절법은 손절률이 적을수록 투자 금액이 늘어나고, 손절률이 커질수록 투자 금액이 줄어들게 됩니다. 그래서 손실 노출 위험도가 자동으로 조절되어서, 손절이 어려운 투자자 분들에게 꼭 추천 드립니다.

04

'2% 룰'을 통한 손절법

정액손절법이 가장 쉽게 실천할 수 있는 방법이라면, 지금부터 설명할 '2% 룰'은 손실을 관리하는 방법론 중 가장 대중적인 방법입니다. 2% 룰의 핵심은 1회 매매의 손실금액을 총자산의 2% 수준으로 제한하는 것입니다. 만약 자신이 가진 투자자금이 1,000만 원이라면 1회 매매시 발생하는 손실을 20만 원을 넘지 않게 하는 것입니다. 단, 주의할 점은 투입자금이 아니라, '손실'을 2%로 제한한다는 점입니다. 2% 룰에 따라 투입자금을 계산하는 공식은 다음과 같습니다.

투입자금 = (투자자금 총액 * 0.02) / 손절기준 손절률

좀 더 쉬운 이해를 위해서 예시를 들어 보겠습니다. 1,000만 원의 투자금을 보유한 투자자 A씨가 손절라인을 5%로 잡고 매매를 진행한다고 가정해보고, 2% 룰에 따라 투입자금을 구해보겠습니다.

* 투입자금 = (1,000만 원 × 2%) / 5% = 400만 원

계산에 따르면, 이 종목에는 총 400만 원을 투자해야 되고, 손절 기준인 수익률이 –5%가 되면 손절을 해야 됩니다. 이럴 경우 손절 금액은 20만 원이 되고, 이는 전체 보유 투자금액의 2% 선입니다. 정해진 비율에 따라서만 손해를 보고 끝나게 됩니다.

* 투입자금 = (1,000만 원 × 2%) / 10% = 200만 원

물론, 손절률을 개인 취향에 맞게 다르게 가져가셔도 됩니다. 5%도 되고, 10%도 되고, 15%도 됩니다. 단, 손절률이 바뀜에 따라 투입자금의 규모도 낮아지기 때문에 기대수익도 낮아진다는 점은 알아두셔야 합니다. 만약, 위 사례에서 손절률을 5%가 아니라 10%로 적용한다면 투자금액은 400만 원에서 200만 원으로 줄어들게 되는 것입니다.

이 2% 룰을 통해 매매를 진행했는데 만약 수익이 나서 자본금이 늘어난다면, 늘어난 자본금을 기준으로 2% 룰을 다시 적용해

서 매매를 하면 됩니다.

* 투입자금 = (1,080만 원 × 2%) / 5% = 432만 원

만약, 앞선 사례에서 400만 원을 투자해 20%의 수익이 났다고 가정해보겠습니다. 그럼 다음 매매에서는 80만 원의 수익금을 더한 1,080만 원을 기준으로 2% 룰을 적용하면 됩니다. 손절선은 동일하게 5%로 정할 경우, 투입자금은 기존 400만 원에서 32만 원 늘어난 432만 원이 됩니다. 즉, 투자를 통해 이익이 나게 되면 투자 금액도 조금씩 늘어나는 구조인데 이를 통해 복리효과를 소소하게 누릴 수 있습니다. 물론, 중간중간 손실이 나서 다시 원금이 줄어들 수도 있다는 점에선 순수한 의미의 복리효과라고 할 순 없지만, 장기적으로 본다면 복리효과를 누리는 점은 사실입니다.

결국 2% 룰을 통해 매매를 한다면 수익이 난 경우엔 적은 금액이지만 장기적으로 봤을 때 꾸준히 자산이 증가하게 됩니다, 손실이 난 경우에는 손실금액을 2% 내에서 제한하기에 수익성과 안정성을 동시에 챙길 수 있는 효과를 볼 수 있습니다.

물론, 큰돈을 버는 방법은 아닌 것처럼 느껴질 수도 있습니다. 하지만 주식시장에서 큰 돈만을 노리는 것은 위험할 수 있습니다. 이런 생각을 가지시고 투자에 임하면 결국 룰을 어기고 특정 종목에 자금을 무리해서 넣었다가, 큰 손해를 볼 확률이 높습니다. 주식으로 큰돈을 벌기 위해 필요한 것은 리스크를 감수하면서 한 방 투자

를 추구하는 것이 아닙니다. 리스크를 최소화하고, 조금씩 나는 수익을 모아 복리로 불려 나가는 투자방식이 필요합니다.

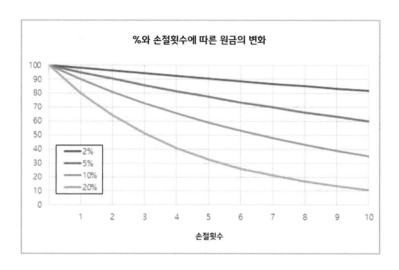

좀 더 확실한 이해를 위해 2% 룰 대신 5%, 10% 룰을 적용해 비교해보겠습니다. 2%, 5%, 10%를 적용해 매매에서 연속으로 손해가 났을 때 원금이 어떻게 변화하는지 살펴보도록 하겠습니다.

(1) 2% : 10회 연속으로 손절 시, 원금의 약 80%가 남아있음
(2) 5% : 10회 연속으로 손절 시, 원금의 약 60%만 남아있음
(3) 10% : 10회 연속으로 손절 시, 원금의 약 30%만 남아있음

이렇듯, 한두 번의 거래 정도야 크게 차이는 안 나겠지만 거래가

누적될수록 손해액의 차이가 엄청나게 커집니다. 이 또한 복리가 적용되기 때문입니다. 그렇기 때문에 손실관리에 미숙하거나 매매 실력이 부족한 투자자일수록 2% 룰을 지키는 것이 장기적으로 더 좋습니다.

앞서 말했듯이 이 2% 룰의 장점은 안정성이 뛰어나 시장에서 지속적으로 생존할 수 있고, 장기적으로 봤을 때 복리효과로 인한 큰 수익을 가져 준다는 점입니다. 만약, 매매에서 수익을 볼 확률과 손실을 볼 확률이 각 50%인 반반이고, 수익이 났을 때의 수익률은 5%, 손실은 2% 룰에 따라 2%로 가정해보겠습니다.

(50% × 5%) − (50% × 2%) = 1.5%입니다.

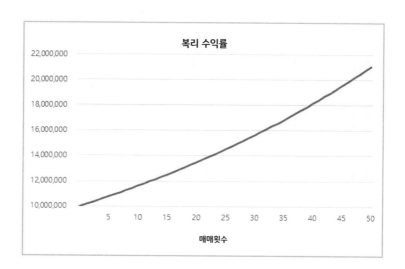

1,000만 원의 투자금을 이 조건에 따라 매매를 50번 한다고 가정하면, 1,000만 원이었던 투자 원금이 50번의 매매 후에는 21,052,424원이 됩니다. 이때 수익률은 110.05%이 나옵니다. 이것이 어마어마한 복리의 마법입니다. 그렇기에 2% 룰을 적용해서 매매해도, 꾸준히 살아남기만 한다면 그 수익은 무시할 수 없습니다.

또한 2% 룰을 적용하면 심리적으로 손절하기가 대단히 편해집니다. 투입금액이나 손실금액이 엄청 크지 않기 때문에 손절을 보다 쉽게 할 수 있습니다. 총자산의 2% 정도는 결코 손절하기 부담스러운 금액은 아니기 때문입니다. 물론, 2%도 아까운 금액은 맞습니다. 그래도 대부분의 투자자들이 충분히 감내할 수 있는 수준입니다. 단점을 굳이 꼽자면 단기적인 시각에서는 비교적 기대수익이 적고, 한 번에 큰 수익을 얻는 것이 거의 불가능하다는 점입니다.

결론적으로 2% 룰을 통한 매매는 매매 1회당 기대수익이 크지 않아 단기적으로 보면 크게 매력적이지 않을 수 있습니다. 하지만 탁월한 손실관리를 통한 뛰어난 안정성 덕분에 2% 룰을 기반으로 장기적으로 꾸준히 매매를 진행한다면 복리를 통해 큰 수익을 얻을 수 있습니다.

⑴ 조금 지루하지만 안정적으로 투자할 수 있고, 복리를 통해 꾸준히 수익을 내는 투자
⑵ 단기적으로 큰 수익을 얻을 수 있지만 크게 잃을 수 있는 한

방 투자

    개인투자자가 험난한 시장에서 오래 살아남기 위해서는 당연히 1번처럼 투자해야 합니다. 100명의 전문투자자들에게도 물어본다면, 전부 다 1번이라고 대답할 것입니다. 그렇기에 개인투자자들이 수익성, 안정성 두 마리 토끼를 동시에 잡기 위해서는 2% 룰을 활용해보는 것을 추천드립니다. 복리효과로 장기적으로 보면 결코 적은 수익이 아니기 때문에 단기적인 접근보다는 장기적인 시각으로 접근해보길 바랍니다.

05

나의 투자패턴 파악하기

프라임PB
영상으로
확인하기

　주식투자에서 성공하기 위해서는 좋은 종목을 고르는 종목 선정과 함께 좋은 매매 방법이 필요합니다.

　지피지기면 백전백승이라는 말이 있듯이 자신의 투자패턴이 어떠한지 객관적으로 파악해보고 잘하는 다른 사람들의 투자패턴과 비교해 보면서 자신만의 좋은 매매 방법을 세울 수 있습니다. 그런데 자신의 투자패턴을 스스로 파악하는 것은 어렵습니다. 자기 자신을 객관적으로 바라보고 평가하기가 쉽지 않기 때문입니다. 그렇기에 자신의 투자패턴을 파악하고 싶은 개인투자자들은 전문가에게 의뢰해 진단을 받아 나쁜 습관을 고치기도 합니다.

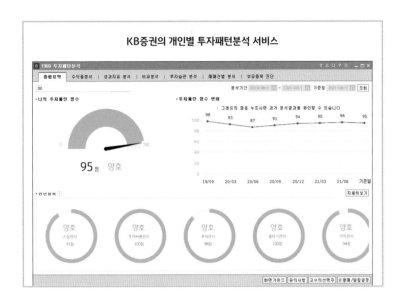

저희 KB증권에서는 개인투자자들을 대상으로 개인별 투자패턴 분석 서비스를 제공하고 있습니다. (H-able 화면번호#1960)

이 서비스는 투자자의 과거 2년 동안의 거래내역을 기반으로, AI의 분석을 통해 투자패턴을 개선해주는 서비스입니다. 손실관리, 투자비중관리, 추세관리 등 여러 진단항목에 대해 진단점수와 개선 방향을 함께 제안하고 있습니다. 또한 수익률 분석, 성과지표 분석, 비교분석, 투자습관 분석 등을 통해 투자패턴을 개선하는 데 도움을 드리고 있습니다. 이를 기반으로 본인의 투자패턴에 대한 전문적인 분석 및 상담 서비스 또한 제공하고 있습니다. 실제 계좌를 살펴보며, 어떤 식으로 투자패턴을 개선할 수 있는지 알아보겠습니다.

A계좌

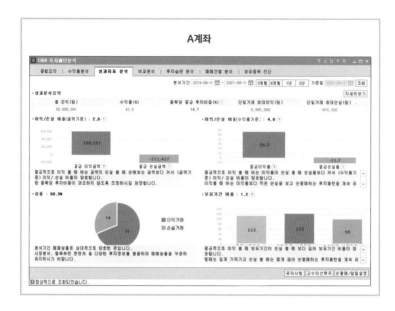

B계좌

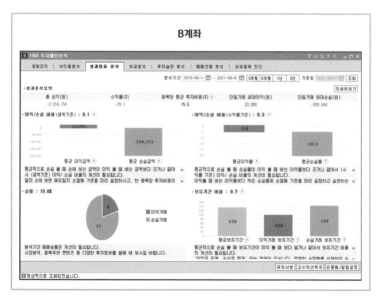

위 화면은 투자패턴분석 중 성과지표분석 화면입니다. A계좌는 43.8%의 수익률을, B계좌는 -29.1%의 수익률을 보여주고 있습니다. 이 두 계좌가 이렇게 차이나는 이유를 알아보겠습니다.

주식투자는 수많은 매매의 반복이기에, 이익을 낸 거래와 손실을 낸 거래의 차이를 비교하며 문제점을 찾는 것이 중요합니다.

A계좌의 평균 이익금액은 598,187원이고 평균 손실금액(-)은 211,427원입니다. 금액기준 이익/손실 비율은 평균 이익금액 598,187원 ÷ 평균 손실금액 211,427 = 2.8이 나옵니다. 이익 나는 거래에서 손실 보는 거래에 비해 평균적으로 2.8배 더 번다는 뜻입니다.

반면 B계좌의 평균 이익금액은 21,701원이고 평균 손실금액(-)은 194,773원입니다. 금액기준 이익/손실 비율은 평균 이익금액 21,701원 ÷ 평균 손실금액 194,773 = 0.1이 나옵니다. 이익 나는 거래에서 손실 보는 거래에 비해 평균적으로 0.1배밖에 벌지 못한다는 뜻입니다.

이렇게 되면 아무리 승률이 높아도 벌 때보다 잃을 때 훨씬 더 많은 금액을 잃기 때문에 누적으로 보면 손해가 날 수밖에 없습니다. 보통 이런 경우엔 이익 나는 거래에서는 빨리 매도해 이익을 실현하고 손실 보는 거래에서는 손절매 하지 않고 기다리다가 손실금액이 커진 후에 뒤늦게 손절매하는 경우가 많습니다

수익률 기준으로 봐도 비슷합니다.

A계좌의 평균 이익률은 56.3%이고 평균 손실율(-)은 11.7%입니다. 수익률기준 이익/손실 비율은 53.3% ÷ 11.7% = 4.8이 나옵니다. 이는 1% 손실 볼 때 평균적으로 4.8% 이익 본다는 의미와 같습니다. 이런 경우는 승률이 낮다 하더라도 이익 볼 가능성이 높습니다.

반면 B계좌의 평균 이익률은 5.8%이고 평균 손실율(-)은 20.3%입니다. 수익률기준 이익/손실 비율은 5.8% ÷ 20.3% = 0.3이 나옵니다. 이는 1% 손실 볼 때 평균적으로 0.3% 이익 본다는 의미와 같습니다. 이런 경우는 승률이 높다 하더라도 손실 볼 가능성이 높습니다. 꾸준히 수익을 내는 투자자분들의 투자패턴을 살펴보면 평

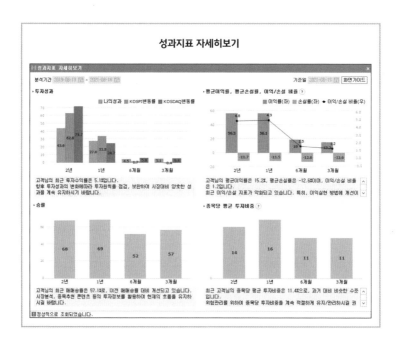

균 이익금액이 평균 손실금액 보다 더 큰 경우가 많고, 평균 이익률 또한 평균 손실률에 비해 높은 수치를 기록하고 있습니다. 즉, 돈을 벌기 위해선 벌 때 많이 벌고, 잃을 때 적게 잃는 방식으로 투자패턴을 개선해야 된다는 것입니다.

상세 화면에서는 투자성과, 이익/손실 비율, 승률, 종목당 평균 투자비중 등의 투자패턴이 어떤 방향으로 변화하고 있는지 추이도 확인할 수 있습니다. 자기도 모르는 사이 어느새 투자패턴이 나쁜 방향으로 변하고 있으면, 본인의 매매패턴을 재점검해보고 개선하는 데 도움이 됩니다.

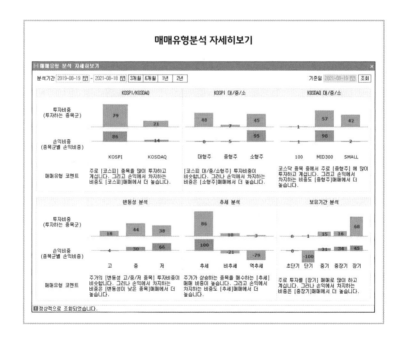

매매유형 분석 자세히보기 화면에서는 많이 투자하는 종목군과 어느 종목군에서 많이 벌고 있는지 비교해서 볼 수 있습니다.

위 화면에서 코스피 대/중/소 항목을 보면 코스피 대형주와 소형주의 투자비중은 비슷한 수준인데 대형주보다는 소형주에서 많이 벌고 있는 투자자입니다. 이런 경우 대형주 투자비중을 줄이고 소형주 투자비중을 늘려서 더 좋은 투자성과를 기대해 볼 수 있습니다.

각 매매의 매수/매도 시점과 그 결과인 손익 그래프를 같이 제공해 많이 번 거래 또는 많이 잃은 거래를 복기해 볼 수 있는 화면입니다. 특히, 많이 잃은 종목의 매매 내역을 확인해보고 같은 실수를 반복하지 않는 힌트를 얻을 수 있습니다.

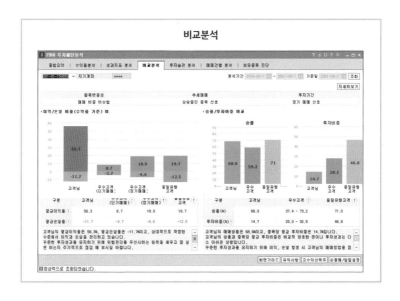

마지막으로 비교분석 화면에서는 이익/손실 비율과 승률, 종목별 투자비중 등의 항목에 대한 본인의 데이터를 우수고객, 본인과 동일한 유형의 고객과 비교 분석하는 화면입니다. 이 분석을 통해 본인이 잘하는 부분은 더욱 살리고 부족한 부분은 개선해 투자성과를 높이는 데 도움이 될 수 있습니다.

보통 좋은 종목을 잘 골라서 승률을 높이면 주식투자에서 성공할 수 있다고 생각하는 투자자들이 많습니다. 그러나 주식투자의 영역에서 좋은 종목을 고르는 것보다 좋은 매매방법을 갖는 것이 더 중요할 수 있습니다.

주식은 고위험 상품입니다. 우리는 고위험 상품을 손에 쥐고 있으면서 '돈을 버는' 최종 목표를 이루기 위해 노력하고 있습니다. 돈을 버는 목표를 이루기 위해서는 그 과정에서 크게 다치지 않아야 한다는 점을 기억해야 합니다. 크게 다치면 '돈을 버는' 처음의 목표는 사라지고 '본전만 되면 그만 두겠다'는 목표로 바뀌게 됩니다. 많이 잃지 않고 계좌가 살아남아 있어야 조금 벌든, 많이 벌든 '돈을 버는' 목표를 달성할 수 있습니다.

적극적으로 위험관리를 하는 투자방법이 크게 다치지 않는 방법입니다. 그리고 분산투자와 손절매는 가장 기본적인 위험관리 방법입니다. 투자패턴분석 화면을 통해 본인의 매매패턴을 확인해보고 우수한 성과를 내는 사람들과 비교해 위험관리를 우선시하는 매매방법으로 개선해 투자에 성공하길 바랍니다.

정리

지금까지 손절에 대해 이야기를 해보았습니다. 주식투자를 함에 있어서 손실관리의 중요성은 몇 번을 강조해도 지나치지 않다고 생각합니다. 손실관리의 최우선 목표는 '수익'이 아니라 '생존'입니다. 손실을 보더라도 생존만 한다면 다음 투자기회가 다시 찾아오고, 이를 통해 그동안의 손실을 만회할 수 있습니다. 하지만 생존 자체를 위협할 수준의 손실을 보게 되면 그 후유증은 엄청나게 큽니다. 한 방에 대박을 노리고 투자했다가 성공하면 큰 수익을 얻을 수 있는 것은 사실입니다.

하지만 성공할 확률은 말 그대로 미지수입니다. 그리고 그로 인한 손실도 알 수 없습니다. 반대로 대박을 노렸다가 실패한다면 그 이후 손실을 회복하는 과정이 엄청나게 힘들 것입니다. 그렇기에 개인투자자일수록 수익보다는 생존을 우선시하는 마인드를 가져야 시장에서 오래 투자할 수 있습니다.

시장에서 오래 살아남기 위해서는 다양한 필수요건이 있습니다. 꾸준한 공부를 통해 종목을 보는 눈을 길러야 하고, 분산투자와 분할매수 원칙을 통해 리스크를 줄여야 하는 등과 같은 것들입니다. 그리고 여기에 더해 '복기를 통해 같은 실수를 반복하지 않는 것'도 필수요건이라고 생각합니다. 만약 10번의 투자를 해서 6번은 수익을 얻었고, 4번은 손실을 본 사람은 성공한 투자자라고 보기 어렵습니다. 단순히 보면 승률이 60%이니 성공했다고 생각할 수 있지만 이 4번의 손절에서 무엇을 배웠는지가 중요하다고 생각합니다. 4번의 손절에서 자신이 왜 이 투자에 실패했는지, 그 원인이 무엇이고, 앞으로 어떻게 개선해야 하는지를 파악해 추후 같은 실수를 반복하지 않아야 성공할 수 있습니다.

이렇게 스스로 공부하는 과정에서 한번의 투자 실패로 큰 손실이 발생해 시장에서 퇴출되는 불상사를 막아주는 장치가 '손절'입니다. 물론, 손절을 기계적으로 한다는 것이 처음에는 쉽지 않습니다. 그래도 성공적인 투자생활을 위해서 반드시 필요한 습관임을 다시 한번 인지하고, 괴로워도 몸에 익히는 것을 추천드립니다.

심화

04

성공하는 투자자는 남들과 다른 것을 본다

01

앞서 설명한 전자공시시스템, 즉 다트(dart.fss,or.kr)는 투자자들의 투자 판단을 돕기 위해서 특정 기업에 관련된 정보를 쉽게 열람해 볼 수 있도록 구축한 시스템이라고 밝혔습니다. 개인투자자들은 대부분 이 다트를 잘 활용하지 않는 편인데, 특정 기업에 투자하기 전에 반드시 다트를 통해 기본적인 보고서 정도는 살펴봐야 합니다.

다트에 대해 다시 설명하자면, 대한민국에 존재하는 많은 기업들은 사업보고서, 반기보고서, 분기보고서 등 다양한 보고서를 다트를 통해서 공시합니다. 그중에서도 주로 살펴보셔야 할 것은 사업보고서, 분기보고서, 감사보고서, 이 세 가지 보고서입니다. 당연한 말일 수도 있지만, 여러 보고서들 중에서도 가장 최근에 발행된 분기

보고서가 제일 중요하다고 생각합니다. 물론 사람마다 다 다르기 때문에 어떤 보고서가 제일 좋다고 단언할 수는 없습니다.

코스피, 코스닥에 상장된 주식회사부터 비상장 주식회사까지 대한민국에 존재하는 거의 대부분의 회사들이 자신들의 경영상태를 다트를 통해 공시하기 때문에 주식투자에 필요한 많은 정보를 손쉽게 얻을 수 있습니다. 전문가들도 당연히 다트를 자주 활용합니다. 주식 투자자라면 다트 활용은 필수입니다.

그래서 이번에는 다트를 활용하는 팁을 알려드리려고 합니다. 각종 보고서를 통해서 기업개황이나 재무 상태를 살펴보는 일반적인 내용은 다른 주식 관련 책에서도 다루는 내용들이라 제외하고 전자공시에서 가장 중요하다고 생각하는 분기(반기)보고서 내 '자본금 변동사항'과 '연결재무제표 주석'에 대해서 간단히 설명드리겠습니다.

영업이익(영업손실)-당기순이익(당기순손실) 차이 확인

본인이 투자한 종목의 재무상태를 보다 보면 가끔 영업이익은 마이너스인데 당기순이익이 플러스인 종목들이 있습니다. 물론, 자주 있는 경우는 아니겠지만 가끔 그런 종목이 눈에 보일 것입니다. 이러한 경우는 대체로 지분법으로 인해서 투자지분을 통해 얻은 수익이 당기순이익으로 인식되기 때문입니다. 이는 전자공시시스템 - 분기보고서 - 연결재무제표 주석에서 쉽게 확인할 수 있습니다.

HTS에서 볼 수 있는 기업분석

IFRS(연결)	Annual				Net Quarter			
	2018/12	2019/12	2020/12	2021/12(E)	2020/09	2020/12	2021/03	2021/06(E)
매출액	215	187	107		29	25	24	
영업이익	12	-18	-05		-7	-38	-6	
영업이익(발표기준)	12	-18	-65		-7	-38	-6	
당기순이익	638	-74	212		79	17	973	
지배주주순이익	640	-74	212		79	16	973	
비지배주주이익	-1	0	0		0	1	0	
자산총계	2,819	3,268	4,038		3,602	4,038	5,706	
부채총계	396	777	696		879	696	1,381	
자본총계	2,423	2,491	3,342		2,723	3,342	4,325	
지배주주지분	2,423	2,491	3,342		2,723	3,342	4,325	
비지배주주지분	0	0	0		0	0	0	
자본금	127	170	228		173	228	228	
부채비율	16.32	31.21	20.83		32.26	20.83	31.92	
유보율	1,812.47	1,365.69	1,369.04		1,470.69	1,369.04	1,793.96	

이렇게 말로 설명만 하면 이해하기 어려울 수도 있으니 사례를 통해서 한번 보겠습니다. 고객 한 분이 비덴트(121800)이라는 종목의 21년 1분기 재무제표를 보고 문의하신 적이 있었습니다. 재무제표상에서 영업이익이 마이너스가 났는데 당기순이익이 엄청나게 높게 나와서 어떻게 해석해야 될지 모르는 경우가 대부분입니다. 그래서 제가 이유를 찾아보니까 당시 비덴트가 가상화폐 거래소 중 하나인 빗썸의 지분을 보유하고 있어 빗썸의 이익이 비덴트의 당기순이익으로 반영되었기 때문이었습니다. 세부적인 내용을 살펴보기 위해 다트에서 직접 분기보고서를 열람해보도록 하겠습니다.

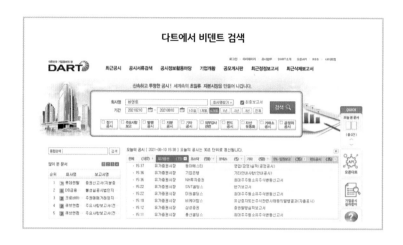

우선 다트에 들어가서 비덴트를 검색해보겠습니다. 비덴트를 쳤
을 때 뜨는 여러 보고서들 중 가장 최근 분기 보고서를 클릭해서
열어 봅니다(2021년 1분기).

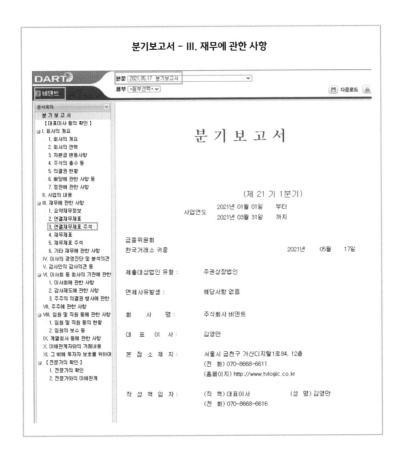

분기보고서를 열어보면 왼쪽에 목차가 뜨는데, 여기서 'Ⅲ. 재무에 관한 사항'을 찾습니다.

그리고 그 아래 '3. 연결재무제표 주석'을 클릭합니다.

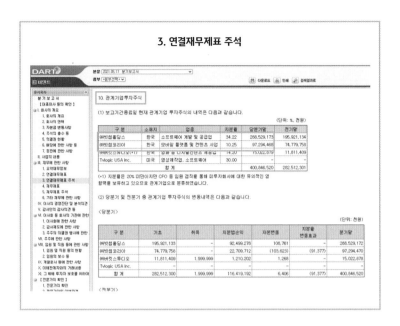

3. 연결재무제표 주석

연결재무제표 주석에 들어가서 아래로 내려가다 보면 관계기업
투자주식이라는 항목이 있는데 여기서 우리가 원하는 정보를 찾
을 수 있습니다. 여길 보면 관계기업에 투자한 주식 회사, 업종, 지분
율 등의 투자주식 내역이 세부적으로 공시되어 있습니다. 비덴트
의 경우 빗썸홀딩스 34%, 빗썸코리아 10.25%, 버킷스튜디오 14%
지분을 가지고 있습니다.

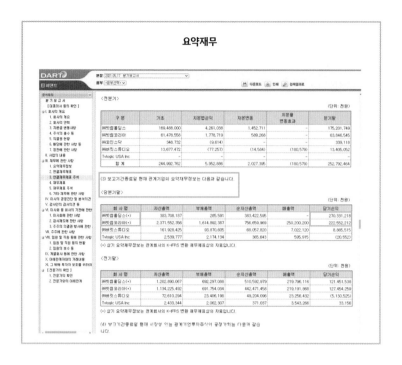

투자 기업과 지분율을 확인하고 나서 조금 더 밑으로 내려가 관계기업들의 요약재무를 한번 보겠습니다. 빗썸홀딩스는 당기손익이 2,700억 원을 기록했는데, 빗썸홀딩스의 지분을 34% 가진 비덴트가 당기손익의 34%인 약 918억 원을 가져갑니다. 그리고 또 다른 회사인 빗썸코리아의 지분을 10.25% 가졌기에 빗썸코리아 당기손익 2,225억 원의 10.25%인 222억 원을 비덴트가 가져갑니다.

다시 한번 비율대로 계산한 결과는 다음과 같습니다.

빗썸홀딩스에서 2,700억 원 × 34% = 918억 원

빗썸코리아에서 2,225억 원 × 10.25% = 222억 원

총 1,140억 원의 이익을 비덴트는 지분투자를 통해 앉아서 받아오는 것입니다. 그리고 기타 다른 곳에서도 24억 원을 받아와 총 1,164억 원을 지분투자로 받게 되는 것입니다.

정확한 순이익은 연속 포괄손익계산서에서 확인

물론, 지분 투자로 얻은 이익에도 세금을 내야 하기 때문에 연결

재무제표 상의 손익계산서를 봐야 정확한 순이익을 알 수 있습니다. 비덴트의 경우엔 총 1,1164억 원에서 법인세 비용 약 177억 원 정도를 제외하면 총 972억 원 정도의 순이익을 얻게 된 것입니다.

비덴트가 이 지분을 팔지 않는다면, 계속해서 지분투자를 통해 이익을 챙겨갈 수 있을 것입니다. 보통 자신이 보유하고 있거나 추후 매수하고자 하는 종목이 영업이익은 적자인데 당기순이익이 높다거나(좋음) 반대로 영업이익은 큰데 당기순손실이 과다한 경우(안 좋음) 분기 보고서상의 연결재무제표 주석을 통해 지분투자 여부를 확인해보도록 해야 합니다.

여기서 하나 더 알아두면 좋은 케이스가 있습니다. 앞서 살펴본 비덴트처럼 지분법으로 인해 순이익이 늘어난 경우도 있지만, 단순 1회성 이벤트로 인해서 특정 분기만 실적이 좋은 경우도 종종 발생합니다. 작년에 상장된 SK바이오팜의 사례를 보겠습니다.

SK바이오팜

IFRS(연결)	Annual				Net. Quarter			
	2018/12	2019/12	2020/12	2021/12(E)醬	2020/09	2020/12	2021/03	2021/06(E)醬
매출액	11	1,239	260	2,201	39	161	1,400	212
영업이익	-1,391	-793	-2,395	-728	-630	-535	759	-474
영업이익(발표기준)	-1,391	-793	-2,395		-630	-535	759	
당기순이익	-1,381	-715	-2,474	-271	-631	-581	1,290	-414
지배주주순이익	-1,381	-715	-2,474	-272	-631	-581	1,290	
비지배주주순이익	0	0	0		0	0	0	
자산총계	955	1,391	5,002	5,082	5,608	5,002	6,236	
부채총계	369	1,521	1,212	1,564	1,180	1,212	1,156	
자본총계	586	-130	3,791	3,518	4,427	3,791	5,080	

지속적으로 적자를 기록하던 SK바이오팜이 21년 1분기에 갑자기 매출과 영업이익이 증가했습니다. 게다가 당기순이익은 그것보다 더 늘어났습니다. 당시 기사를 찾아보면 이때 매출액이 늘어난 이유는 기술수출(라이선싱 아웃) 덕분이었던 것으로 유추됩니다. 영업이익보다 당기순이익이 더 크게 잡힌 이유는 다음과 같습니다. 21년 1분기 당기순이익이 1,290억 원이고 영업이익이 759억 원이니 530억 원 정도가 어디선가 당기순이익 계정으로 추가되었습니다. 530만 원도 아니고 530억 원이나 되는 돈의 출처는 중요합니다. 우선 비덴트의 사례처럼 연결재무제표를 살펴보겠습니다.

503억 원의 이익 확인

연결재무제표를 살펴보니 영업이익이 759억 원인데 중간을 보면 '지분법 주식 처분이익(주23)'이라는 항목이 보입니다. 이 금액은 약 503억 원으로 영업이익과 합쳐보니 아까 봤던 1분기 당기순이익 1,289억 원과 일치합니다. 즉, 보유 주식 처분이라는 1회성 이벤트를 통해 이번 분기에 503억 원의 일시적인 이익이 발생한 것입니다. 뒤에 붙은 주석 23번도 한번 살펴보겠습니다.

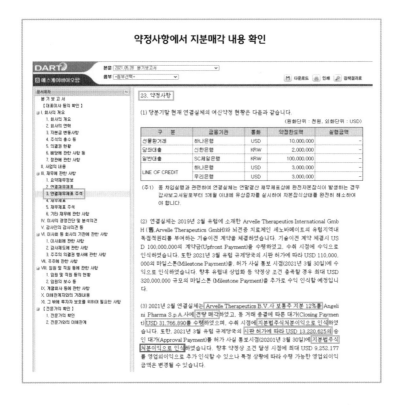

주석 23번에는 여러 가지 내용이 적혀있는데 그 중에서 약정사항이라고 적혀있는 부분을 보면 됩니다. 여기서 지분매각에 대한 내용을 보겠습니다.

1. Arvelle Therapeutics B.V.사 보통주 지분 12%를 전량 매각해서 31,766,890달러 수령한다.

2. 2021년 3월 유럽 당국의 시판 허가에 따라 13,220,625달러의 승인 대가를 허가 사실 통보시점(2021년 3월 30일)에 지분법주식처분이익으로 인식한다.

3. 향후 약정상 조건 달성 시점에 최대 9,252,177달러를 영업외이익으로 추가 인식할 수 있으나 상황에 따라 수령 가능한 금액은 변경될 수 있다.

즉, 1번에서 31,766,890달러가, 2번에서 13,220,625달러가 수익으로 인식되기에 이를 합한 금액인 44,987,515달러가 처분이익으로 인식된 것입니다. 3번은 추후에 추가 인식될 수 있는 내용이니 우선은 넘어갑니다. 어쨌든 이 44,987,515달러를 당시 환율을 적용해서 계산하면 500억 원가량이 나오는데, 이는 아까 금액이랑 비교해보면 딱 맞습니다.

지금까지 비덴트와 SK바이오팜 두 가지 사례를 살펴봤습니다. 영업이익과 당기순이익이 차이 나는 경우에 내용을 확인하는 법은 어렵지 않습니다. 혹시나 보유 종목 중에 이런 종목이 있다면 전자

공시로 한번 확인해보시길 바랍니다.

자본금변동사항 – 연결재무제표 주석

전자공시를 볼 때 유심히 봐야하는 포인트 두 가지가 있습니다. 바로 분기보고서 상에서 확인할 수 있는 자본금 변동사항과 연결재무제표 주석 부분입니다.

우선, 자본금 변동사항입니다. 여기서 살펴봐야 할 내용은 '미상환 전환사채'입니다. 특정 기업이 전환사채(CB), 신주인수권부 사채(BW) 등 채권을 발행한 경우엔 채권을 주식으로 전환할 수 있는데 이 물량을 미상환 전환사채라고 부릅니다. 미상환 전환사채의 만기는 보통 3~4년이고, 발행 후 1년이 지난 시점에서 전환가격 이상이 되면 채권을 주식으로 전환할 수 있습니다.

미상환 전환사채가 주식으로 전환되면 생각과는 다른 영향을 미칩니다. 채권(부채)이 주식(자본)으로 전환되기에 부채비율이 떨어지고, 자본이 증가되는 것처럼 보여서 좋을 것 같지만 실상은 그렇지 않습니다. 미상환 전환사채가 주식으로 전환되면 일단 주식 발행수의 증가로 주당순이익(EPS)이 희석됩니다. 게다가 주가 상승시에 차익을 노리는 매도 물량이 언제든 시장에 나올 수 있다는 리스크가 있습니다. 이런 잠재적인 물량을 오버행이라 부르고, 이 오버행 리스크는 주주입장에선 결코 좋은 게 아닙니다. 보통 이런 케이스는 바이오 기업들에서 자주 나오긴 하나, 어떤 업종에서든 나올 수 있습니다.

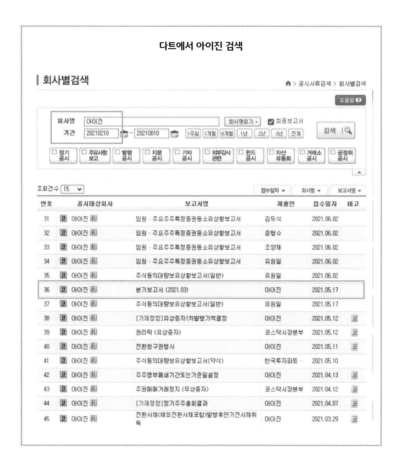

바이오 회사인 아이진을 통해 살펴보겠습니다. 우선 다트에서 검색하고 분기보고서를 클릭합니다.

아이진의 분기보고서

보고서를 열람하고 회사의 개요 – 자본금 변동사항으로 이동
합니다.

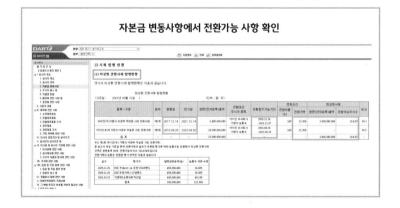

아래쪽으로 내려가다 보면 '미상환 전환사채 발행현황' 이력이 나와있습니다. 여기에는 발행일부터 만기일, 전환청구기간, 전환가액, 전환가능 주식수 등 관련 정보들이 다 나와있습니다. 여기서 가장 중요한 것은 전환가액과 전환가능 주식수입니다. 아이진의 경우 전환가액 12,200원, 전환가능 주식수 31만 주입니다.

그리고 2회차를 보면 행사가 14,098원, 주식 수는 156만 주입니다. 행사 가능기간은 2021년 9월 18일부터입니다. 즉, 2021년 9월 18일 이후에 14,098원 주식 156만 주가 추가 상장될 수 있다는 의미입니다.

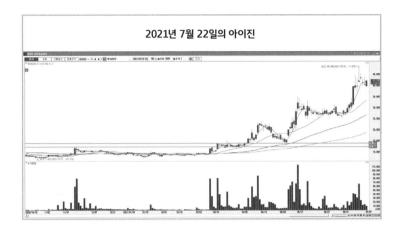

2021년 7월 22일의 아이진

　　2021년 7월 22일의 아이진 차트입니다. 주가가 4만 원대에 안착해있습니다. 만약 이 주가를 유지한다는 가정하에 9월 18일에 156만 주가 추가 상장되면 무슨 일이 벌어질지 한번 상상해보길 바랍니다. 전환사채에 투자했던 투자자들은 상장되자마자 약 300%의 수익을 볼 수 있으니, 차익실현 물량이 많아질 것입니다. 이로 인한 오버행 이슈가 나올 확률이 높아서 리스크가 존재한다는 점을 알아두면 됩니다.

　　다음은 연결재무제표 주석입니다. 우리나라에 IFRS가 도입됨에 따라 연결자회사 관련 내용이 있다면 반드시 확인하는 게 좋습니다. 관련 내용을 살펴보려면 분기보고서, 반기보고서, 사업보고서 중에서 가장 최근 날짜에 발행된 걸 보면 됩니다. 근데 매번 보실 필요는 없고 보통 아래 세 가지의 경우에 해당될 때 보면 됩니다.

1. 자회사의 상장(IPO) 여부, 혹은 투자한 회사의 지분을 알고 싶을 때

2. 지주회사가 가진 계열사의 지분, 매수 가격을 알고 싶을 때

3. 연결 자회사의 매출과 실적을 알고 싶을 때

이 또한 한국금융지주의 케이스를 보면서 설명드리겠습니다. 저는 한국금융지주의 투자자이고, 한국금융지주가 카카오뱅크에 투자한 내역을 알아보기 위해 분기보고서를 살펴보는 상황입니다. 우선, 한국금융지주 분기보고서를 열람하고 연결재무제표 주석을 누릅니다.

보고서를 쭉 내리다 보면 관계기업투자 부분이 나옵니다. 여길 보면 한국금융지주가 투자한 기업들의 목록과 보유 지분율, 취득원가에 대한 정보를 상세히 찾아볼 수 있습니다. 다음 그림을 보면 한국금융지주는 카카오뱅크의 지분을 31.62% 가졌고, 취득원가는 약 7,790억 원입니다.

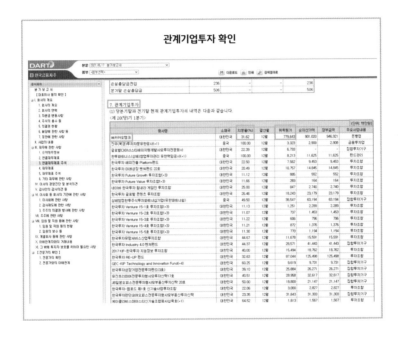

2021년 8월에 카카오뱅크가 상장되었습니다. 카카오뱅크는 상장 첫날 상한가를 기록하며 69,800원으로 마감했습니다. 이를 기준으로 계산하면 카카오뱅크의 시가총액은 33조 원(331,619억 원)입니다. 그리고 여기서 한국금융지주가 가진 지분율을 곱하면 33조 원

의 31.62%인 10.5조 원입니다. 즉, 7,700억 원을 투자해 10조 원의
수익을 얻은 것입니다. 그럼 당연히 한국금융지주 입장에선 호재
라 볼 수 있습니다.

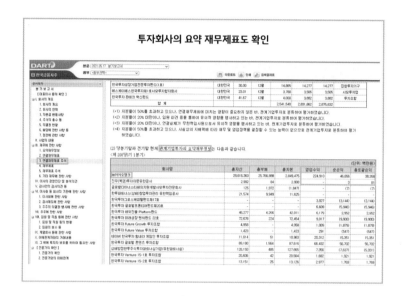

좀 더 아래로 내려가면 지분을 보유하고 있는 투자회사들의 1분
기 요약 재무제표도 볼 수 있으니까, 두 정보 모두 참고해 투자 여
부를 결정하면 좋습니다. 위 표에 따르면 21년 1분기 카카오뱅크는
383억 원 정도의 포괄수익을 냈습니다.

　전환사채란 채권으로 발행한 후 일정 조건 충족 시 주식으로 전환이 가능한 회사채입니다. 발행자 입장(회사)에서는 자금조달이 용이할 수 있고, 채권 매수자 입장에서는 주가 상승시 보유한 채권을 주식으로 전환해 매매차익을 얻을 수 있습니다.

　전환사채의 주식 전환은 대체로 사채발행일로부터 1년이 경과해야 하고, 1년이 지난 시점에서 주가가 전환가보다 위에 있어야 주식으로 전환할 수 있습니다. 결국 전환사채 투자자는 1년 후 주가가 많이 올라있어야 주식전환으로 인한 시세 차익을 볼 수 있습니다.

　채권이 주식으로 전환되면서 발행주식수의 증가로 주가가 하락하기도 하지만, 반대로 주식 전환 시점에 맞춰 주가가 상승하는 경우도 있습니다. 전환사채가 주식으로 전환되는 시점에 주가가 상승한 사례를 한번 살펴보도록 하겠습니다.

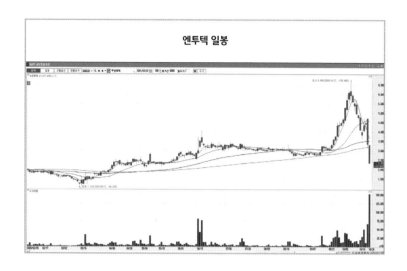

엔투텍 일봉

2020년 10월 26일 장 마감 후, 대량거래 및 거래대금 증가 종목을 검색하고 있던 와중에 엔투텍이라는 종목이 눈에 띕니다. 차트를 보니 고점 대비 50% 넘게 주가가 하락했는데, 바닥권에서 대량거래(약 1,500만 주)가 발생한 걸 발견했습니다.

1장 매매의 '기술적 분석을 통한 매매 타이밍 잡기'에서 "대량거래는 주가의 변곡점이다"라고 말씀드렸습니다. 일단 대량거래가 발생한 이유를 찾기 위해 우선 공시를 한번 찾아봤습니다.

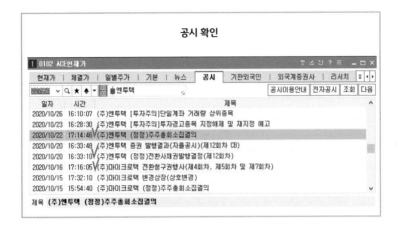

눈에 들어오는 세 가지 소식이 보입니다.

(1) 주주총회 소집 결의 (2020/10/22)

(2) 전환사채 발행결정 및 발행결과 (2020/10/20)

(3) 전환사채 전환청구권 행사 4,5,7회차 (2020/10/16)

이 소식들은 각 다음과 같이 해석이 가능합니다.

(1) '주주총회 소집 결의'는 정관변경, 이사선임 등 임시주총을 통해서 특정 안건에 대해서 주주들의 동의를 받기 위한 목적으로 통상적으로 회사의 경영권이 바뀌는 경우가 많습니다(M&A).

(2) 전환사채 발행 결정 및 발행결과 공시는 회사에 전환사채가 납입되면서 운영자금이 추가로 들어오는 내용이라 회사 입장에선

단기 호재입니다.

(3) 전환청구권 행사는 기존에 발행한 전환사채(4,5,7회차)가 주식으로 전환되어 시장에 추가로 상장이 되어 유통주식수가 늘어나서 물량 부담(오버행)이 되기 때문에 주가에는 단기 악재입니다.

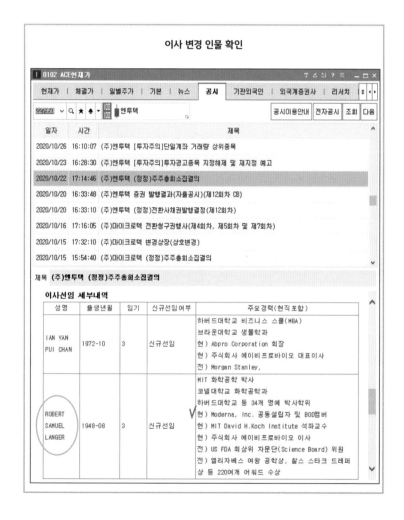

임시주총 안건을 보면 정관변경, 신규사업, 그리고 이사선임 총 세 가지가 있습니다. 여기서 정관변경, 신규사업 내용은 단기적인 주가 흐름과 크게 관계없기에, 이사선임에 특이한 부분이 있는지 살펴봤습니다. 로버트 사무엘 랭거라는 MIT 교수가 이사회 멤버로 선임이 되어있는데, 약력을 보니 MIT 교수인 동시에 모더나의 공동설립자이자 BOD(이사회)임을 확인했습니다. 그리고 익숙한 회사명 '모더나'가 눈에 띄었습니다.

엔투텍이 갑자기 이 사람을 이사회 멤버로 선임한 이유는, 당시 모더나가 mRNA방식의 코로나 백신을 개발하고 있었기 때문입니다. 이러면 내충 그림이 그려집니다. 로버트 사무엘 랭거 교수를 신임한 이유는 아마 코로나 백신 개발에 관련된 사업을 진행하기 위해 영입한 거라 판단을 했습니다. 이제는 주가가 하락한 원인을 찾아봐야 합니다.

다음 2번 공시를 보면 전환사채를 통해 얻은 100억 원의 신규자금 중 70억 원은 시설자금으로 30억 원은 운영자금으로 사용한다고 적혀 있습니다. 내용을 보면 1년 후 주가가 3,340원 이상이면 100억 원의 채권을 주식으로 전환할 수 있다는 내용입니다.

회사 입장에선 단기적으론 100억 원이라는 자금을 유치했으니 호재입니다. 1년 후에 100억 원의 채권을 주식으로 전환한다면 매물부담으로 악재일 수도 있지만, 1년이 지난 후 주식으로 전환될

2번 공시 확인

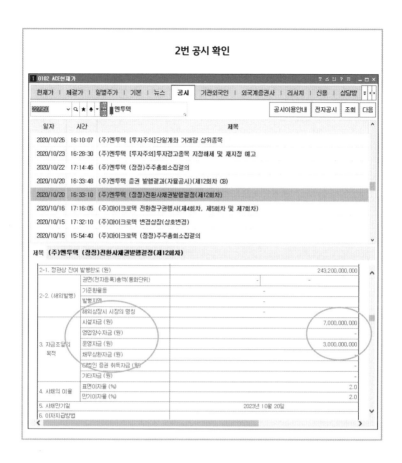

예정이라 단기적인 주가 흐름과는 상관이 없습니다.

3번 전환사채 청구 공시 확인

마지막 3번 전환사채 청구 공시를 보겠습니다. 2020년 10월 16일을 보니 기존 발행 전환사채를 주식으로 전환하는 전환청구권을

행사했습니다. 상장 예정일은 2020년 10월 30일, 전환가액은 1,381
원, 그리고 추가로 상장되는 주식 숫자는 1,100만 주 정도입니다.

이렇게 되면 10월 30일에 1,381원짜리 주식 1,100만 주가 상장된
다는 거니까 당연히 오버행 부담이 생기기 마련입니다. 그래서 기
존 주주들이 들고 있는 물량을 다 던지기 시작해 이전의 급락이
나온 것이라 유추할 수 있습니다.

그런데도 대량거래가 발생하다니, 공시 외에 뉴스를 검색해봤습

뉴스에서 중요한 부분 확인

일자	시간	제목	출처
2020/10/23	09:24:46	엔투텍, 美 모더나 창립멤버 영입…백신 유통 추진	팍스넷 뉴스
2020/10/23	09:07:25	엔투텍, 美 모더나 창립멤버 영입…백신·치료제 수입사업 진출	인포스탁
2020/10/23	08:54:27	엔투텍, 美 모더나 창립멤버 영입 "백신 및 치료제 수입사업 진출"	이투데이
2020/10/23	08:26:24	[SEN]엔투텍, 美 모더나 창립멤버 영입··· "백신 및 치료제 수입사업 진출"	서울경제
2020/10/23	08:18:38	엔투텍, 美 모더나 창립멤버 영입 "백신 및 치료제 수입사업 진출"	머니투데이
2020/10/23	07:54:59	엔투텍, 美 모더나 창립멤버 영입…백신·치료제 수입사업 진출	아시아경제
2020/10/22	17:14:46	(주)엔투텍 (정정)주주총회소집결의	코스닥 공시
2020/10/22	09:31:17	엔투텍, 검색 상위 랭킹… 주가 -2.41%	아시아경제

제목 [SEN]엔투텍, 美 모더나 창립멤버 영입··· "백신 및 치료제 수입사업 진출"

엔투텍은 로버트 랭거 교수의 네트워크를 활용해 의료용 백신 및 치료제 사업을 추진할 계획이
다. 코로나 팬데믹(세계적 대유행) 상황에서 미국의 백신 및 치료제를 수입해 정부가 목표로 하
고 있는 '건강 자주권' 확보에 기여하겠다는 계획이다.

엔투텍 관계자는 "코로나19 백신 개발의 선두주자 중 하나인 미국 바이오업체 모더나의 이사회
멤버인 랭거 교수를 사내이사로 영입해 바이오 사업에 진출하게 됐다"며 "랭거 교수의 인프라
를 활용해 연내 성과를 보일 수 있는 백신 및 치료제를 수입할 계획이다"고 밝혔다. 이어 "올
해 진출한 나노 마스크 생산을 통해 K-방역을 글로벌 시장에 알리는 한편, 백신 및 치료제 유통
을 통해 신종 감염병에 적극 대처하는 바이오 기업으로 도약하겠다"고 덧붙였다.

한편 모더나는 11월 코로나19 백신의 중간결과를 발표할 예정이다. 지난 7월부터 미국에서 3만명
을 목표로 3차 임상시험을 진행해오고 있다. 빠르면 12월 미국 FDA(식품의약국)의 긴급사용승인
을 받을 것으로 기대된다.

/byh@sedaily.com

니다. 그리고 뉴스를 살펴보니 그 중에서 하나가 눈에 띄었는데, 바로 모더나 백신 관련 뉴스입니다.

뉴스 내용을 요약하면 "(1) 현재 모더나 백신은 3상 임상 진행 중이다 (2) 긴급사용승인에 대한 허가가 아직 안 나온 상태 (3) 엔투텍이 모더나 이사회멤버를 회사에 영입했다." 정도입니다.

이 내용으로 상황을 정리해보면 다음과 같습니다.

(1) 코로나 백신 개발 중인 모더나의 핵심인물을 영입
(2) 신규자금(100억 원)이 유치된 상황
(3) 전환사채 전환청구권 행사로 인한 악재는 반영된 상황
(4) 핵심인물 영입 소식이 알려진 뒤, 대량거래 발생

이 네 가지 근거를 통해 저는 이미 악재로 인한 영향은 전부 반영되었고, 단기적으로 주가가 상승할 여력이 크다고 판단해서 단기

하락세가 멈추면 단기매수 타이밍

매수 타이밍이라 판단했습니다.

며칠 후 2020년 10월 28일 1,100만 주 상장을 앞두고 2,800만 주라는 최대 거래량이 발생하면서 하락세가 일단 멈추었습니다. 확실한 단기매수 타이밍이라 판단할 수 있습니다.

그 후, 주가 움직임이 어마어마한 거래량과 함께 단기간 엄청난 상승을 보여줬습니다. 물론 상승한 주가는 이후 하락하는 모습을

보여줬습니다.

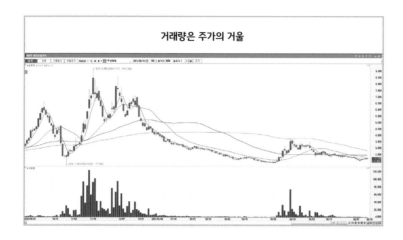

거래량을 조회하다 보면 어느 날 대량거래가 발생하는 경우가
있습니다. 거래량은 주가의 거울입니다. 주가 바닥권에서 혹은 주
가 고점에서 대량거래가 발생할 때는 반드시 공시와 뉴스를 확인
하시기 바랍니다. 특히 단기매매나 개별종목, 소위 테마주 매매를
좋아하는 개인투자자들은 엔투텍의 사례를 다시 한번 보길 바랍
니다.

02

리플레이션 트레이딩: 성장주에서 가치주로

리플레이션 트레이딩이란?

개인투자자들에게 인플레이션, 디플레이션, 스태그플레이션과 같은 용어는 꽤 익숙한 용어일 것입니다. 그러나 리플레이션이라는 말은 처음 들어보는 분들이 꽤 많을 것입니다. 리플레이션은 주식투자자 입장에선 꽤나 의미 있는 개념이고, 알아둬서 나쁠 게 없기 때문에 핵심만 간략하게 알려드리겠습니다

우선 개념부터 간단히 설명드리자면, 리플레이션은 경기 회복 초입단계에 인플레이션을 유발하지 않은 정도의 비교적 완만한 물가 또는 물가와 금리가 같이 상승하는 상태를 뜻합니다.

경제 사정 등의 특정 사유로 인해 시장이 침체되고 있는 상황이 발생하는 경우 이를 해결하기 위해 시장에 유동성공급과 같은 다양한 금융 완화 정책 등을 펼치게 되면 그 결과로 인플레이션이 발생할 수 있습니다. 이런 경우 이를 적정 수준으로 조정하는 것이 리플레이션 시기의 핵심입니다. 즉, 디플레이션에서 벗어나는 도중 어느 정도 물가를 적정 수준에서 관리해 재정정책 및 통화정책을 통해 경기회복을 할 수 있는 상태를 말합니다. 다음과 같이 정리 할 수 있습니다.

(1) 디플레이션: 경제 전반적으로 물가가 지속적으로 하락하는 상태

(2) 리플레이션: 경기 회복 초반에 인플레이션을 유발하지 않을 정도의 비교적 완만한 물가를 유지하며 물가와 금리가 동반 상승하는 상태

(3) 인플레이션: 경제 전반적으로 물가가 지속적으로 상승하는 상태

개념만 보면 지금 세계 증시와 비슷한 상황입니다. 한국은행에서 기준금리를 인상할 것이라고 계속해서 예고하며 시장에 경고하는 것도, 미 연준에서 과잉된 유동성을 축소하는 테이퍼링을 지속적으로 언급하는 이유도, 모두 리플레이션 차원에서 진행하는 것이라고 보면 됩니다. 시장이 과열되지 않도록 적정한 타이밍에 투자

자들에게 경고를 해서 과도한 인플레이션을 예방하는 것입니다.

인플레이션으로 진입하는 것을 사전에 억제하는 것이 핵심이라고 말했지만, 리플레이션 관리는 물가 상승 자체를 막는 것이 아니라 속도를 완만하도록 조절하는 것이기 때문에 리플레이션 기반 트레이딩은 결국 '경기회복'과 '물가상승'에 배팅하는 것이라고 할 수 있습니다.

리플레이션 기조에선 투자자들은 일반적으로 안전자산인 채권이나 금을 팔기 시작할 것이고, 상대적으로 위험 자산인 주식을 매수하게 됩니다. 경기가 회복되고 물가가 상승하면 덩달아 주가가 오를 거라 기대하기 때문입니다. 그러한 탓에 리플레이션 트레이딩 상황에선 고평가된 성장주나 기술주보다는 저평가된 가치주 쪽이 수혜를 받게 됩니다. 현재 시점에서 예를 들면 금융주, 에너지주, 항공주 등이 있습니다. 그렇기에 리플레이션 트레이딩 장세에서는 성장주보단 가치주, 경기민감주 등을 매수하는 것이 기대수익률 측면에서 더욱 유리한데, 리플레이션 장세 여부를 어떻게 판단해야 하는지 알아보겠습니다.

Q 지금은 리플레이션 장세인가요?

우선 리플레이션 장세인지 판단하는 근거는 여러 가지가 있지만 개인투자자들이 쉽게 찾아볼 수 있고, 이해하기 쉬운 지표는 네 가지 정도가 있습니다.

(1) 물가와 경기가 회복되고 있는 상황인지?

물가가 오르고 경기가 점진적으로 회복되고 있는 상황이면 리플레이션 장세

(2) 장기채권과 주식 중 어느 곳으로 자금이 몰리는지?

장기채권을 매도하고, 주식시장으로 유동성이 쏠리면 리플레이션 장세

(3) 연준의 유동성 공급 방향(양적완화 축소? 확대?)

연준이 국채 발행 규모를 줄이고, 회사채를 매각하기 시작(양적완화 축소)하면 리플레이션 장세

(4) 국채 가격과 금리 상승 여부

시장 유동성 공급을 위한 채권 발행 증가로 국채 가격이 하락세에 접어들고 금리가 서서히 상승하기 시작한다면 리플레이션 장세

네 가지 지표와 각 지표에 대해 간단한 설명을 곁들여 봤습니다. 이외에도 다른 요소들도 리플레이션 장세를 판단하는데 활용할 순 있지만, 개인투자자 입장에선 이 정도만 알아도 될 것입니다.

투자자들이 궁금해하는 "지금이 과연 리플레이션 장세인가?"라는 질문은 단순히 하나의 시각으로 판단하기 어렵습니다. 그래서 개별 종목/국내 시장/해외 시장 측면에서 각각 간단히 분석해보도록 하겠습니다.

[개별 종목]

2021년 1월 초 급등했던 삼성전자/LG화학/하이닉스/셀트리온 등은 작년 코로나 이후 상승해 연초에 고점을 기록했고, 21년 8월 현재 계속해서 횡보 중인 장세입니다. 단 카카오/네이버 같은 IT 성장주들은 1월 고점을 돌파한 상황으로 현재 대형주들의 주가 흐름을 봤을 땐, 아직 리플레이션 트레이딩 장세가 아니라고 판단됩니다.

[국내]

우선 2021년 8월 현재, 연일 천명 후반대를 상회하는 코로나 확진자가 발생하며 4차 대유행이라는 위기가 다가와서 경기지표의 둔화 또는 하방 압력이 커지고 있습니다. 이에 따라 경기회복에 대한 기대 심리가 이전보다 많이 줄어든 상황입니다.

그런데 소비자물가 상승률은 한은의 목표치를 상회하고 있는 수준입니다. 즉, 경기회복은 안 되는데 물가만 상승하고 있어 리플레이션이 아니라 오히려 스태그플레이션에 대한 우려가 나오는 상황입니다. 물론, 한국은행이 이에 대응하기 위해 계속해서 기준금리 인상을 예고하는 시그널을 주고 있긴 하지만 코로나로 인한 경기 불확실성이 워낙 커짐에 따라 현재 시점이 리플레이션 트레이딩 장세에 접어들었다고 보기엔 아직 시기상조인 상황이라 판단됩니다.

[해외]

연준이 조기 통화긴축 신호를 계속해서 언급하고 있습니다. 기존엔 첫 금리인상이 2024년에나 있을 것이라 예상됐지만 6월 16일 FOMC회의에서 빠르면 2023년 말부터 기준금리를 두 차례 인상할 수 있다고 언급한 것은 리플레이션 트레이딩 측면에서는 악영향일 수밖에 없습니다. 만약, 금리인상이 당겨지면 당연히 양적완화 축소나 중단 시기도 당겨질 것이기도 합니다.

또한 올해 연말부터 연준의 자산매입이 축소될 것이라는 전망도 증가하고 있습니다. 이러한 기조로 인해 실제로 미국 증시에서 리플레이션 트레이딩 수혜 업종들의 주가가 하방 압력을 받고 있는 상황입니다. 최근 에너지, 금융, 항공 등 리플레이션 수혜 업종들 대부분이 하락추세를 보이고 있고, 반대로 미국 장기국채를 비롯한 채권, 달러, 대형 기술주(성장주)들은 강세를 보이고 있습니다. 또한 최근 발표되는 물가상승률이 만만치 않다는 점도 살펴봐야 합니다. 지난 5월 및 6월에는 최근 10년간 가장 높은 수준의 소비자물가 상승률을 기록했기에 긴축기조에 힘이 더 실릴 수밖에 없습니다. 이는 당연히 리플레이션 트레이딩 입장에선 좋을 것이 없습니다.

결론적으로 아직 리플레이션 트레이딩 장세라고 보기엔 애매한 상황입니다. 특히, 해외보다 국내가 더 그렇습니다. 가장 큰 이유는 진정세에 접어들었다고 생각했던 코로나19가 델타 변이 등 변종 형태가 등장해 다시 확산세에 접어들면서 세계 경제 회복에 제동이 걸렸다는 점입니다. 물론, 백신 접종을 계속해서 진행하고 있긴 하지만 여전히 백신 접종률은 낮은 상황이라 집단면역 형성, 변종 발생으로 인한 공포가 잡히기까지는 시간이 좀 더 걸릴 것으로 보입니다. 게다가 실업률 또한 감소하고 있지만 여전히 높은 상황입니다. 솔직히 지금 세계 경제 상황은 아무도 예측할 수 없을 정도로 불확실성이 크고, 혼란스러운 상황입니다. 그렇기에 당연히 리플레이션 트레이딩에 대한 투자 매력은 떨어질 수밖에 없다고 봅니다.

정리

리플레이션 트레이딩은 결국 시장이 현재 어떤 장세이냐를 판단하는 게 아니라, 언제 리플레이션 장세가 올 것인가를 남들보다 먼저 판단하는 것이 핵심입니다. 이 판단을 근거로 성장주, 기술주를 매수하느냐, 경기민감주, 가치주를 매수하느냐를 선택해야 합니다. 어떤 종목을 선택하느냐에 따라 향후 계좌 수익률이 크게 차이가 날 수 있습니다. 그렇기에 지속적으로 뉴스를 탐독하고, 각종 경제 지표를 참고하면서 현재 장세가 어떤 장세이고, 향후 움직임은 어떨 것인지 파악하는 노력이 필수입니다.

현재 시장 상황을 보면 국내외를 막론하고 리플레이션에 근거한 트레이딩은 리스크가 예전보다 높아진 것은 부정할 수 없는 사실입니다. 그렇다고 물가와 금리 방향성을 볼 때 성장주가 무조건 좋다고 하기에도 애매한 상황입니다. 그렇기에 개인적으론 경기민감주와 성장주 중 하나를 선택하기보다는 적정하게 비중을 배분해 투자하는 것이 좋아 보입니다. 물론, 모두 예측일 뿐이고 예측과 다르게 흘러갈 수 있으나, 이처럼 변동성이 심하고 리스크가 높은 상황에서는 조금 더 신중히 접근해 볼 필요가 있다고 생각합니다.

03

각종 지표 체크하기

전문투자자들은 주식투자를 하면서 습관처럼 하는 행동들이 몇 가지 있습니다. 예를 들면 장이 열리지 않는 주말에도 경제 뉴스를 찾아서 챙겨 본다던가, 퇴근 후에도 주식투자에 도움이 될 만한 유튜브 영상이나 리포트를 찾아보는 등 주식투자를 오랫동안 하다 보니 몸에 밴 다양한 습관들을 갖고 있습니다. 그중에서도 개인 투자자분들의 성공적인 주식투자에 도움이 될 만한 습관을 하나 알려드리겠습니다.

바로 시장의 추세를 예측할 수 있는 여러 경제 지표들을 찾아보고 분석하는 것입니다. 거창해 보이지만 특정 시간대에 따로 시간을 내서 할 필요는 없습니다, 아침에 30분만 일찍 일어나서 필요한 정보만 체크하거나 퇴근 후 잠자리에 들기 전에 체크해도 됩니다.

시간대가 중요한 것이 아니라 이를 통해 정보를 얻는 것이 핵심이기 때문입니다 정보기술의 발달과 스마트폰의 범용성으로 정보 접근성이 엄청나게 높아졌기 때문에 시간과 장소에 구애받을 필요가 없습니다. 그렇기에 그냥 본인이 편리한 시간대에 부담 없이 살펴보면 됩니다.

장전 체크하면 좋은 지표

당일 매매에 앞서, 장전에 간단하게 살펴볼 수 있는 지표를 소개하겠습니다. 익숙하지 않은 분은 시간이 걸릴 수 있지만 어차피 장이 오전 9시에 열리기 때문에 크게 문제가 되지는 않을 것입니다.

(1) 미국 및 유럽 증시 현황: 나스닥, S&P500, 러셀, 다우(이상 미국), 유로스톡스 50(유럽)

(2) 미국시장 개별 종목: 최다거래 종목, 상승 종목, 하락 종목, 52주 신고가 등

(3) 미국 금리: 미국 10년물 국채금리 추세

(4) 전일 장 마감 후 시간외 강세종목(★): 시간외에서 강세를 보인 이유(재료) 찾기

여러 가지 지표가 있겠지만 이 네 가지만 간단히 훑어봐도 충분히 도움이 됩니다. 하나하나 너무 세심하게 보실 필요는 없습니다. 전체적인 느낌만 보면 됩니다. (1)~(3)번은 전체 시장 흐름이 어떠할지 예측하는 용도로 보면 되고, (4)번은 당일 매매할 종목이 있는지 살펴보기 위해 찾아봅니다.

(3)번까지는 여러 곳에서 볼 수 있지만, 인베스팅닷컴(kr.investing.com)을 통해 확인하는 걸 추천합니다. 웹사이트도 있고, 애플리케이션도 제공하고 있어 편한 방법으로 보면 됩니다. 여기서 각 지표가 의미하는 바를 간단하게만 말씀드리겠습니다.

(1) 미국, 유럽증시 종합지수

지수 상승 시: 일반적으로 세계증시 동시 상승 시, 코스피/코스닥도 상승하는 경향

지수 하락 시: 반대로 세계증시 동시 하락 시, 코스피/코스닥도 하락하는 경향

(2) 미국 증시 개별 종목

최다 거래 종목: 그 날 어떤 종목이 시장에서 화제가 되었는지 파악 가능 → 왜 거래량이 발생했는지 파악해야 함

상승, 하락 종목: 상승, 하락종목이 어떤 섹터에 몰려있는지 파악 → 해당 섹터 업황 파악 용이

52주 신고가 종목: 해당 종목, 혹은 업종은 시장을 주도하고 있는 주도주일 확률 높음

(3) 미국 10년물 국채금리 추세

금리 상승: 증시에 있는 자금이 채권시장으로 이동, 증시엔 악재 / 가치주가 우세

금리 하락: 투자 심리가 계속해서 유지, 증시엔 호재 / 성장주가 우세

(4) 전일 시간외 강세종목 역시 여러 사이트에서 확인 가능하지만, 그중 '뉴스핌'이라는 웹사이트를 추천합니다.

가가   newspim.com   ↻

글로벌 리더의 지름길
종합 뉴스통신   뉴스핌   🔍

주요뉴스   이슈·심층보도   랭킹뉴스   포토·영상   엔터

▎검색어 : **시간외**

뉴스   포토·영상

[특징주] 한국선재, 시간외거래 '상한가'..."홍준표 관련株(?)"

증권·금융   ⏱ 36 분전

[표]8월 9일 시간외 상승 종목 및 최근 동향

씽크풀   ⏱ 23 시간전

[표]8월 6일 시간외 상승 종목 및 최근 동향

씽크풀   ⏱ 2021-08-06 18:03

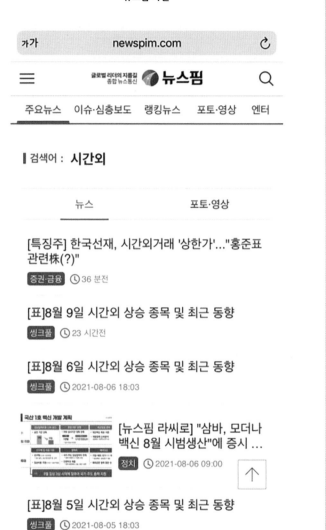 [뉴스핌 라씨로] "삼바, 모더나 백신 8월 시범생산"에 증시 ...

정치   ⏱ 2021-08-06 09:00   ↑

[표]8월 5일 시간외 상승 종목 및 최근 동향

씽크풀   ⏱ 2021-08-05 18:03

우선, 뉴스핌에 들어가서 '시간외'라고 검색하면 일자별로 시간외 상승 종목과 그 동향에 대해서 간략하게 확인이 가능합니다. 만약, 그 종목에 대해 추가적인 정보가 필요하다면 네이버나 구글에서 검색해보거나 그 종목의 종목토론방에 들어가시면 파악할 수 있습니다.

시간외 상승 종목을 보는 이유는 일반적으로 시간외 상승 종목의 경우, 다음날 아침부터 주가가 위든, 아래든 크게 움직이는 경우가 많기 때문입니다. 만약, 전날 확인한 동향이 주가를 추가로 더 상승시킬 여력이 있다고 판단되면 시초가에 분할매수로 접근해봐도 좋습니다. 아니면 그 종목과 연관된 종목이 있는지 찾아보고 그 종목을 매수하는 방법도 있습니다.

주식투자를 위한 어플리케이션/웹사이트 추천

요즘은 다들 국내 주식 관련 정보 정도는 손쉽게 찾곤 합니다. 하지만 미국주식의 경우는 아직 접근하기 어려운 정보들이 많습니다. 미국주식 관련된 정보를 얻을 때 좋은 애플리케이션과 웹사이트를 간략하게 장점 위주로 소개해드리도록 하겠습니다. 여기서 무엇을 활용해 보실지는 어느 사이트를 이용할지 직접 살펴보고 직접 살펴보시고, 선택하면 됩니다.

인베스팅닷컴(어플리케이션)

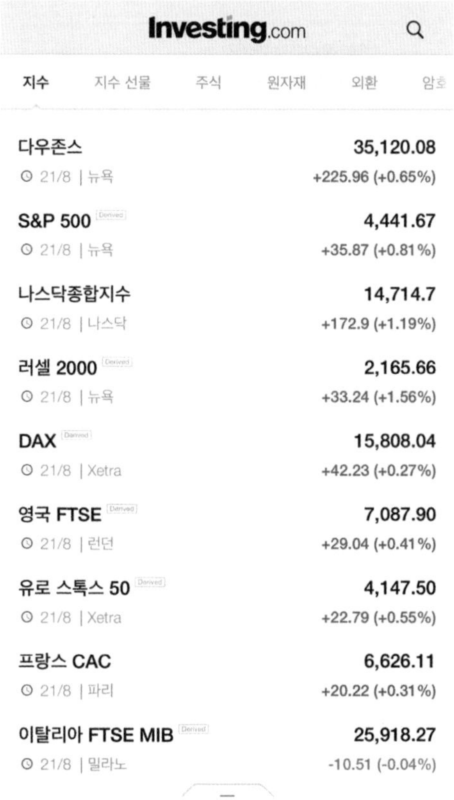

어플리케이션 명: 인베스팅닷컴

(1) 전 세계 주가 종합 지수 및 선물지수 확인 가능

(2) 주식 외 원자재, 외환, 채권, 가상화폐 시세도 파악 가능

(3) 미국 증시 종목별 실시간 주가 제공

야후 파이낸스(웹사이트)

웹사이트 명: 야후 파이낸스(finance.yahoo.com)

(1) 미국 증시와 상장 기업에 대한 기본 정보 제공

(2) 각종 지표나 주가차트를 비교하기 용이함

나스닥(웹사이트)

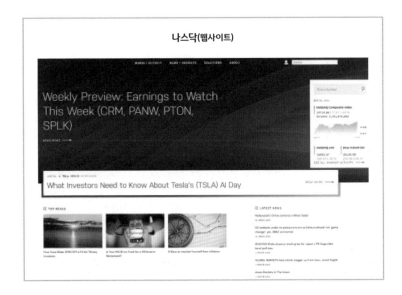

웹사이트 명: 나스닥(nasdaq.com)

(1) 나스닥 상장 기업과 관련된 정보 확인 가능

(2) 실적발표, IPO, 배당락일 등 증시 주요 일정 캘린더 제공

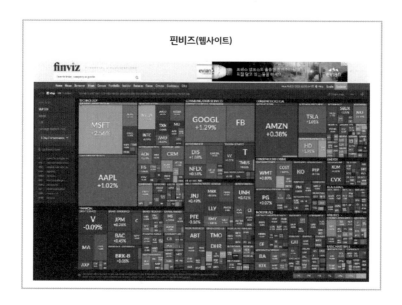

핀비즈(웹사이트)

웹사이트 명: 핀비즈(finviz.com)

⑴ S&P 500 종목별 주가 변동을 한 장에 표현해 주는 기능

⑵ 스크리너 – Fundamental 기능을 통해 원하는 조건의 종목

찾기 가능

CNBC(웹사이트)

웹사이트 명: CNBC(cnbc.com)

(1) 투자와 관련된 미국 경제/정치 뉴스를 볼 수 있는 사이트

(2) 기사 마지막에 기사 요약 제공

(3) 경제 뉴스 외에도 각종 시세 제공 서비스

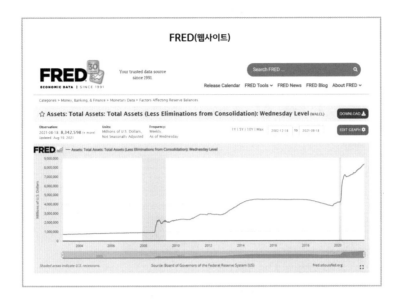

FRED(웹사이트)

웹사이트 명: FRED(fred.stlouisfed.org)

(1) 미국의 각종 경제 통계 지표를 확인할 수 있음: 실업률, GDP, 물가상승률 등

(2) 비교하고 싶은 지표를 동시에 표시하는 기능을 통해 보기 쉽게 비교가 가능

마켓비트(웹사이트)

Date	Brokerage	Analyst Name	Action	Rating	Price Target	Details
8/19/2021	Barclays ★★★★★		Boost Price Target	Overweight	$205.00 → $225.00	
8/19/2021	Summit Insights		Downgrade	Hold → Sell		
8/12/2021	Evercore ISI	C.J. Muse ★★★★★	Boost Price Target	Outperform → Outperform	$187.50 → $250.00	
8/12/2021	Wells Fargo & Company		Boost Price Target	Overweight	$219.00 → $245.00	
8/12/2021	UBS Group		Boost Price Target	Buy	$184.00 → $230.00	
7/23/2021	Argus		Boost Price Target	Buy	$175.00 → $230.00	
7/22/2021	Citigroup ★★★★★		Boost Price Target	Buy	$180.00 → $223.00	

웹사이트 명: 마켓비트(Marketbeat.com)

(1) 미국 기업에 대한 목표주가나 컨센서스 의견을 볼 수 있는 사이트

(2) 전문 애널리스트들의 분석과 종목 평가 의견 제공

ETF닷컴(웹사이트)

웹사이트 명: ETF닷컴(etf.com)

(1) 미국 ETF 관련 정보가 총집합되어 있음: 보유종목, 보유종목별 비중 등

(2) 필터 기능을 통해 내가 원하는 조건의 ETF를 검색 가능

(3) ETF와 관련된 최신 뉴스, 분석의견, 전망 등 확인 가능

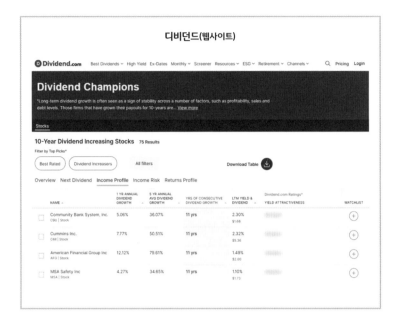

웹사이트 명: 디비던드(Dividend.com)

(1) 미국 배당투자를 위해 참고하면 좋은 웹사이트

(2) 각 종목별 배당 관련 정보를 제공: 배당수익률, 배당락일, 배당히스토리 등

정리

지금까지 개인투자자들이 체크해보면 좋은 지표들과 이를 이용하는 간단한 팁에 대해 말씀드렸습니다. 물론, 이 내용들은 저희의

취향이 어느 정도 반영된 것들이기 때문에 여기에 나온 것들을 맹목적으로 전부 확인할 필요는 없고, 본인에게 필요하다고 느끼는 지표들만 선택해 보면 됩니다. 즉, 자기 스타일에 맞게, 시장상황에 맞게, 필요하다고 생각하는 것만 보면 됩니다.

엄밀히 말해서 여기에 있는 지표들을 꼼꼼히 체크한다고 해서 갑자기 투자 실력이 급상승 한다거나 매매 승률이 즉시 높아지는 건 아닙니다. 그래도 이를 통해서 시장이 어떻게 돌아가고 있는지, 시장이 어떤 신호를 보내는지 파악하는 연습을 꾸준히 하신다면 장기적으로 투자의 승률을 높일 수 있을 것입니다. 살펴보는데 시간도 많이 들지 않고 간단하기 때문에 조금만 시간을 투자해서 체크하는 습관을 들이면 앞으로의 투자에 많은 도움이 되실 거라 생각됩니다.

04

손절의 방법에 대해 다루긴 했지만, 이번에는 손절과 관련해서 솔직한 이야기를 조금 더 해보도록 하겠습니다. 앞서 "주식은 매수보다 매도가 중요하다"라고 강조했습니다. 수익을 많이 볼 수 있게 파는 것이 제일 좋지만, 손실을 최소화하며 파는 것도 중요합니다. 투자자 본인의 기준을 정하고, 그에 맞춰 기계적으로 손절하는 것은 아무리 강조해도 지나치지 않을 것입니다. 보통 이성보다는 감정이 앞서 손절을 망설이기 때문에 말로는 쉬워도, 항상 실천하기 어려운 것이 바로 손절입니다.

주식투자는 플러스 알파를 위함이다

투자자들이 투자를 하게 된 경위는 아마 대부분 돈을 벌고자 하는 마음일 것입니다. 주변의 누군가로부터 "뭘 사서 몇 억 원을 벌었다"라는 얘기를 들으면 누구나 솔깃해합니다. 주식뿐만 아니라 코인이나 부동산도 마찬가지입니다. 그런 얘기를 듣고 언젠가 자신에게도 기회가 오리라 믿으며 시작하게 되는 것이 투자입니다. 이렇게 투자를 시작한 사람들이 목표하는 바는 다음과 같습니다.

1. 직장을 다니거나 혹은 사업을 하면서 주식투자를 통해 경제적 이득을 조금 더 얻고자 한다.
2. 직장을 다니고 본업이 있는데 지금은 본업보다 주식투자가 우선순위가 되었다(돈이 벌리든 손실이 나든).
3. 전업투자를 통해 경제적 자유를 얻을 것이다.

그리고 이중 가장 위험한 투자자는 2번 투자자입니다.

한 종목 집중투자는 하지 말자

최근 개인투자가들의 직접투자 비중이 늘어나면서, 유튜브나 SNS 등을 통한 '불법 사설 리딩방'이 활개치고 있습니다. 이곳에서는 "이종목 확실합니다." "한 달 안에 따블입니다. 저번에 500% 먹고 나온 세력이 다시 들어갔습니다." 등 아무런 근거도 없는 소문뿐만 아니라 "분산투자? 확실한 한 종목에 올인해서 한방에 벌면된다!"라며 근거 없는 유혹을 펼치고 있습니다. 이는 소위 '한 종목 몰빵'이라는 말이기도 한데, 너무나도 위험한 방법입니다.

단 한번의 투자로 성공할 수 있는 사람은 있을 수 있습니다. 하지만 사람의 욕심은 끝이 없어서 한번 몰빵 투자로 성공한 사람은 또 그 방법을 하게 되고, 보통 두 번째 시도에 어긋납니다. 두 번째에도 성공한 사람은 세 번째에 어긋납니다. 그러면서 투자한 모든 돈이 날아가 버리게 됩니다.

계산해보면 이 방법이 매력적인 것은 맞습니다. 상한가 두 번이면 복리로 계산해서 이틀 만에 70%의 수익을 올릴 수 있기 때문입니다. 게다가 미수나 신용을 써서 투자금의 두 배를 샀다고 치면 수익률은 140%가 됩니다. 이론적으로는 가능한 이야기입니다.

그러나 사는 종목마다 기가 막히게 올라가서 계좌가 눈덩이만큼 불어나고 "난 이제 경제적 자유를 얻었으니 이제 주식은 그만하겠다"라는 투자자는 없습니다. 돈을 단기간에 번 사람은 여럿 있습니다. 하지만 "한 번 더, 한 번만 더!" 하다가 좋은 결말에 이른 사람은 절대 없습니다.

워런 버핏, 피터 린치, 조지 소로스 등 투자의 대가들이 매년 꾸준히 얼마를 벌었고, 존 리가 SK텔레콤과 삼성전자를 투자해서 얼마를 벌었는지 등등 정말 듣기만 해도 가슴 설레는 꿈같은 이야기는 많이 있습니다.

워런 버핏을 폄하하는 건 아닙니다. 워런 버핏이 한국에서 태어나서 한국 시장에 꾸준하게 투자했다면 지금처럼 탁월한 수익을 내기는 어려웠을 것입니다. 물론 억지스러운 가정입니다만, 현실적인 이야기를 하는 것입니다.

투자금 1억 원으로 50%의 수익을 내면 자산은 1.5억 원이 됩니다. 열심히 종목 공부하고 매매스킬 공부하고 분산투자해서 50%의 수익을 달성했습니다. 1.5억 원이 본전인 1억 원이 되는 30% 손실까지는 감당할 수 있습니다.

하지만 1억 원이 50% 손실이 나면 5천만 원이 됩니다. 5천만 원이 본전인 1억 원이 되려면 지금부터 100% 수익률 소위 '따블'이 나야 본전이 됩니다. 너무나 당연한 계산법입니다. 그만큼 이익이 나면 보다 편안하게 투자를 할 수 있게 되고, 손실이 나면 그만큼 투자에 있어 조급하게 할 수밖에 없습니다.

이 책의 매매편에서 설명한 '대형주 추세매매'의 방법을 다시 떠올려보길 바랍니다. 분산투자는 심리적으로 흔들리지 않고, 안정적으로 수익을 내기 위한 방법 중 하나입니다. 삼성전자, 포스코, LG화학, 카카오, 이렇게 네 개의 종목을 52주 신고가를 형성한 후 10%씩 상승할 때마다 분산해서 매매하는 것, 즉 매매원칙에 맞춰서 기계적으로 익절, 손절하는 것이 주식투자의 기본입니다.

돈이 필요하면 손실 중인 주식을 팔아라

주식투자를 하다 보면 다음과 같은 상황이 자주 발생합니다. 지금 네 종목에 주식투자를 하고 있는데 1주일 후에 자금이 필요하게 되었습니다. A, B, C, D 종목을 엇비슷하게 투자하고 있는데 수익률은 다음과 같습니다.

A: +15%

B: +5%

C: 본전

D: -10%

필요한 돈을 확보하기 위해 어떤 종목을 팔아야 할지 잠시 한번 생각해 보시길 바랍니다. 대부분의 주식 투자자들은 A 종목을 팔아서 돈을 출금합니다. 물론 A 종목이 팔고 난 후 가격이 빠질 수도 있고 마이너스였던 D 종목이 플러스로 전환될 수 있습니다. 대부분의 주식 투자자는 플러스인 종목을 매도해서 출금을 합니다. 하지만 보통 주가는 어느 한쪽으로 방향성이 정해지면 추세가 이어지는 경향이 있어 하락하던 종목이 상승할 확률보다 상승하는 종목의 상승세가 이어질 확률이 더 높다는 점을 감안할 때 D를 파는 것이 정답입니다.

더 나아가 이 상황에서 여유자금이 생긴다면, 어떤 종목을 사

는 것이 좋을지도 살펴보겠습니다. A, B, C, D 중 90%의 투자자가
D 종목을 삽니다. 정확히는 D 종목이 더 빠질 때까지 '물타기'를
합니다.

정말 안좋은 습관입니다. 수익 중인 종목과 손실 중인 종목 중,
꼭 손실 중인 종목에 물타기로 단가를 낮춰서 본전이라도 만들어
팔고 탈출하려고 합니다. 하나의 종목에 투자의 전부가 달린 것은
아닙니다. 중요한 것은 종목이 아니라 전체적인 계좌의 성과입니다.

종목을 보지말고 계좌 평가금을 봐라

계좌의 자산이 1억 원인데, 8,000만 원만큼의 주식을 매수했고,
2,000만 원은 현금으로 보유한 상황을 가정하겠습니다. 그런데 보
유 주식 중 한 종목이 하락해 주식평가금이 7,500만 원이 되어, 보
유현금 2천만 원과 합해 전체 평가금액이 9,500만 원이 되었습니
다. 많은 투자자들은 500만 원의 손실을 복구하기 위해 보유현금
2,000만 원으로 손실 중인 종목을 "어느 타이밍 어느 가격대에 추
가 매수해서 본전을 만들어야지"라는 생각을 합니다. 이는 실제로
도 상담 문의가 많이 들어오는 경우입니다.

"A 종목에 물렸는데 언제 물 탈까요?"

냉정하게 다시 생각해 보면, 여기서 이루고자 하는 목표는 9,500만 원을 1억 원으로 만드는 것입니다. 2,000만 원의 현금이 있으면. 잘 올라가는 종목을 매수해서 차근차근 1억 원을 만들면 됩니다. 다시 말해, 전체 평가금액을 회복해야지, 꼭 손실 난 종목에서 물타기를 통해 손실을 복구할 필요가 없다는 것입니다.

물론 "신중하게 고민하고 매수한 종목이 싸졌으니 더 싼 가격에 많이 살 수 있다"라는 생각을 할 수도 있습니다. 이 경우는 물타기가 아닌 분할매수가 될 수도 있지만, 귀신도 모르는 게 주가입니다. 이런 매매습관은 반드시 피해야 합니다.

손실 난 종목을 "물타기를 해서 본전에 빠져나온다"라는 생각은 절대 하지 마시길 바랍니다. 손실 난 종목에만 몰두하지 말고, 손실을 회복하기 위해 다양한 방법을 고려해보시기 바랍니다. 물타기를 통해 본전에 빠져 나온다는 생각은 반드시 고쳐야 할 투자 습관입니다.

손실이 얼마이든 30%는 무조건 팔고 생각해라

투자한 종목의 하락이 너무 커져서 소위 '반 토막'이 나는 경우도 발생합니다. 나의 의지와 상관없이 장기투자가 되는 경우입니다. 설령 50%의 손실 중이라도 여기서 보유 수량의 30%는 즉시 손절해야 합니다. 매수한 종목의 하락 때문에 조금이라도 신경이 쓰인다면 무조건 보유 수량의 30%를 즉시 매도합니다.

30% 매도 후 계속 하락한다면 팔아놨던 금액만큼 더 싸게 주식을 매수함으로써 주식 수를 늘릴 수 있고, 반대로 올라간다면 그때도 70%의 주식이 남아있는 상황입니다. 상승추세를 확인하고 팔아놨던 30%를 다시 매수하면 됩니다.

"종목이 빠져서 신경이 쓰일 정도라면 무조건 30%를 매도합니다"

물론 30%를 손절하고 그 종목을 밑에서 살 때 금액을 추가하는 물타기는 절대 안 됩니다. 차라리 비싸게 사더라도 30% 손 절후 상승추세를 확인하고 손절금액 내에서 재매수를 진행해야 합니다.

05

장기이동평균선을 활용한 시장 추세 확인

프라임PB
영상으로
확인하기

　주식투자를 하다 보면 꾸준히 우상향만 할 것 같은 주식시장에 가끔 큰 사건이 찾아옵니다. 바로 예상하지 못했던 주식시장의 급락 사태입니다. 우리나라를 예로 들자면 1997년의 IMF 사태, 2008년의 서브프라임 사태로 인한 금융위기, 그리고 2020년의 코로나 팬데믹 사태가 있었습니다. 1997년, 2008년, 2020년, 약 10년의 주기로 총 세 번의 급락있었다고 할 수 있습니다. 보통 이런 대폭락 상황에선 미국 증시든, 국내 증시든 엄청난 하방 압력을 받기 때문에 종목을 가릴 것 없이 주가가 하락합니다. 그리고 개인투자자들은 대부분 이때 이러지도 저러지도 못하며 하락의 고통을 당할 수밖에 없긴 합니다.

　만약 폭락이 오기 전에 시장의 움직임을 파악할 수 있다면, 이에 대비할 수 있을 것입니다. 하지만 시장의 움직임을 먼저 파악하는 건 말처럼 쉽지 않습니다. 우리는 손실폭을 최소화하기 위해 현재의 시장 추세를 파악하는 노력을 해야 합니다. 기술적 보조지표 중 12주(3개월) 이동평균선과 104주(2년) 이동평균선의 움직임을 살펴보면 시장의 현재 추세가 상승인지 하락인지 어느 정도 판단을 할 수 있습니다. 물론 언급한 바와 같이 보조지표이며, 참고 사항입니다.

이동평균선 활용을 통한 급락 대비

주식 투자자들은 이동평균선을 볼 때, 보통 5일/20일/60일/120일을 사용하는 경우가 많습니다. 여기서는 시장의 추세가 상승인지 하락인지에 대한 보조지표로 12주 이동평균선과 104주 이동평균선의 기울기와 움직임을 활용합니다.

12주 이동평균선은 한 분기(3개월)를 대표하는 이동평균선이고, 104주는 10년을 5분할 한 2년을 주기로 움직이고 있습니다. 모든 보조지표가 그러하듯이 100% 맞는 것은 없습니다. 다만 과거의 시장 움직임에 대입해본 결과, 어느 정도 보조지표의 역할을 하고 있다고 판단됩니다.

추세를 파악하는 방법은 간단합니다. 골든크로스와 데드크로스를 그리는 시점을 파악하면 됩니다. 골든크로스는 12주 이동평균선이 104주 이동평균선을 아래에서 위로 돌파하는 시점(정배열, 우상향)이고, 데드크로스는 12주 이평선이 104주 이평선을 위에서 아래로 뚫고 하락하는 시점(역배열, 우하향)을 의미합니다. 그렇기에 골든크로스를 그린다면 시장이 상승추세라는 뜻이기에 매수 포지션을, 데드크로스를 그린다면 시장이 하락추세에 접어들었다는 신호이기에 매도 포지션을 잡으면 됩니다.

다만 12주 이동평균선은 비교적 짧기 때문에 우상향-우하향, 즉 기울기가 자주 바뀔 수 있습니다. 104주 이동평균선이 우상향인지 우하향인지에 따라 시장의 큰 추세를 파악합니다.

[상승]

104주 이동평균선이 우상향(기울기+)

12주 이동평균선이 골든크로스(104주선 상향돌파) → 강한 상승추세

[중립 조정후 상승예상]

104주 이동평균선이 우상향(기울기+)

12주 이동평균선이 데드크로스(104주선 하향돌파) → 중립 혹은 하락 후 상승 예상

[중립 반등후 하락예상]

104주 이동평균선이 우하향(기울기-)

12주 이동평균선이 골든크로스(104주선 상향돌파) → 중립 혹은
반등 후 조정 예상

[하락]
104주 이동평균선이 우하향(기울기-)
12주 이동평균선이 데드크로스(104주선 하향돌파) → 강한 하락
추세 진입

가장 중요한 포인트는 104주 이동평균선이 우하향(기울기-) 인경
우 12주 이동평균선이 데드크로스가 발생할 때입니다. 그럼 차트
를 보면서 확인해 보도록 하겠습니다

국내 증시의 급락 사례 적용

(1) 1997년 외환위기(IMF)

(2) 2008년 서브프라임 금융위기

(3) 2020년 코로나 팬데믹 사태

앞서 얘기했듯 국내 증시에서는 세 번의 급락이 있었습니다. 세 번의 급락에서 12주, 104주의 이동평균선을 보면, 본격적인 하락이 발생하기 전에 데드크로스 시그널이 발생했다는 것을 발견할 수 있습니다. 만약 이 시점에 보유 종목을 정리했다면, 큰 손실을 피할 수 있었을 것입니다.

이후 주가가 다시 상승하는 시점에서는 골든크로스 시그널이 발생합니다. 이때 매수를 했다면 상승장의 달콤한 꿀을 얻을 수 있었을 것입니다. 물론, 하락장에서 종목을 정리하지 못하고 다시 상승이 올 때까지 계속해서 보유했어도 손해를 보진 않았겠지만 그래도 그 인내하는 기간이 엄청나게 고통스러웠을 것입니다. 게다가 상승장에서 저점매수를 하지 못했기에 많은 수익을 얻지도 못했을 것입니다. 중요한 포인트는 급락장을 피하는 데 있습니다.

주식투자에서 가장 중요한 건 돈을 잃지 않는 것입니다. 투자의 대가 워런 버핏의 첫 번째 투자 원칙은 잃지 않는 것이며 두 번째 원칙은 첫 번째 원칙을 지키는 것이라 했습니다. 따라서 104주 이동평균선의 기울기가 마이너스이고 12주 이동평균선이 104주 이동평균선 아래 위치할 때 주식 비중을 조금 줄이거나 시장의 악재가 발생하는지 주의를 기울여야 합니다.

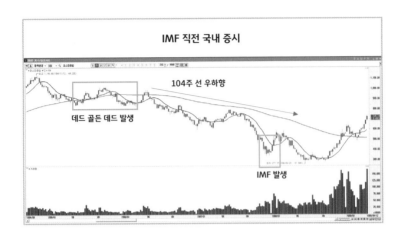

IMF 직전 국내 증시

이 차트는 IMF 직전 코스피 종합지수의 움직임입니다. 당시 IMF 의 영향을 본격적으로 받기 전인 1995년 6월부터 12월까지 약 6개 월 동안 12주, 104주 이동평균선이 데드크로스-골든크로스-데드 크로스를 반복하고 있는 것이 보입니다. 그리고 마지막 데드크로 스 시점으로부터 104주 이동평균선의 기울기가 우하향으로 변경 되었습니다. 데드크로스 발생과 104주 이동평균선의 기울기 우하 향, 이 두 개의 신호가 동시에 나오게 되면 일단 시장이 하락추세 에 접어들었다고 판단합니다. 물론, 중간중간 작은 상승과 하락은 있겠지만 하방압력을 벗어나진 못하고 있는 상태입니다. 그리고 그 이후 IMF가 발생하고 주식시장은 폭락했습니다.

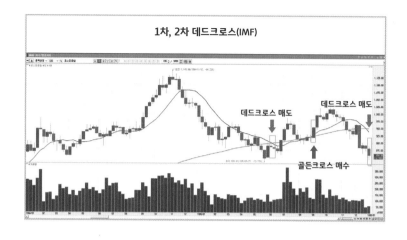

1차, 2차 데드크로스(IMF)

1. 1차 데드크로스 발생: 95년 6월 3주차 / 884pt 매도

2. 1차 골든크로스 발생: 95년 9월 2주차 / 918pt 매수

3. 2차 데드크로스 발생: 96년 1월 1주차 / 882pt 매도

물론, 이 과정에서 매수-매도 반복으로 인해 어느 정도 손실이 발생할 수 있습니다. 대략 40pt 내외에서 신호가 발생했습니다. 당시 지수로 본다면 3% 정도의 움직임이 있었습니다.

하지만 12주, 104주 이동평균선을 지켜보는 건 104주 이동평균선의 기울기가 마이너스인지 12주 이동평균선이 데드크로스가 발생하는지 확인하는 것이 주 목적입니다.

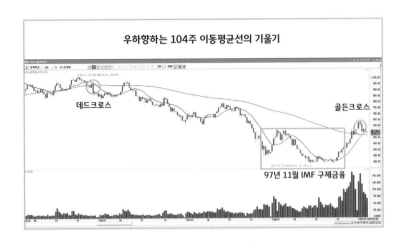

우하향하는 104주 이동평균선의 기울기

데드크로스

골든크로스

97년 11월 IMF 구제금융

2차 데드크로스 발생 시점에서 104주 이동평균선의 기울기가 우하향합니다. 위험 신호입니다.

코스피 지수는 약 882pt(96년 1월 1주차)였는데 이후 IMF로 인한 하락장에서 277pt(98년 6월 3주차)까지 떨어집니다. 거의 -70%나 하락하게 된 것입니다. 주식을 미리 매도하지 못하고 계속 보유하고 있었다면 개인투자자들이 이 상황을 의연하게 버티기는 어려웠을 것입니다. 그리고 이후 99년 2월 1주차에 551pt에서 다시 골든크로스 시그널이 나왔습니다. 이 시점에 매수했으면 회복장에서 꽤나 수익을 낼 수 있었을 것입니다.

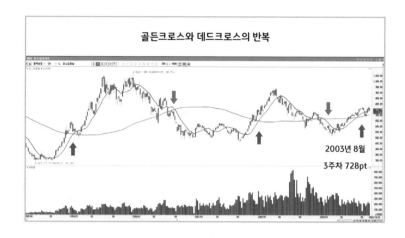

골든크로스와 데드크로스의 반복

2003년 8월
3주차 728pt

　99년 2월 1주차에 발생한 골든크로스 시점으로부터 주가는 계속해서 상승하기 시작합니다. 그렇게 1년 만에 주가는 1,066pt를 기록하게 됩니다(20년 1월 1주차). 1년 만에 거의 두 배가 된 주가는 이후 다시 완만하게 내려오면서 조정을 받기 시작합니다. 그리고 약 8개월 뒤 시점에 다시 데드크로스가 발생합니다. 이때의 주가지수는 약 750pt입니다. 만약 이 시점에 매도를 하게 됐다면 말 그대로 '무릎'에서 사서 '어깨'에서 팔았다고 보면 됩니다.

　그 이후 1999년~2003년까지 약 5년간 횡보하게 되면서 매수-매도가 지루하게 반복되는 모습을 보입니다. 큰 손실도 없고, 큰 수익도 나지 않는 상황입니다. 그러다가 2003년 8월 3주차(728pt)에 골든크로스가 발생합니다.

　물론 2000년 초에 데드크로스 발생 후 2001년이 지나서 104주 이동평균선의 기울기가 우하향합니다. 하지만 2001년 말 다시 골

든크로스가 발생합니다

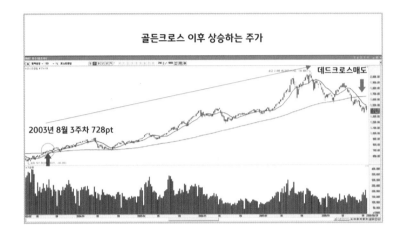

2003년 8월 3주차(728pt)에 골든크로스가 발생한 이후, 지수는 꾸준히 상승하는 모습을 보였습니다. 엄청난 상승장이었습니다. 최고 2,085pt까지 기록합니다. 만약 저 시점에 매수를 진행했다면 186%라는 엄청난 수익률을 달성했을 것입니다.

하지만 영원한 상승은 없습니다. 2008년 3주차(1,579pt) 데드크로스가 발생하게 됩니다. 이때 매도를 한다고 가정해도 수익률은 116.8%로 엄청난 수준인 것은 동일합니다. 그렇기에 상승장에서 이 이론을 활용해 매수, 매도 타이밍만 잘 잡으면 훨씬 안전하게, 큰 수익을 얻을 수 있습니다.

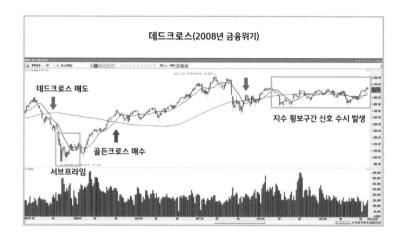

데드크로스(2008년 금융위기)

1. 1차 데드크로스 발생: 2008년 8월 3주차 / 1,579pt 매도 (+116.8%)

2. 1차 골든크로스 발생: 2009년 9월 2주차 / 1,653pt 매수

3. 2차 데드크로스 발생: 2011년 10월 3주차 / 1,855pt 매도 (+12.2%)

그리고 이후에 골든크로스-데드크로스가 한번 더 발생해 매수-매도를 진행했습니다. 그 과정에서 주가가 꽤나 상승했기 때문에 약 12.2%의 수익률을 기록하고 매도하게 됩니다.

서브프라임 당시에는 104주 이동평균선 기울기가 수평을 이루다가 하락추세로 바뀌었습니다.

모든 보조지표가 그러하듯 완벽한 지표는 없습니다. 따라서 데

드크로스 발생 시에는 일단 주의를 기울여야 합니다

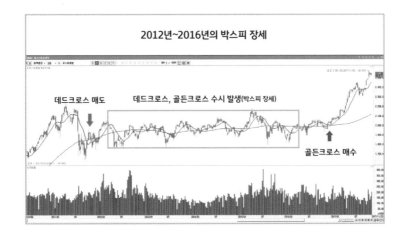

이후엔 2012년부터 2016년까지 약 5년간 골든크로스와 데드크로스가 수시로 발생하는 박스피 장세(박스권과 코스피의 합성어로, 코스피 지수가 박스권에서 움직이는 현상)에 접어듭니다. 각 매매에서 수익이 발생하기도, 손실이 발생하기도 하지만 박스피 장세라서 폭이 좁아 크게 의미 있는 수익이나 손실금액이 발생하지 않습니다.

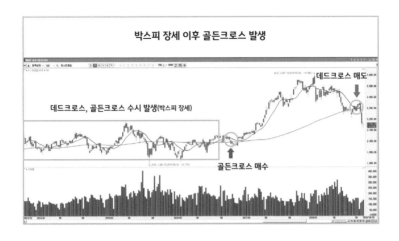

1. 골든크로스 발생: 2016년 8월 2주차 / 2,056pt 매수
2. 데드크로스 발생: 2018년 10월 1주차 / 2,349pt 매수(+14.3%)

지겨운 박스피장세를 깨고 2016년 8월 2주차에 다시 한번 골든크로스가 발생합니다. 그리고 다시 한번 쭉 상승한 후에 조정을 받다가 약 2년 뒤인 2018년 10월 데드크로스 신호가 나와 매도를 진행했는데, 약 14.3%의 수익률을 기록하게 됩니다.

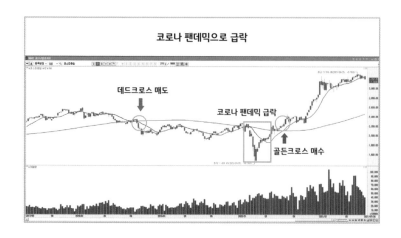

코로나 팬데믹으로 급락

데드크로스 매도

코로나 팬데믹 급락

골든크로스 매수

2018년 10월 1주차에 데드크로스가 발생한 이후, 코스피는 잠시 조정을 받으며 숨을 고르다가 2020년 2~3월 코로나 팬데믹으로 인해 엄청나게 하락합니다. 2020년 3월 20일엔 1,439pt를 기록하며 최저점을 기록합니다. 만약, 2018년 10월 데드크로스 발생 시 매도를 하지 않았다면 코로나 팬데믹에 의한 손실을 그대로 감수해야 될 상황이었습니다.

일단 여기서 특이한 점은 2019년 5월경부터 104주 이동평균선의 기울기가 마이너스로 변화하기 시작했습니다. 코로나 팬데믹 시기를 확대해서 살펴보도록 하겠습니다.

코로나 팬데믹 시기

데드크로스 발생

12주 이동평균선 반등 후 추가 하락

2020년 2월경 차트를 보면 12주-104주 이동평균선의 골든크로스는 발생하지 않았습니다.

최근 2020년 7월 4주차에 2,203pt에서 다시 한번 골든크로스가 발생했습니다. 다행히 104주 이동평균선의 기울기는 우상향하고 있고 골든크로스가 발생해 정배열된 상태입니다. 골든크로스가 발생한 후 매수를 했다고 가정하면 현재 지수가 약 3,200pt이니 약 45%의 수익률을 기록하고 있다고 보면 됩니다. 그리고 아직 데드크로스 신호가 안 나왔기에 긍정적 관점에서 시장에 대응하면 됩니다.

과거 발생한 세 번의 폭락장에서 모두가 손실을 보는 것은 아니었습니다. 12주-104주 이동평균선과 데드크로스 개념을 활용한 사람들은 대세 하락으로 인한 손실폭을 최소화했을 것입니다. 시장의 급락은 예상하지 못했기 때문에 어느 정도 손실은 봤을지언정, 큰 손실은 막을 수 있었을 것입니다. 그리고 이후 골든크로스 발생 시점엔 주식을 매수해 상승장에서 큰 수익을 얻을 수 있었을 것입니다. 즉, 급락장 이후 주가를 회복하는 장기 상승추세에서 12주-104주 이동평균선을 활용한다면 주식시장의 격언 중 하나인 '무릎'에 사서 '어깨'에 파는 매매를 실천할 수 있습니다.

게다가 이는 시장의 추세나 분위기를 판단하기에도 좋습니다. 12주 - 104주 이동평균선의 위치가 정배열, 역배열 중 어떤 모습을 하고 있는지, 이동평균선의 기울기가 우상향, 우하향인지에 따라 현 시장의 추세가 어떠한지 판단할 수 있습니다. 만약 정배열-우상향이라면 상승장이라 볼 수 있습니다. 반대로 역배열-우하향이라면 하락장이라 볼 수 있겠습니다.

물론, 주의해야 할 점도 있습니다. 횡보장 혹은 상승-하락 폭이 작은 상황에서는 매수-매도 신호인 골든크로스-데드크로스가 단기간에 빈번히 발생하기 때문에 반복된 매매로 인한 손실이 누적될 수 있습니다. 코스피는 박스권에서 오랜 기간 횡보하기에 박스피라는 별명도 갖고 있습니다. 그렇기에 횡보장 분위기에서는 가끔 이론을 벗어나는 유연성도 발휘할 수 있는 능동적인 투자자가 되시길 바랍니다.

06

투자 아이디어 얻기

프라임PB
영상으로
확인하기

주식투자는 좋은 기업을 찾아, 그 기업의 주식을 싼값에 매수하고 충분히 올랐을 때 매도하는 것이라고 할 수 있습니다. 이때까지 우리는 노련한 경험과 객관적인 수치를 통해 좋은 기업 그리고 그 매매법을 찾는 법을 다뤘습니다. 하지만 수치만으로 좋은 기업을 찾는 일은 꽤나 피로한 일이기도 합니다. 가끔은 산책하듯 가벼운 마음으로 투자 아이디어를 얻어도 좋습니다.

투자 아이디어는 매매 타이밍을 잡는 것이나, 종목 분석과는 조금 다른 영역입니다. 특정한 종목을 산다는 목표는 같지만, 자유롭게 본인이 가진 취미 생활이나 관심사를 통해 아이디어를 얻으려는 노력도 좋습니다. 본인이 심취해있는 영역은 남들보다 더 잘 파악할 수 있다는 장점도 있기 때문입니다. 물론, 무작정 취미 생활과 관련된 주식에 투자하라는 소리는 아니고, 그 속에서 아이디어를 찾고 그 기업이 괜찮은 기업인지 확인하면 됩니다.

가장 좋아하는 취미 생활속에서 투자 아이디어를 찾아보자!

주식투자 아이디어를 찾는 방법엔 여러 가지가 있습니다. 매일 경제 뉴스를 보면서 이슈를 발견하는 방법도 있고, 주식 관련 서적을 읽으면서 인사이트를 얻는 방법도 있고, 지인들과 스터디를 통해 의견을 공유하는 것도 좋습니다. 아이디어를 얻는 방법이야 무궁무진 하지만, 좋은 아이디어는 생각보다 쉽게 얻어지지 않습니다. 게다가 주변에 주식투자를 하고 있는 사람이 없으면 더 어렵습니다. 여러 잔소리로 상상력을 제한하기 때문입니다.

개인의 취미를 통해 투자 아이디어를 찾는다는 말조차 처음 듣는 분들도 있을 것입니다. 도대체 어떻게 해야 할지 감이 안 잡힐 수도 있으니 사례를 통해 같이 살펴보겠습니다. 저희 프라임센터 PB 중 한 명인 A의 스토리입니다.

영화광 A는 사실 증권회사에 들어오지 않았으면 영화쪽 일을 하고 싶어 할 만큼 영화를 좋아했습니다. 웬만한 영화는 혼자서라도 극장에서 다 챙겨 보기도 합니다. 그러다 2016년 7월 넷플릭스가 한국에 공식서비스를 시작했고, '미국에 상장된 넷플릭스가 얼

마나 대단하길래 PER을 100배나 받을까?' 하는 궁금증과 호기심
으로 그는 당연히 서비스 첫날 가입을 했습니다.

이후 넷플릭스 오리지널 드라마를 즐겨 보면서 넷플릭스의 다
양하고 과감한 콘텐츠 투자가 대단하다고 생각하던 중 국내 영화
사상 최초로 넷플릭스에서 지원받고 넷플릭스를 통해 공개한 영화
가 나왔으니, 2017년 개봉한 봉준호 감독의 〈옥자〉였습니다.

〈옥자〉 포스터

(출처: 넷플릭스)

이 영화도 큰 성공을 이뤘지만, A는 넷플릭스 오리지널 드라마에 더 큰 가능성이 있다고 보았습니다. 그런 그의 눈을 사로잡은 것은 〈킹덤〉이었습니다. 〈킹덤〉은 우리나라 최초로 넷플릭스로부터 투자를 받아 제작한 콘텐츠였습니다.

시즌제 드라마 〈킹덤〉은 2019년 1월 넷플릭스를 통해 그 첫 번째 시즌이 전 세계에 공개되었습니다. A는 조선시대를 배경으로 좀비(〈킹덤〉 속 생사역), 공포, 액션물인 드라마를 개인적으로 정말 재미있게 보았고, 일년 후인 2020년 3월 〈킹덤〉의 시즌2가 공개되었습니다. 당시 〈킹덤〉에 나온 조선시대 사람들이 쓰던 '갓'이 외국인들에게 엄청나게 어필했고 조선시대를 배경으로 궁궐(경복궁)을 정말 화려하고 섬세하게 표현했으며, 현란한 액션과 빠른 스토리 전개 등으로 전 세계에 K-좀비 드라마라는 열풍을 불러왔습니다. 시즌1의 흥행에 이어, 시즌 2가 나온 직후 언론 보도를 보면 당시 〈킹덤〉으로 촉발된 K-드라마의 글로벌 위상을 알 수 있습니다.

"〈킹덤〉 시즌2 국내를 너머 해외에서도 뜨겁다. 인기 배우들의 열연과 탄탄해진 서사, 더 빠르고 무서워진 생사역이 시너지 효과를 일으키며 폭발적인 반응을 일으키고 있다.

앞서 〈킹덤〉은 시즌1 공개 이후 'K-좀비'라는 신조어를 만들어 냈다. 뉴욕타임스에 "한국 사극의 관습을 파괴한 작품"이라고 소개된 것과 더불어 LA할리우드의 선셋 블러바드, 웨스턴 에비뉴, 뉴욕 타임스퀘어 등 미국 엔터계의 상징적인 장소에 〈킹덤〉

의 옥외 광고가 게재된 것. 〈킹덤〉의 주역 주지훈과 배두나 등은 〈킹덤〉이 해외에서 얻는 인기에 대해 기뻐하며 많은 놀라움을 표하기도 했다.

190여 개국에서 동시에 공개된 〈킹덤〉 시즌 2는 한국뿐만 아니라 해외에서도 여러번 '오늘 Top 10 콘텐츠'에 이름을 올리며 그 인기를 유지하고 있다. 각종 SNS와 온라인 커뮤니티에서도 〈킹덤〉 시즌 2에 대한 극찬도 쏟아지고 있다.

영화 및 드라마 평점 전문 사이트 '로튼 토마토'에 따르면 〈킹덤〉 시즌2는 신선도 지수 100%(2020년 3월 20일 기준)를 기록했고, 시즌1은 93%를 기록한 바 있다. 영화 데이터베이스 사이트 IMDb에서도 시즌1은 평균 평점 8.3점을, 시즌2는 8.9점을 기록했다.

주역 주지훈이 인터뷰에서 〈킹덤〉 시즌2가 재밌는 시나리오와 긴장감 있는 전개가 해외에서도 사랑받을 수 있었던 이유라고 밝힌 것과 더불어, 하재근 문화평론가 역시 "속도가 빠른 한국형 좀비에 사회적인 문제를 이야기로 풀어 더 자극적이고 신선하게 다가간 것 같다"리며 〈킹덤〉 시즌2의 인기에 대해 말했다."

-〈'킹덤2' 해외에서도 핫하다(MK초점)〉,
매일경제 스타투데이 양소영 기자

증권사 직원의 직업적 본능으로, A는 자연스럽게 킹덤의 제작사를 찾아보기 시작했습니다. '에이스토리'라는 처음 들어보는 곳이었으며 마침 상장을 앞두고 있는 제작사였습니다. 이것이 그의 취미생활에서 얻은 투자 아이디어였습니다. 그는 우선 이 이름을 메모해두었습니다.

2019년 7월 상장 후 큰 변동 없이 움직이던 주가를 보던 와중 시간이 흘러 2020년 3월 〈킹덤〉 시즌2의 공개를 앞두고 코로나 팬데믹이 발생하면서 국내외 주식시장이 급락하기 시작했습니다. 시즌 2의 공개가 호재로 작용하지 않을까 기대했으나 당사의 주가는 오히려 신저가를 형성하고 있었습니다.

주가는 상장 이후 최저가를 기록하긴 했으나, 그는 넷플릭스로부터 투자를 받았다는 것 하나만으로도 에이스토리에 대해 진지하게 고민하기 시작했습니다. 넷플릭스는 한번 제작을 맡기면, 제작비가 얼마가 들건 양질의 콘텐츠를 만들 수 있는 스튜디오라 인정해주고 감독과 작가에게 작품 제작과 관련해 일체의 간섭을 하지 않습니다.

넷플릭스 오리지널 시리즈 제작 스튜디오, 즉 에이스토리를 음식점에 비유한다면 "미슐랭 가이드로부터 별점을 받는 것과 같다고 볼 수 있다"라고 생각했습니다.

A에게 〈킹덤〉은 시즌1부터 너무 재밌는 콘텐츠였고, 그의 지인들 또한 같은 평가를 했습니다. 당시 그의 심정을 생각해 보며, 에이스

토리의 주가 움직임을 가져왔습니다.

에이스토리(2019년 7월 상장)

에이스토리의 상장 시점은 〈킹덤〉 시즌1 이 넷플릭스를 통해 먼저 공개된 후인 2019년 7월입니다. 〈킹덤〉 시즌2가 2020년 3월 20일에 공개되었으나, 코로나 사태로 인해 시즌2 공개된 3월 20일의 주가는 최저점을 기록하게 되는 아이러니한 상황이 발생했습니다.

코로나로 전 세계 주식시장이 하락할 당시는 외부활동의 제한으로 대부분의 경제활동이 상당 기간 멈출 것이라는 우려감이 확산되는 시기였습니다. 그로 인해 환자가 많이 발생하는 유럽을 기점으로 국가 간 무역이 봉쇄되고, 경제활동이 중단되는 초유의 사태가 발생하기도 했습니다. 사람들이 외부활동을 극도로 자제하니, 사실상 OTT 업체는 코로나로 인한 수혜 업종으로 (넷플릭스) 생각할 수 있었습니다. 하지만 3월 말, 4월 초의 주가 하락 흐름은 코로

나 팬데믹 사태의 수혜 업종이라는 역발상조차 할 수 없을 만큼 어
려운 상황이었습니다.

당시의 분위기는 극장 관람객도 줄 것이며, 영화 및 드라마 제작
등 모든 경제활동이 중단될 것이라는 극도의 위기감이 팽배한 시
점이었습니다. 주식시장은 공포 그 자체였고, 신저가를 기록한

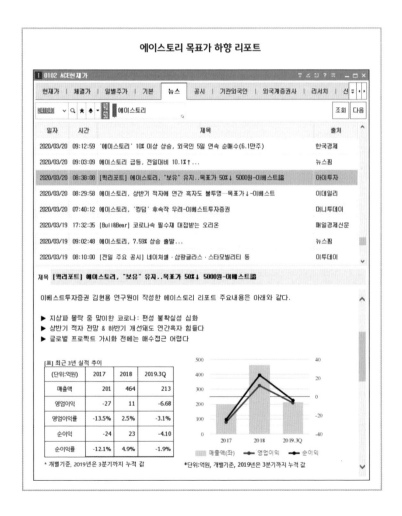

2020년 3월 20일 모 증권사에서 에이스토리의 목표가를 50% 하향하는 보고서도 발간되었습니다.

그러나 얼마 지나지 않아 다른 증권사에서 위기는 기회라는 긍정적인 리포트가 발간되었습니다.

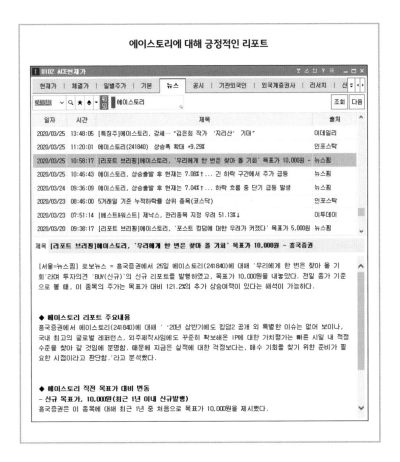

리포트를 보던 와중 A는 자신의 생각과 동일한 한줄이 눈에 들어왔습니다. "국내 최고의 글로벌 레퍼런스 외주 제작사", A 역시도 이를 에이스토리의 가장 중요한 투자 포인트라고 생각하고 있었습니다. 이후 코로나 팬더믹으로 수혜를 받은 넷플릭스의 주가가 상승하기 시작하면서 국내 업체 중 넷플릭스에 최초로 드라마를 제

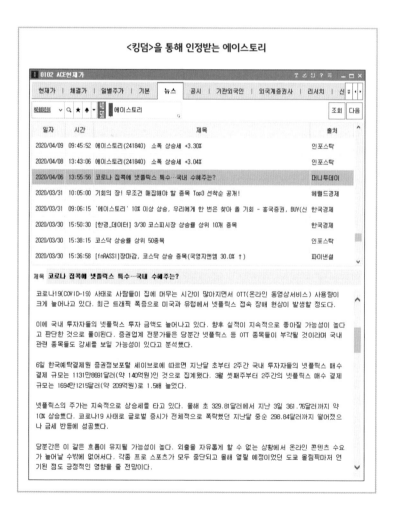

공한 에이스토리가 주목받기 시작했습니다. 결국 주목받을 수 있는 주 원인은 제작한 드라마가 전 세계에서 호평을 받았고 재미를 인정받았기 때문이었습니다.

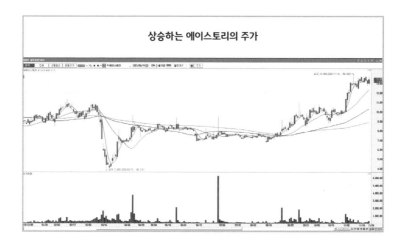

에이스토리의 주가도 서서히 반등을 하기 시작했고, 〈킹덤〉 시즌 3 제작을 발표했으며, 당사의 대작 라인업 중 하나인 〈지리산〉 제작 발표가 나오며 시장에서 주목받기 시작했습니다.

넷플릭스 공급 계약으로 '이미 검증된 콘텐츠 제작사'로 평가 받으면서 신작 제작비의 대부분을 우선판권 및 공급계약으로 충당했고, 추가 판권 판매에 따른 부가 수입이 예상되면서 증권사의 호평이 이어지기 시작했습니다.

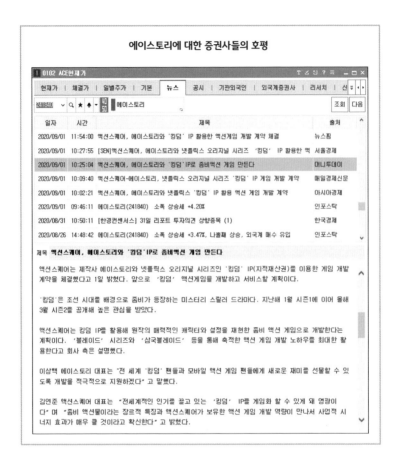

에이스토리에 대한 증권사들의 호평

평소 영화를 즐겨보던 A에게 넷플릭스의 모든 콘텐츠가 재미있는 것은 아니었습니다. 그러나 한번 〈킹덤〉에 사로잡힌 그는 '어디서 만들었을까' '관련주는 뭐가있을까' 등의 질문을 스스로에게 던지며 종목에 대한 호기심을 갖기 시작했습니다.

이후 종목에 대한 분석에 들어갔습니다. 〈킹덤〉에 객관적인 평가를 눈여겨 봤습니다. 특히나 '조선시대 좀비물'이라는 특이한 장

르였기에, 그는 평론가들의 평점과 대중들의 평점을 심심치 않게
확인했습니다.

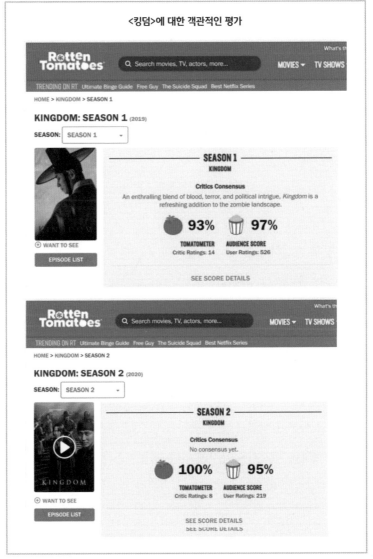

(출처: 로튼토마토)

영화와 드라마에 대한 객관적인 평가가 가능한 로튼토마토 (rottentomatoes.com)를 통해 전문가와 일반 시청자의 평가를 확인해보니 역시나 높은 점수를 받고 있었습니다.

비록 주식시장의 위기로 주가는 폭포수처럼 떨어졌지만, 에이스토리에 대한 관심이 확신으로 바뀌어 가고 있었습니다. 그래서 전부는 아니더라도, 조금씩 사두었습니다. 에이스토리의 주가는 〈킹덤〉 시즌2가 공개된 2020년 3월 20일에 5,000원으로 엄청난 하락을 했지만 이후 꾸준하게 올라 2021년 초 5만 원까지 상승했습니다.

에이스토리 주가 상승의 원인은 콘텐츠 제작 회사로서 위기 속에서도 꾸준히 양질의 콘텐츠를 만든 것입니다. 당연한 이야기지만, 본업에 충실하고 훌륭하며 다른데 한눈팔지 않는 회사의 주가는 결국에 올라가게 됩니다.

K-pop 성공사례를 참고한 K-드라마 투자 아이디어

콘텐츠 시장이 이렇게 많이 주목을 받으니, 또 어떤 종목이 있을지 궁금해하는 투자자들이 많습니다. 넷플릭스의 대항마라고도 여겨지는 디즈니플러스의 한국진출과 관련한 주식이 어떤 것이 있는지 살펴보겠습니다.

우선, 디즈니 하면 미키마우스, 디즈니랜드, 인어공주, 도널드 덕,

미녀와 야수 등 고전적인 캐릭터들이 생각납니다. 그리고 이들을 만든 디즈니에게는 수많은 자회사들이 있습니다. 마블, 스타워즈, 루카스 필름, 20세기 폭스, ESPN, ABC 드라마 등 다수의 스튜디오 영화사 방송사 등이 그들입니다. 미국의 유명 콘텐츠를 싹쓸이한 탐욕스러운 미키마우스로도 표현되기도 합니다.

IP괴물, 디즈니

(출처: Reddit)

이런 디즈니가 서비스하는 디즈니 플러스가 미국을 비롯한 해외 국가에서 서비스를 시작했고 한국에도 2021년 11월에 서비스할 예정입니다. 한국에서의 디즈니 플러스가 넷플릭스처럼 성공을 거둘지, 또 이들의 확장성은 얼마나 될지 고민해 보면 됩니다.

넷플릭스와 디즈니 플러스와의 가장 큰 차이점은 둘 다 콘텐츠에 엄청난 투자를 하고 있다는 점입니다. 다만, 디즈니는 기존에 흥행한 IP를 대량으로 확보하고 있습니다.

1. 클래식 디즈니 만화들(인어공주, 미녀와 야수, 라이언킹 등)

2. 픽사 만화들(토이스토리, 니모를 찾아서, 카 등)

3. 스타워즈, 및 마블 유니버스(아이언맨, 토르, 캡틴아메리카, 타노스, 헐크, 호크아이 등)의 엄청나게 많은 캐릭터들

4. 20세기 폭스사 영화 속 캐릭터들

전 세계 역대 흥행 순위 50개 중 30개가 디즈니가 판권을 갖고 있는 것이기도 합니다. 이들을 기반으로 디즈니는 드라마, 실사 영화 등 새로운 콘텐츠를 계속 생산하고 있습니다.

역대 영화 흥행 순위 중 디즈니가 판권을 보유한 영화는 다음과 같습니다.

이러한 디즈니가 한국에 본격적으로 진출하면, 우선 콘텐츠 제작사(CP)와 이를 공급하는 통신사에게 주목이 갈 것입니다. 특히 다양하고 우수한 콘텐츠를 제작한 경험이 있고 검증된 CP로부터

역대 흥행한 영화 중 디즈니가 보유한 영화

순위	제목	전 세계 총 수익	국내 총 수익	국내%	해외 총 수익	해외%	년도
1	아바타	$2,847,246,203	$760,507,625	26.70%	$2,086,738,578	73.30%	2009
2	어벤져스: 엔드게임	$2,797,501,328	$858,373,000	30.70%	$1,939,128,328	69.30%	2019
3	타이타닉	$2,201,647,264	$659,363,944	30%	$1,542,283,320	70%	1997
4	스타워즈: 깨어난 포스	$2,069,521,700	$936,662,225	45.30%	$1,132,859,475	54.70%	2015
5	어벤져스: 인피니티 워	$2,048,359,754	$678,815,482	33.10%	$1,369,544,272	66.90%	2018
6	쥬라기 월드	$1,670,516,444	$652,385,625	39%	$1,018,130,819	61%	2015
7	라이온 킹	$1,667,635,327	$543,638,043	32.60%	$1,123,997,284	67.40%	2019
8	어벤져스	$1,518,815,515	$623,357,910	41%	$895,457,605	59%	2012
9	분노의 질주: 더 세븐	$1,515,341,399	$353,007,020	23.30%	$1,162,334,379	76.70%	2015
10	겨울왕국 2	$1,450,026,933	$477,373,578	32.90%	$972,653,355	67.10%	2019
11	어벤져스: 에이지 오브 울트론	$1,402,809,540	$459,005,868	32.70%	$943,803,672	67.30%	2015
12	블랙 팬서	$1,347,597,973	$700,426,566	52%	$647,171,407	48%	2018
13	해리 포터와 죽음의 성물: 2부	$1,342,321,665	$381,409,310	28.40%	$960,912,355	71.60%	2011
14	스타워즈: 라스트 제다이	$1,332,698,830	$620,181,382	46.50%	$712,517,448	53.50%	2017
15	쥬라기 월드: 폴른 킹덤	$1,310,466,296	$417,719,760	31.90%	$892,746,536	68.10%	2018
16	겨울 왕국	$1,281,508,100	$400,953,009	31.30%	$880,555,091	68.70%	2013
17	미녀와 야수	$1,264,434,525	$504,481,165	39.90%	$759,953,360	60.10%	2017
18	인크레더블 2	$1,244,639,527	$608,581,744	48.90%	$636,057,783	51.10%	2018
19	분노의 질주: 더 익스트림	$1,236,005,118	$226,008,385	18.30%	$1,009,996,733	81.70%	2017
20	아이언맨 3	$1,214,811,252	$409,013,994	33.70%	$805,797,258	66.30%	2013
21	미니언즈	$1,159,444,662	$336,045,770	29%	$823,398,892	71%	2015
22	캡틴 아메리카: 시빌 워	$1,153,337,496	$408,084,349	35.40%	$745,253,147	64.60%	2016
23	아쿠아맨	$1,148,485,886	$335,061,807	29.20%	$813,424,079	70.80%	2018

역대 흥행한 영화 중 디즈니가 보유한 영화

순위	제목	전 세계 총 수익	국내 총 수익	국내%	해외 총 수익	해외%	년도
23	아쿠아맨	$1,148,485,886	$335,061,807	29.20%	$813,424,079	70.80%	2018
24	반지의 제왕: 왕의 귀환	$1,146,030,912	$377,845,905	33%	$768,185,007	67%	2003
25	스파이더맨: 파 프롬 홈	$1,131,927,996	$390,532,085	34.50%	$741,395,911	65.50%	2019
26	캡틴 마블	$1,128,462,972	$426,829,839	37.80%	$701,633,133	62.20%	2019
27	트랜스포머 3	$1,123,794,079	$352,390,543	31.40%	$771,403,536	68.60%	2011
28	007 스카이 폴	$1,108,569,499	$304,360,277	27.50%	$804,209,222	72.50%	2012
29	트랜스포머: 사라진 시대	$1,104,054,072	$245,439,076	22.20%	$858,614,996	77.80%	2014
30	다크 나이트 라이즈	$1,081,142,612	$448,139,099	41.40%	$633,003,513	58.60%	2012
31	스타워즈: 라이즈 오브 스카이워커	$1,078,232,589	$515,202,542	47.80%	$563,030,047	52.20%	2019
32	조커	$1,074,419,384	$335,451,311	31.20%	$738,968,073	68.80%	2019
33	토이 스토리 4	$1,073,394,593	$434,038,008	40.40%	$639,356,585	59.60%	2019

(출처: www.boxofficemojo.com)

공급받을 가능성이 많다고 생각이 됩니다. 상장된 드라마, 영화 제작 스튜디오들을 한번 살펴보도록 하겠습니다.

최근에 많은 관심을 받게된 NEW(160550)입니다. New는 디즈니와 파트너십을 맺고 5년간 연간 1회 작품을 공급하기로 했고, 디즈니는 New의 자회사 '스튜디오앤 뉴에 660억 원을 투자한다고 발표했습니다. 일단 두 개의 디즈니 콘텐츠를 만들 예정이라고 발표

NEW

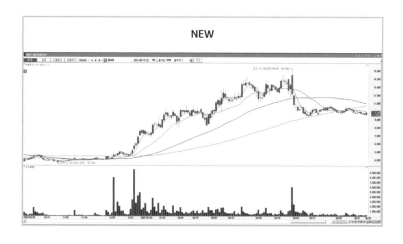

NEW에 대한 리포트

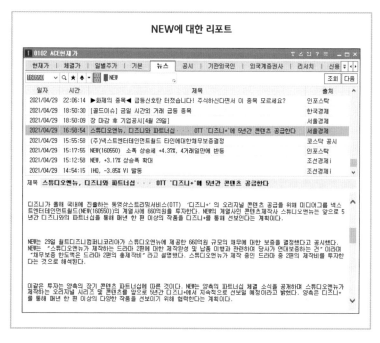

했습니다. "루머에 사서 뉴스에 팔라"라는 증시격언 때문인지 모르 겠으나 2021년 4월 29일 언론 보도가 발표된 후 주가는 하락을 했 습니다.

다른 드라마, 영화 제작사들의 주가 흐름은 다음과 같습니다.

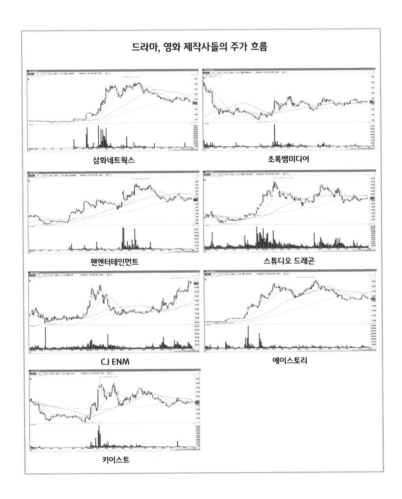

다양한 종목들이 각기 다른 양상을 보여주고 있습니다. 하지만 올라가는 주식은 그만큼 오르는 이유가 있고 빠지는 주식은 빠지는 이유가 있습니다. 현재 가장 강세를 보이고 있는 건 고점을 돌파하는 CJ ENM인 것을 알 수 있습니다.

CJ ENM은 국내에서 가장 막강한 영화 및 드라마 제작, CGV를 통한 영화관 사업 등을 영위하는 국내 미디어 업체 중 가장 강력한 업체입니다. 다수의 CATV 방송 채널을 소유하고 있고, 앞서 이야기한 에이스토리 그리고 가장 드라마를 잘 만드는 스튜디오 드래곤의 최대주주이기도 합니다. 다시 말해 국내 영화, 드라마 제작 분야의 '삼성전자'라고 할 수 있습니다.

이제 CJ ENM에서 직간접적으로 제작한 드라마가 세계 시장에서도 성공할 수 있을지 확인하는 것이 다음 단계입니다.

넷플릭스는 오리지널 시리즈를 외주로 제작하기도 하지만 우수한 콘텐츠를 직접 구매해 스트리밍 서비스를 하기도 합니다. 시청률(전 세계 구독자가 어떤 드라마, 영화를 많이 보고 있는지는 오픈하지 않습니다)은 외부로 공개하지 않으나 넷플릭스 앱에 접속하면 그날의 인기순위를 볼 수 있습니다. 물론 가입한 계정의 국가 기준으로 순위가 공개됩니다.

　그런데 우리는 K-드라마가 해외에서도 흥행할 수 있는지 판단을 하려고 합니다. 즉, 넷플릭스에 공개된 한국 드라마의 글로벌 순위가 필요합니다. 이는 플릭스 패트롤(Flix Patrol)이라는 웹사이트에서 확인 가능합니다.

플릭스 패트롤에서 글로벌 순위 확인

(출처: 플릭스 패트롤)

플릭스 패트롤에 접속하면 넷플릭스, HBO, 디즈니 플러스, 아마
존, 아이튠즈, 구글 등 글로벌 OTT 업체에서 제공하는 콘텐츠의
순위를 확인할 수 있습니다.

넷플릭스의 2021년 전체 드라마 순위

	TITLE	POINTS	CHANGE	COUNTRIES
1.	Lupin	42,475	–	83
2.	Bridgerton	33,922	–	82
3.	New Amsterdam	32,751	–	75
4.	Who Killed Sara?	30,363	–	79
5.	Ginny & Georgia	28,496	–	78
6.	Sex/Life	27,505	–	81
7.	Vincenzo	19,177	–	55
8.	Lucifer	19,089	–	79
9.	Behind Her Eyes	17,409	–	80
10.	Yo soy Betty la fea	17,228	–	16

(출처: 플릭스 패트롤)

2021년 현재 넷플릭스에서 서비스하는 드라마 중 전 세계에서 가장 많이 본 드라마를 살펴보겠습니다. 플릭스 패트롤에서 확인한 결과, 드라마 〈빈센조〉는 전 세계 7위에 랭크하고 있습니다.

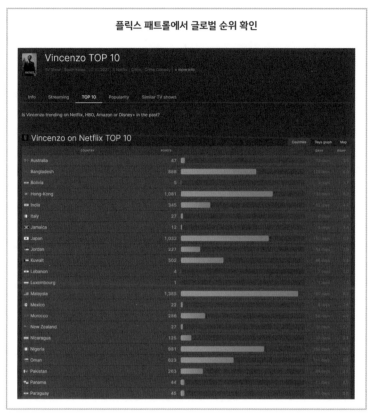

특히 홍콩, 일본, 태국 등 동남아와 중동에서도 인기가 많은 것을
확인할 수 있습니다.

넷플릭스의 2020년 글로벌 드라마 순위

(출처: 플릭스 패트롤)

이번에는 2020년 순위를 한번 보도록 하겠습니다.

19위에 랭크된 드라마는 〈사이코지만 괜찮아〉라는 한국 드라마 입니다. 〈빈센조〉 〈사이코지만 괜찮아〉는 CJ ENM의 계열사인 tvn 을 통해 방송되었고 두 드라마 제작사는 스튜디오 드래곤이며 당 사는 CJ ENM에서 55%를 보유하고 있습니다. 동남아 중국 중동 에서 K-드라마가 인기가 많다는 건 각종 뉴스를 통해서 많이 알려 진 사실입니다.

시장 규모가 큰 일본 시장을 보도록 하겠습니다.

넷플릭스의 2020년 일본 드라마 순위

TOP TV Shows on Netflix in 2020

			Overview	Full Details
1.	Crash Landing on You	2,239		
2.	Demon Slayer: Kimetsu no Yaiba	1,702		
3.	Itaewon Class	1,534		
4.	Jujutsu Kaisen	741		
5.	It's Okay to Not Be Okay	701		
6.	Fire Force	568		
7.	Haikyu!!	496		
8.	What's Wrong with Secretary Kim	444		
9.	Start-Up	407		
10.	Ahiru no Sora	396		

(출처: 플릭스 패트롤)

다음은 2020년 넷플릭스를 통해 일본에서 가장 많이 본 드라마 순위입니다.

1위 사랑의 불시착

3위 이태원 클라스

5위 사이코지만 괜찮아

8위 김비서가 왜 이럴까

9위 스타트업

놀랍게도 10개 중 한국드라마가 5개, 나머지 5개는 일본에서 제작한 애니메이션입니다. 일본에서는 미국 유럽에서 만든 어떤 드라마보다 한국드라마가 강세인 것을 볼 수 있습니다. 2021년 현재 시점에서 일본 시장을 보도록 하겠습니다.

넷플릭스의 2021년 일본 드라마 순위

	TOP TV Shows on Netflix in 2021		Overview Full Details
1	Jujutsu Kaisen	1,203	
2	Tokyo Revengers	1,057	
3	Vincenzo	1,032	
4	Tokyo Revengers	1,020	
5	Crash Landing on You	974	
6	My Hero Academia	531	
7	Attack on Titan	494	
8	That Time I Got Reincarnated as a Slime	465	
9	The Seven Deadly Sins	369	
10	Nevertheless	332	
11	Mine	306	

(출처: 플릭스 패트롤)

　3위가 〈빈센조〉이고 5위는 〈사랑의 불시착〉입니다. 나머지는 전부 일본 애니메이션입니다. 넷플릭스에서 흥행한 한국 드라마를 한번 보도록 하겠습니다.

　　사랑의 불시착: tvn방영, 스튜디오 드래곤

　　이태원 클라스: JTBC 방영, 쇼박스

　　사이코지만 괜찮아 : tvn방영, 스튜디오 드래곤

　　김비서가 왜 그럴까: tvn방영, 스튜디오 드래곤

　　스타트업 : tvn 방영, 스튜디오 드래곤

　　CJ ENM의 콘텐츠 제작 능력을 확인할 수 있습니다.

　　잠시 멈추고, 한류의 다른 흐름인 K-Pop 문화에 대해서 생각해

봅시다. K-Pop은 중국(안재욱, HOT), 동남아, 일본(보아)를 거쳐, 미국 시장에서 성장을 거뒀습니다. 그리고 지금은 K-드라마가 동남아, 심지어 일본 시장에서도 선풍적인 인기를 끌고 있습니다. K-드라마가 조만간 유럽과 미국에서도 큰 인기를 얻을 수 있을 것이라 생각합니다.

또한, 영화 〈기생충〉이 아카데미 작품상을 받으면서 한국 영화사의 한 획을 그었으며 배우 윤여정 씨가 아카데미 여우조연상을 받으면서 한국 영화의 위상을 이어갔습니다. 이제 자연스레 K-드라마가 올라갈 차례입니다.

에스엠(SM엔터테인먼트), 하이브(하이브 엔터테인먼트), JYP Ent(JYP 엔터테인먼트)의 주가가 신고가를 경신하고 있습니다. 다음 차례는 K-드라마라고 생각하고 있습니다. 영화를 좋아하다 보니 에이스토리에서 투자 아이디어를 얻었고 자연스럽게 공부를 하다 보니 K-드라마 성장 스토리를 상상해보았습니다. 주식은 성장 스토리라는 꿈을 먹고 상승합니다. 본인의 관심분야, 취미생활, 생활 속에서 얼마든지 투자 아이디어를 찾을 수 있습니다.

05

부록

고객에게 가장 많이 받은 질문 TOP10

프라임PB 영상으로
고객의 TOP10
질문과 답변 확인하기

01

주식 투자자라면 누구나 바로 "계란을 한 바구니에 담지 말라"라는 말을 들어봤을 것입니다. 그리고 이 바구니에 따라 투자자의 포트폴리오가 만들어집니다. 포트폴리오투자를 한 마디로 정의하자면, 성격이 다른 다수의 주식에 분산투자를 통해 특정 기업에만 해당하는 위험을 회피하는 투자기법이라고 말할 수 있습니다.

물론 분산투자를 한다고 해도 천재지변, 금융위기, 지정학적 리스크 등 주식시장 전체에 영향을 미치는 체계적 위험을 피할 수는 없습니다. 그러나 다수의 종목에 분산투자함으로써 특정 기업에 국한된 위험은 어느 정도 회피하거나 줄일 수 있습니다. 그럼 주식 포트폴리오를 구성하는 방법에 대해 알아보겠습니다.

첫 번째 투자대상 지역을 분산하는 방법으로 국내 주식과 해외 주식에 함께 투자하는 것입니다. 국내 주식과 해외 주식 비중은 개인별 투자경험이나 투자성향에 따라 다를 수 있으나 글로벌시장에서 국내 기업이 차지하는 비중을 고려할 때 해외 주식 비중이 최소 30% 이상이 되도록 구성하는 것을 권해드립니다.

두 번째는 투자대상 주식의 업종을 분산하는 방법입니다. 주식시장에서 차지하는 업종별 비중을 참고로 IT, 자동차 등 경기 관련 소비재, 에너지, 화학, 철강, 조선, 건설 등 소재/산업재, 음식료, 의류, 화장품, 소매 등 내수소비재, 금융, 플랫폼, 바이오 등 산업전반에서 대표 기업을 선택합니다.

해외 주식의 경우 국내 기업들만큼 투자정보가 많지 않으므로 산업 전반에 투자하기 보다는 미국 빅테크기업 내수소비 등 글로벌 시장을 주도하는 업종 대표주를 선택하는 방법입니다.

세 번째는 투자 기간에 따라 분산하는 방법입니다. 이 방법은 위험을 줄이기 위한 분산투자와는 연관성이 크지 않으나 투자기법의 하나로 선택할 수 있는 방법입니다. 기업이나 산업의 라이프 사이클에 맞추어 현재는 수익성이 높지 않으나 향후 성장 가능성이 높은 성장주는 장기 투자용으로, 현재 수익성이 높아 캐시카우에 해당하는 가치주 종목은 단기 또는 중기 투자용으로 편입하고 각종 테마주나 단기 매매에 적합한 종목을 적절히 분산해 투자하는 방법입니다.

포트폴리오에 포함될 종목을 선정하고 나면 편입 비중을 결정하는 문제가 남습니다. 종목별 편입 비중 역시 투자성향이나 선호도에 따라 달라질 수 있으나 시가총액 비중에 따라 가중치를 두는 방식이나 모든 종목을 동일 비중으로 편입하는 방식이 일반적입니다.

이렇게 심혈을 기울여 주식 포트폴리오를 구성했다고 해도 시간이 지나고 투자환경이 달라지면 주기적으로 점검하고 변경해야 합니다. 편입 이후 종목의 업황이나 투자수익률의 변화에 따라 종목을 편입 또는 편출하거나 투자비중을 조절하는 작업을 주기적으로 해야만 성공적인 포트폴리오를 유지할 수 있을 것입니다.

02

ETF투자가 끌리는데 투자하는 방법과 꿀팁을 알고 싶어요.

주식에 직접 투자하기엔 어떤 종목을 사야 할지 고민되고, 그렇다고 펀드에 가입하면 내 펀드가 어떻게 운영되고 있는지 알 수 없어 답답하신 분들에게 적합한 상품이 있습니다. 바로 ETF에 투자하는 방법입니다.

ETF는 Exchange Traded Fund의 약자로 상장지수펀드라고 합니다. 일종의 인덱스펀드로 자산운용회사가 운용하는 간접투자 상품이지만 주식처럼 누구나 매매할 수 있도록 증권거래소에 상장시켜 놓았다는 뜻입니다.

ETF가 펀드와 차별화되는 강점이 몇 가지 있는데 첫째, 거래의 편의성입니다. 일반적으로 주식형펀드의 경우 가입 절차가 까다롭고 거래가격도 내 맘대로 정하는 게 아니라 당일 종가가 반영된 기준가라는 가격으로 거래해야 합니다. 반면, ETF는 주식처럼 실시간 시세를 확인하면서 내가 원하는 가격에 사고 팔 수 있습니다.

둘째, 운용 과정의 투명성입니다. 대다수 주식형펀드는 투자전략을 공개하긴 하나 구체적인 편입 종목과 비중은 펀드매니저가 결정하며, 세부적인 자산내역도 다음 분기에 공개하도록 되어 있습니다. 반면, ETF는 설정 당시 벤치마크가 되는 기초지수를 미리 정하고 이 지수와 동일한 종목과 투자비중으로 포트폴리오를 구성합니다. 따라서 펀드매니저가 임의로 투자대상 종목이나 편입비중을 조절할 수 없으며, 추종지수 움직임을 추적하면서 오차를 조정하는 거래만을 하게 됩니다. 즉, ETF의 특성상 포트폴리오가 공개되어 있어 내가 가입한 ETF가 어떤 종목을 얼마나 가지고 있는지 실시간으로 확인이 가능합니다. 물론, ETF도 추적지수를 그대로 추적하는 패시브(Passive) ETF뿐 아니라 펀드매니저의 역량을 발휘해서 초과수익을 추구하는 액티브(Active) ETF도 있긴 하나, 비중이 크지 않습니다.

셋째, 투자비용이 절감됩니다. ETF의 수수료는 펀드 수수료 대비 절반 또는 그보다 훨씬 낮은 수준이어서 거래비용이 절감되는 만큼 수익률을 제고할 수 있습니다.

ETF의 명칭만으로 어떤 회사가 운용하는지, 어떤 자산에 투자하는지를 알 수 있습니다. ETF 이름의 첫 번째 단락은 운용회사의 브랜드명이고 두 번째는 기초지수나 투자대상 자산을 의미합니다. 예를 들어 KODEX200이라는 ETF는 삼성자산운용이 운용하며 코스피200 지수를 추종하는 ETF라는걸 알 수 있습니다.

우리나라에서 ETF를 운용하는 회사는 삼성자산운용(브랜드명 KODEX), 미래에셋자산운용(TIGER), 한국투자자산운용(KINDEX), 키움자산운용(KOSEF), KB자산운용(KBStar), 한화자산운용(아리랑) 등이 있으며, 글로벌 시장의 경우 블랙록(ishares), 뱅가드(Vanguard), 스테이트 스트리트(SPDR), 인베스코(Invesco), ARK(ARK) 등이 있습니다.

ETF도 투자대상이나 스타일에 따라 종류가 다양합니다. 코스피 200, S&P500 등 시장 대표 지수를 추종하는 ETF, 업종이나 섹터를 추종하는 ETF, 대형주, 배당주, 성장주, 가치주 등 스타일 ETF, 파생상품을 이용해 추종지수와 반대 방향으로 움직이는 인버스 ETF, 추종지수 변동폭의 일정 배율씩 움직이도록 설계한 레버리지 ETF(2X, 3X)도 거래되고 있습니다.

ETF는 추종하는 지수에 편입된 기초자산의 가격 변동에 따라 수익구조가 정해지는 상품이라는 점에서 투자자의 경험이나 성향에 따라 투자전략이 달라질 수 있으나 포트폴리오를 구성해 분산투자하는 방법이 일반적입니다.

물론 ETF 자체로 포트폴리오 효과를 낼 수 있으나 시장 지수를 추종하는 ETF를 기본으로 하고 섹터나 스타일 ETF 몇 개를 동시에 포트폴리오로 만드는 것이 분산투자 효과를 극대화할 수 있습니다.

예를 들어 KOSP200을 추종하는 ETF와 S&P500을 추종하는

ETF를 50%가량 편입하고, 미래 성장성이 기대되는 섹터 한 두개와 현재 수익률이 좋은 섹터 한 두개를 동시에 편입하는 포트폴리오를 구성한 후 시장 상황에 맞게 주기적으로 종목이나 비중을 조절하는 전략입니다.

국내 ETF의 경우 현재가 화면의 기본 정보나 상품 정보를 보면 해당 ETF의 추종지수와 구성종목, 편입비중 등 관련 정보를 볼 수 있으며, 글로벌 ETF의 경우 ETF.com(https://www.etf.com)을 통해 규모나, 편입 종목, 가격추이, 벤치마크 대비 수익률 등을 확인할 수 있습니다.

03

　우선은 종목 백화점이 된 원인부터 살펴볼 필요가 있습니다. 대부분 사람들이 종목 백화점이 된 사유를 들어보면 방송 또는 주변에서 추천을 하는 종목들을 계속해서 사 모으면서 기존에 보유하고 있는 종목에 대해서는 분석 없이 무작정 가지고 감으로써 보유 종목이 무한정 늘어난 경우가 많습니다.

　종목 백화점의 해결 방법은 먼저 보유 종목을 업종별, 섹터별로 분류합니다. 같은 업종으로 분류가 된 종목들 안에서 대장주, 즉 가장 우량한 종목을 제외한 나머지 종목을 정리하고 그 대표 종목에 집중하는 방법이 있습니다.

　두 번째로는 손실 난 종목들 중에서 오랜 기간 주가가 반등을 못하고 계속 손실이 이어지는 부실한 종목들부터 과감하게 정리를

449

하는 결단력이 필요합니다. 한 번에 정리하기 힘들다면, 분할로 매도하면 편하게 정리할 수 있습니다.

세 번째로는 종목을 살 때에는 항상 목표주가나 손절라인을 정하는 게 중요합니다. 아무리 추천을 해서 좋다고 하더라도 막상 매수하고 나서 생각대로 주가가 움직이지 않는다면 위험관리 차원에서라도 손절라인을 정해 놓고 매매할 필요가 있습니다. 이런 투자 원칙을 지킨다면 종목 백화점이 될 가능성은 줄어들 거라고 생각됩니다.

마지막으로 본인이 보유 종목을 최대한 객관적으로 분석한 후 현재 시점에서 사고 싶은 종목은 가지고 가고, 팔고 싶은 종목은 매도를 하는 방법도 있습니다.

물론 이런 방법들을 실질적으로 실천하기는 상당히 어려울 것입니다. 그렇지만 끊임없는 투자습관에 대한 노력을 기울인다면 충분히 실천 가능할 것으로 생각됩니다. 지금부터라도 실천해 보시기를 바랍니다.

04

주식시장은 기업의 성장 가능성을 고려하여 미래가치를 6개월 이상 선반영하는 경우가 많습니다. 또한, 최근에는 글로벌 유동성 증가와 각국의 저금리에 따라 시장의 자금이 풍부하게 유입되었고, 기업의 미래가치보다는 수급에 의해 가격이 형성되는 경우가 종종 발생하고 있습니다.

증시에서는 이런 경우를 일명 '테마'라 부르고 있습니다. 이러한 테마주 거래비중이 시간이 갈수록 증가하고 있습니다. 유튜브, 포털 사이트 등을 통해 신속하게 정보를 취득할 수 있고 또한 국내 증시의 상하한가 등락폭이 30%이기에, 테마를 활용하는 데이 트레이딩의 비중은 꾸준히 확대되고 있습니다. 최근 테마에 편승된 상황을 살펴보겠습니다.

글로벌 산업(이슈) 체크…… 메타버스, 5G, 2차전지, 코로나 등

정부정책 체크…… 저출산, 뉴딜그린, 탈원전 등

급등한 종목 분석…… M&A, 신사업진출 등

기후변화에 따른 분석…… 친환경, 태양광, 풍력, 전기차, 탄소배출권 등

대선관련주…… 유명 정치인 등

여기서는 테마주를 매매하는 방법을 알아보겠습니다. 테마주 매매는 자칫 잘못되는 경우 손실을 볼 확률이 많다는 사실을 반드시 인식하고 자신이 있는 경우에만 매매해야 합니다.

테마주 매매의 핵심은 빠른 판단과 실행입니다. 최대한 테마형성 초기에 진입해야 하고 수급 즉, 거래량을 보고 매매시기를 판단해야 합니다.

예를 들어서 3~5% 상승에서 전일대비 거래량이 급속도로 증가하고 있는 상황에서 평상시 그 종목에 대한 호재를 미리 파악하고 있다면 빠른 데이트레이딩 종목으로 매수하면 좋은 방법입니다. 간략히 주식시장에서 테마에 따른 매매하는 방법/순서를 살펴보겠습니다.

매수하는 방법(순서)

1. 최근 증시에서 급상승하는 핫한 종목들을 분석한다.

2. 네이버에서 관련 종목들을 실시간 관심그룹으로 구성한다.

3. 장 시작과 함께 전일대비 거래량 급증하면서 플러스 3~5%인 종목을 분할매수한다.

4. 매수와 함께 손절가 자동예약주문으로 입력하면서 단기 매도에 치중한다.

5. 테마 매매는 매수보다는 매도가 더 중요하다는 것을 잊지 않는다(손절매 원칙을 철저히 지켜야 테마 매매에서 수익을 올릴 수 있습니다).

국내 주식투자가 좋은가요, 미국 주식투자가 더 좋은가요?

국내 주식과 미국 주식은 시장의 상황에 따라 달라지는데, 국내 투자는 신흥국 투자로, 미국 투자는 선진국 투자로 분류됩니다. 즉, 이 질문은 결국 신흥국 투자와 선진국 투자를 비교해봐야 답을 찾을 수 있습니다.

신흥국의 경우에는 선진국의 시장 상황 및 정책 등의 영향을 받습니다. 예를 들어, 2007년 서브프라임 사태는 미국의 모기지론 업체의 파산으로 시작되었으나, 국제금융시장에 신용경색을 불러왔으며, 최근의 경우에는 미국의 친환경 정책에 따라 우리나라의 관련주 움직임도 동조화되는 경향이 있었습니다. 또한 환율, 금리 등의 영향에 우리나라 시장도 함께 영향을 받고 있습니다.

결국, 선진국 시장의 흐름에 따라 신흥국 시장 역시 동조화되거나, 다른 흐름을 보일 수 있기 때문에, 선진국, 즉 미국 투자에 대해서는 항상 관심을 둬야 합니다. 개별적인 종목 투자일수록 수익률이 달라지므로 국내 주식이나 미국 주식 중 어느 것이 낫다고 말하기는 어려우나, 자산투자 측면에서는 선진국, 즉 미국 비중이 높을수록 리스크 관리에는 도움이 되지 않을까 싶습니다. 혹은 국내 주식투자만 하고 있다면, 미국 주식의 비중을 조금씩 늘려나가는 것도 방법이라고 봅니다.

06

FANG은 미국 시장의 대표적인 IT기업인 페이스북, 아마존, 넷플릭스, 구글의 앞자리를 따서 만든 용어입니다. 코로나 이후 미국 시장의 대표적인 성장주로 인식되며 테슬라, 애플과 함께 미국 시장을 이끈 대표적인 종목이라고 할 수 있겠습니다. 서학개미라 불리는 미국 주식에 투자하는 국내 투자자들도 이들 종목에 대한 매수세를 이어 갔으며, FANG 관련 ETF 출시 및 다양한 투자 형태로 상승세를 이어가고 있습니다.

하지만 최근 들어 코로나19 이후 지속적으로 유동성을 공급해왔던 연준에서 테이퍼링 가능성 및 금리 인상에 대한 의견이 조심스럽게 나오면서 시장의 추가 상승세가 둔화되고 일부 종목에서는 횡보 국면으로 접어드는 모습을 보여주고 있습니다. 최근 발표된 고용지표와 물가지표 등 경제 관련 지표들이 개선 추세를 보이면서 코로나 변이 바이러스 확산에도 불구, 미국 연준에서는 연내 테이퍼링을 실시할 가능성에 힘이 실리고 있는 상황입니다.

주가에 대한 고점 논란에도 불구하고 미국의 나스닥 지수는 꾸준한 상승세를 이어 가고 있는데요, 연준의 우려보다는 코로나 팬데믹 이후 기업들의 실적 강세에 따른 주가 반영이 지속적으로 이어지는 흐름으로 이해하면 좋을 것 같습니다.

코로나 이후 미국 시장은 테이퍼링 및 금리 인상에 대한 이슈도 있지만, 급격한 시장의 변동성 확대 보다는 연착륙을 시도할 것으로 보입니다. 앞서 말씀드린 FANG주식도 물론이지만, 테슬라, 애플, 엔비디아 등 매출 증가세에 대한 전망이 여전히 높은 종목들에 대한 지속적인 관심이 필요해 보입니다.

07

메타버스 이슈가 뭐죠? 우리나라에도 관련 기업이 있나요?

메타버스(Metaverse)란 메타(Meta, 초월) + 유니버스(Universe, 우주, 경험 세계)의 합성어입니다. 3차원 가상세계를 나타내는 의미로 사용되고 있는데, 본인을 대신할 수 있는 아바타를 통해 가상의 공간에서 다른 사람들과 정보를 공유한다는 개념입니다. 포함된 개념입니다. 4차 산업혁명, 전 세계적인 언택트 문화 확산 등에 의해 성장에 가속도가 붙었으며, 최근 대표적으로 제페토(증강현실 아바타 앱), 로블록스(ROBLOX)가 Z세대 및 알파세대에 큰 인기를 얻으며 확장되고 있습니다.

메타버스가 온라인 게임과 다른 특징은 사용자가 소셜 커뮤니케이션, 공연 관람 등 다양한 목적의 활동들을 그 목적 자체로 가상세계 내에서 이어나간다는 것입니다. 2020년 9월 제페토는 아이돌

그룹 블랙핑크의 팬 사인회를 개최했습니다. 조 바이든은 닌텐도 게임 '동물의 숲' 내에서 선거 활동을 펼치기도 했습니다. 실생활에서 일어나던 이벤트가 가상세계에서 일어나면서 현실을 대체하는 역할을 이어가고 있는 것입니다.

최근 메타버스에 관한 관심도가 올라가고 메타버스의 활용방안에 대한 전방위적인 확장세가 이루어지는 상황에서 KB자산운용에서는 국내 최초로 메타버스 펀드를 출시했습니다. 대선을 앞둔 국내 정치권에서도 코로나 시대를 맞이해 메타버스를 활용한 선거운동을 하나의 새로운 방식으로 제기되면서 국내 메타버스 관련주는 테마주의 형태를 이루며 상승세를 이어가고 있습니다.

국내 메타버스 관련주로는 가상세계 플랫폼 제페토를 보유한 NAVER, 최근 상장한 종목인 AR기술에 AI기술을 결합해 현실세계 기반 메타버스(Metaverse)를 구현할 수 있는 VPS(Visual Positioning System) 기술을 보유한 맥스트, 증강현실기기에 필요한 OLED장비를 제조하는 선익시스템, 메타버스 핵심 기술인 AR(증강현실), XR(확장현실) 콘텐츠 전문 제작사인 자이언트스텝 등 많은 종목들이 주목을 받으며 급등세를 보여주기도 했고, 이에 더해 5G, 클라우드, 데이터 센터, 기타 AR/VR 관련주, 게임 및 엔터 관련 콘텐츠 관련주 또한 메타버스 관련주로 주목을 받고 있습니다. 향후 메타버스에 대한 활용도와 성장성에 주목할 필요는 있으나 과도하게 급등하는 것에는 주의가 필요해 보입니다.

해외에서의 메타버스 관련주로는 대표적으로 오큘러스 퀘스트2

로 가상현실에서 주목받고 있는 페이스북, VR기기에 필요한 부품 및 AI기술에 사용할 GPU를 공급하는 엔비디아, 이용자가 급증하고 있는 게임 유통 플랫폼 로블록스 등이 주목받고 있습니다. AR/VR 관련 하드웨어 제작사와 소프트웨어 제작사 및 게임 등 콘텐츠, 데이터센터와 클라우드 등 전반적인 관심이 필요한 시점으로 보여집니다.

08

게임에 관심이 많은 MZ세대입니다.
게임주는 어떤 기업을 봐야 하나요?

시장 조사업체 Newzoo에 따르면 2020년 글로벌 게임 시장 규모는 1,593억 달러로 전년대비 9.3% 성장했습니다. 플랫폼별로는 모바일 게임이 772억 달러로 전체의 절반 수준을 차지하고 있고 콘솔(Console) 게임이 452억 달러로 28%, PC 게임이 369억 원 달러로 23%의 점유율로 모바일게임 비중은 증가하고 PC 게임 비중은 감소하는 추세입니다.

국가별로는 중국이 전체 시장의 20% 이상을 차지하며 1위를 달리고 있고, 미국, 일본, 한국 등이 뒤를 이어가고 있습니다.

글로벌 게임 매출 1위 기업은 홍콩증시에 상장된 중국기업 텐센트(00700.HK)로 리그오브레전드를 개발한 라이엇 게임즈, 클래시오브 클랜 개발사인 슈퍼셀, 포트나이트 개발사인 에픽게임즈 등 글로벌 게임업체를 인수했으며, 국내 기업인 넷마블, 카카오게임즈, 크래프톤 등에도 지분을 투자하는 한편 리니지 2 레볼루션, 검은 사막 등 국내 게임을 중국에서 유통하는 등 글로벌 시장에서 막강한 영향력을 보유하고 있습니다.

2020년 매출 기준 국내 게임업체 순위는 비상장기업인 넥슨이 매출액 3.1조 원으로 1위를 유지하고 있고, 넷마블이 2.4조 원, 엔씨소프트가 2.4조 원, 크래프톤이 1.6조 원 등 1조 원 이상의 매출을 기록하고 있으며 컴투스, 카카오게임즈, 펄어비스, 웹젠, 네오위즈 등이 뒤를 잇고 있습니다.

게임의 종류는 보드게임 같은 캐주얼 게임부터 슈팅게임, 스포츠 게임, RPG(롤플레잉게임)까지 다양한데 현재는 수십 또는 수백 명의 게이머가 같은 서버에 동시에 접속해 각자의 역할을 수행하는 MMORPG가 주류를 이루고 있으며 바람의 나라, 리니지, 검은 사막, 메이플스토리 등이 이에 해당합니다.

최근 들어서는 온라인을 통해 동일한 서버에 다수의 사람이 동시에 접속하는 것이 가능하게 되면서 VR(가상현실), AR(증강현실) 등의 기술을 이용해 가상의 공간에서 다양한 활동을 하는 메타버스라는 새로운 형태의 서비스가 도입되었으며 이를 통해 게임뿐 아니라 엔터테인먼트, 마케팅, 교육, 문화, 정치 등 다양한 분야에 접목하려는 시도가 이어지고 있습니다.

국내 게임업체들은 2000년대 초반 글로벌 1위 시장인 중국 시장에 진출하며 새로운 전기를 마련하기도 했으나 2017년 말 사드 배

치 문제 등으로 중국정부가 국내 기업에게 중국 내 게임 출시 허가권인 판호 발급을 중단하면서 중국 매출이 급감하자 대만, 일본, 유럽 등 타 지역으로 판매처를 다변화하고 있습니다.

게임회사의 비즈니스모델은 PC 게임인지 모바일 게임인지, 게임을 직접 개발하는 회사인지 단순 퍼블리싱(유통)만 하는 회사인지, 자체 IP로 개발한 게임인지 외부 IP로 개발한 게임인지에 따라 수익구조가 다양합니다. 당연히 플랫폼 비용, IP 사용대가, 퍼블리싱 수수료 등을 내지 않는 방식이 수익구조가 좋습니다. 참고로, 모바일 게임의 수익 배분은 IP 보유 회사(10%), 개발 회사(25%), 퍼블리싱 회사(35%), 구글/애플 등 앱스토어(30%)가 수익을 배분하는 방식입니다. 물론 배분 비율은 기업별, 게임별로 다양할 수 있습니다.

게임업체의 주가는 통상적으로 신규 게임 출시 전에 기대감이 반영되며 상승하다가 출시 후 차익실현 매물이 출현하고 이후 실적에 따라 움직이므로 신규 게임 출시 일정을 파악하고 사전예약 건수, 평판, 앱스토어 다운로드 순위, 일평균 매출 등을 확인하면서 투자한다며 도움이 될 수 있습니다.

국내 1위 게임업체는 바람의 나라, 던전앤파이터, 메이플스토리, 카트라이더, 서든어택 등의 대표 게임을 보유한 넥슨(3659JP)으로 일본 거래소에 상장되어 있습니다. 최근에는 신규 게임 출시가 더딘 상황입니다.

엔씨소프트는 리니지, 블레이드앤소울, 아이온 등의 IP를 이용해 PC 게임과 모바일 게임을 보유하고 있어 게임 스펙트럼이 다양하다는 평가를 받고 있습니다. 최근 리니지 2 M, 리니지 W, 블레이드 앤소울2 등의 모바일 게임을 국내 및 해외에 론칭(예정 포함) 하며 성장세를 이어가고 있습니다(2020년 매출액은 2조 4,152억 원, 영업이익 8,248억 원으로 OPM(영업이익률) 34%).

크래프톤은 펍지, 블루홀, 라이징윙스 등의 스튜디오를 통해 개발한 배틀그라운드, 테라, 엘리온 등의 게임을 보유하고 있습니다. 대표 게임인 배틀그라운드는 PC, 모바일, 콘솔 등 다양한 플랫폼으로 국내뿐 아니라 중국, 미국, 일본에서 출시되어 글로벌 지역에 출시되고 있으나 게임 포트폴리오가 다양하지 않다는 아쉬움이 있긴 하나 마진율이 높다는 장점이 있습니다(2020년 매출액 1조 6704억 원, 영업이익 7,739억 원으로 OPM 46%).

넷마블은 개발과 퍼블리싱을 함께 하는 회사로 모두의 마블, 세븐나이츠, 몬스터 길들이기, 리니지 2 레볼루션, 일곱 개의 대죄, 제2의 나라 등을 보유하고 있으며, 소셜 카지노 게임 기업 스핀 엑스 게임즈를 인수하는 등 포트폴리오 다각화를 위한 노력을 하고 있습니다(2020년 매출액 2조 4,848억 원, 영업이익 2,720억 원, 순이익 3,380억 원으로 OPM 11%).

카카오게임즈는 카카오톡을 활용한 모바일 퍼블리싱에 강점을 가진 대표적인 퍼블리싱 기업으로 역량 있는 개발업체를 인수하거나 지분투자를 통해 퍼블리싱 권한을 확대하면서 기업가치를 올리고 있습니다. 검은 사막, 엘리온, 배틀그라운드, 등의 게임을 퍼블리싱 했으며, 자회사 엑스엘게임즈, 프렌즈 게임즈 등을 통해 달빛 조

각사 등 자체 개발 게임도 출시하고 있습니다. 2020년 6월 말 퍼블리싱한 '오딘: 발할라 라이징'은 출시 초기 엔씨소프트의 리니지를 능가하는 일평균 매출을 기록했다는 소식으로 주가가 급등하기도 했습니다(2020년 매출 4,955억 원, 영업이익 665억 원, 순이익 860억 원으로 OPM 11%).

09

전기차와 2차전지의 향후 투자 방향성과

관련주에 대해 알려주세요.

자동차는 세 번의 산업 트렌드 변천 과정을 겪고 있습니다. 현재 글로벌 자동차 시장은 모든 완성차 업체들이 전기차에 올인하고 있는 모습입니다. 하지만 전기차 배터리 확보가 되지 않으면 생산할 수 없는 구조입니다.

후발 주자인 중국마저 글로벌 자동차 시장에서 점유율 확대를 위해 전기차의 핵심인 2차전지에 올인하는 모습을 보여주고 있습니다. 앞으로 미래 자동차 산업은 전기차로 빠르게 재편된다는 가정하에 전기차의 핵심소재 업체들에 관심을 가져야 할 시기입니다.

자동차 산업의 변천 과정

1차 변천: 내연기관차 → 경유(디젤), 가솔린: 미국/독일 주도

2차 변천: 하이브리드차 → 내연기관차 + 전기: 일본/독일 주도

3차 변천: 전기자동차: 미국/독일/중국/한국/일본 등
글로벌 완성차

앞으로 전체 자동차 시장에서 전기차의 글로벌 시장점유율은 급증할 것으로 보이며, 우리나라 2차전지산업의 빅3로 불리는 LG화학(LG에너지솔루션), 삼성SDI, SK이노베이션 기업들도 2차전지 소재업체에 집중적 투자와 기업 인수를 확대하고 있는 양상입니다. 2차전지 관련업체 투자 방향을 긍정적으로 바라보고 미리미리 체크해두면 좋을 것입니다.

2차전지 소재업체(4대 핵심소재)

1. 양극재: 에코프로그룹, 엘앤에프,
   코스모신소재, 포스코케미칼 등
2. 음극재: 포스포케미칼, 한솔케미칼,
   대주전자재료, 동진쎄미켐 등
3. 전해액: 천보, 솔브레인, 동화기업, 후성
4. 분리막: SK아이이테크놀로지, 대한유화

앞으로 글로벌 완성차들 업체들은 전기차 제조로 급선회하고 있는 상황에서 전기차배터리 업체는 한정되어 있고, 단기간에 2차전지 설비구축이 어려운 상황입니다. 당분간 공급부족 현상이 나타날 가능성이 높습니다.

우리나라 빅3사와 중국CATL, 일본의 파나소닉 정도가 2차전지 대량생산 가능한 시스템을 구축해 놓은 상태이기에, 국내 2차전지 관련주는 국내 증시에서 가장 인기 많은 산업/업종이 될 전망입니다.

현재 언론 기사를 종합해보면, 인도는 2030년부터 내연기관차 판매종료를 선언했으며, 미국은 2030년 미국 신차 절반을 친환경차로 전환하겠다는 행정명령에 서명한 상황이고, 유럽(EU)연합은

2035년부터 전기차를 제외한 신차 판매를 금지하는 기후변화정책을 선언했습니다.

10

액면분할, 인적분할, 물적분할 각각의 차이가 무엇인가요?

A회사 주식
1주당 10,000원으로
현재 1,000주 보유 중

5:1 비율
액면분할 실시

→

A회사 주식
1중 2,500원으로
현재 4,000주 보유 중

우선 액면분할부터 말씀드리겠습니다. 액면분할이란 별도의 자본금 증감 없이, 기존 발행 주식의 액면가를 일정 비율로 나누는 것입니다. 예컨대 액면가 10,000원짜리 주식을 1:4 비율로 액면분할을 하게 되면 액면가 2,500원짜리 주식 4주가 됩니다. 이론적으로는 액면분할을 한다고 해서 어떠한 이득도 없는 게 맞습니다. 자본금이 별도로 추가되지 않았기 때문입니다.

　그런데도 액면분할을 하는 이유는, 바로 주식 거래의 촉진 때문입니다. 액면분할은 일반적으로 특정 주식의 가격이 과도하게 높아져 주식 거래가 부진하거나 신주 발행이 어려울 때 진행합니다. 이런 경우 액면분할을 통해 주식 가격을 낮춤으로써 거래 접근성을 높이는 것입니다. 한 주당 100만 원인 주식이 있으면 투자금이 많지 않은 투자자들은 해당 주식을 매매하기가 부담스럽습니다. 그런데 만약 이 주식의 가격이 100만 원에서 20만 원이 된다면 그 전보단 훨씬 부담이 줄게 됩니다. 즉, 액면분할은 이러한 심리적 부담을 줄여서 거래를 촉진하는 것이 그 목적입니다.

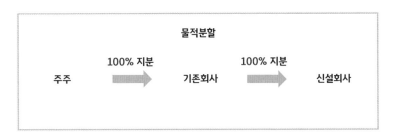

다음은 물적분할과 인적분할입니다. 이 두 가지는 회사를 분리하는 기업분할의 방법입니다.

우선 물적분할은 기업 분할 시, 기존 회사가 100% 지분을 가진 자회사를 신설하는 수직적 분할 방식입니다. 일반적으로 물적분할은 기존 주주들에게 반길만한 소식은 아닙니다. 통상 지주사 설립을 위한 기업 분할 시, 많이 사용되는 방법으로 기존 회사를 지주회사와 사업 회사로 분할하고, 지주 회사가 사업 회사의 지분을 100% 지배하는 구조가 대체적입니다. 통상 물적분할을 통해 신규상장되는 회사는 유상증자를 통해 자금을 조달하는 경우가 많습니다. 이 경우 기존 주주들에게는 신주 발행으로 인한 희석이 발생할 수 있습니다. 하지만 기업의 입장에선 기존 회사가 신설회사의 지분을 100% 보유하고 있어 지배권을 행사하기 좋아 선호하는 방식입니다. 예를 들면, LG화학에서 분할하는 LG에너지솔루션은 물적분할 방식으로 분할했으며 향후 IPO를 통한 유상증자 방식으로 상장할 예정입니다.

다음 인적분할은 기업 분할 시, 기존 회사의 주주들에게 신설하는 회사의 주식을 기존 지분대로 나눠주는 형태의 수평적 분할 방식입니다. 이렇게 분할하면 기존주주 입장에서는 새로운 회사의 주식을 주식의 보유 수량만큼 비율대로 받게 됩니다. 반면, 기업의 입장에서는 물적분할에 비해 자신들의 보유 지분율이 낮아져 신설회사에 대한 지배력이 약해질 수도 있습니다.

472

에필로그: 자신에게 투자하는 투자자

프라임PB
영상으로
확인하기

투자에 관한 내용은 한 권의 책에 다 담을 수 없습니다. 그래서 이 책은 이미 시장에 알려진 이야기나 다른 도서에서 찾아볼 수 있는 내용들은 배제하고, 최대한 실용적인 것들만 모았습니다. 차트와 지표를 활용해 매매 타이밍을 잡고, 시장에서 주도주를 찾는 법 등은 주식시장에서 오랫동안 몸담아온 이들만이 알 수 있는 것입니다. 그만큼 이 책에는 지난 20년 넘게 쌓아온 데이터와 노하우가 그대로 녹아있습니다. 가능한 많은 데이터와 근거를 통해 독자분들이 잘 이해하실 수 있도록 했고, 무엇보다도 모두가 성공한 투자자가 될 수 있기를 바라는 마음으로 썼습니다.

수많은 초보투자자들이 주식시장에 유입되면서, 한국 주식시장에는 크다면 크고, 작다면 작은 변화가 일어났습니다. 개인투자자의 거래 규모가 시장을 흔들 수 있는 것은 아니지만, 그만큼 시장의 규모가 커져 수익 기회(물론 손실 가능성도)가 늘었습니다. 하지만 초보투자자들이 이 변화의 수혜를 받기란 쉽지 않습니다. 그래서 많은 투자자들이 공부하고 있고, 조금이나마 더 수익을 얻기 위해 노력하고 있습니다. 이는 새롭게 시작한 투자자들뿐만 아니라 기존 투자자들도 마찬가지입니다.

KB증권 프라임클럽은 이처럼 수익을 높여나가고자 하는 투자자들을 위해, 작년부터 월 1만 원이라는 소액의 구독료로 자산관리 서비스를 제공하고 있습니다. 업계 최초의 모델답게 철저한 사전 준비를 했고, 필요한 투자 정보를 제때 제공하는 것과 프라임PB의 전문적인 컨설팅으로 1년 4개월 만에 약 30만 명의 투자자들이 가입했습니다. 프라임클럽이 제공하는 투자 정보 중 몇 가지 예를 들자면 들자면 장 개시부터 종료 시까지 시장주도주, 기관/외국인 실시간 수급분석 정보부터 기술적 분석을 바탕으로 한 매매타이밍 정보, 전용 증권 방송 등 차별화된 투자 정보를 시간대별로 제공하고 있습니다. 이는 모두 책에서 다뤘던 내용으로, 책과 동시에 활용하면 그 효과는 더욱 좋을 것입니다.

물론 처음부터 수익이 급등하는 것은 아닙니다. 앞서 밝혔듯이 투자자는 항상 자신의 투자 성향에 대해 점검해야 하고, KB증권 프라임클럽은 이를 전문적으로 교정하는데도 큰 중점을 두고 있습니다. 재활훈련도 누구에게 받느냐에 따라 다르듯이, KB증권 프라임클럽은 개인에게 맞는 PB와의 컨설팅을 통해 자신에게 맞는 PB

와 함께 투자 성적을 높여나갈 수 있습니다. 물론 언택트 시대에 맞게 온라인으로도 진행할 수 있습니다.

투자란 누구도 알 수 없는 것입니다. 20년 넘게 투자에 몰두해온 전문투자자들도 매일 같이 공부하고 매일 같이 새로운 것을 배웁니다. 성공적인 투자자가 되는 길은 꾸준히 공부하고 초심을 잃지 않는 것입니다. 이 책의 내용이 다소 어려우신 초보 투자자분들도, 저희와 함께 계속 공부해나가시면 금방 경험을 쌓아 투자의 정석을 익히실 수 있을 것입니다.

마지막으로, 이 책의 지침들을 정리하고자 합니다.

1. 언제나 시장 전체를 보는 눈을 멀리하지 않아야 합니다. 특히 상승장이 너무 오랫동안 지속되는 느낌이 든다면 다시 한번 점검해볼 필요가 있습니다. 상승장에는 지나치게 고평가를 받고 있는 종목들이 나타나기 마련이기 때문입니다. 그러한 종목들은 시장이 반전되면 그만큼 떨어집니다. 시장은 언제나 상승과 하락을 반복한다는 것을 잊지 말기를 바랍니다.

투자자의 실력은 시장이 나쁠 때 드러나기 마련입니다. 언제나 리스크에 대비하시길 바랍니다. 성공적인 투자자는 단순히 수익에만 집중하는 투자자가 아니라, 절대로 자만하지 말고 언제나 손실에도 대처할 준비를 하는 투자자입니다.

2. 유연한 투자자가 되길 바랍니다. 투자자는 언제나 새로운 투자

방법에 호기심을 가져야 합니다. 세상의 변화는 어느 때보다 빨라지고 있으며 그에 맞춰 주식시장도 빠르게 변화할 때가 많습니다. 끊임없는 공부를 통해 본인의 매매를 점검하는 것이 좋습니다. 새로운 종목과 산업에 대해 항상 관심을 기울이고 특히 종목에 대한 기본적인 조사는 꼭 하는 것이 좋습니다. 책에서 정리한 대로 리포트에 담긴 전문가들의 질 좋은 정보는 빠른 투자 판단에 도움을 줄 것입니다.

3. 단순하고 이성적인 판단을 내리길 바랍니다. 수익을 올리겠다는 희망도 중요하지만, 근거 없는 희망만큼 주식시장에서 무서운 것은 없습니다. 특히 매매 법칙에서 정리한 매수 및 매도 조건에 따라 기계적으로 움직이시길 바랍니다. 마음속에서 들리는 '조금만 더'를 믿으시면 안 됩니다. 그 말을 회복할 수 없는 손실에 빠질 수도 있습니다.

또한, 최소한의 핵심 변수만 고려하며 원칙을 따르는 결정만을 하시길 바랍니다. 투자를 복잡하게 하면 그만큼 투자자의 마음도 괴롭습니다. 모든 변수를 계산하며 완벽한 예측을 할 수는 없습니다. 단순하게 대처해야 다음번에도 단순하게 수익을 올릴 수 있습니다.

투자는 짜릿함과 지적 도전을 선사합니다. 투자는 재미있습니다. 하지만 매번 재미있을 수는 없습니다. 가끔은 실수도 할 것이고, 엄청난 기회를 놓칠 때도 있을 것입니다. 그렇다고 해서 절대 주눅 들거나 자책하지 마시길 바랍니다. 실수는 전문투자자들도 합니다. 하지만 그들은 그 실수를 바로 인정하고 다시 새로운 투자를 찾아 나섭니다.

이 책을 쓰게 된 경위는 그동안 20년 넘게 투자를 해오면서 발견하게 된 높은 승률의 투자방법을 공유하기 위함입니다. 이 책이 완성될 수 있게 도와주신 모든 분들은 주식시장에서 오랫동안 살아남은 승리자들입니다. 그러니 이 책을 믿고 편안한 마음으로, 또 열정적으로 투자하며 저희와 함께 수익을 즐겁게 올릴 수 있기를 바랍니다.

프라임 PB의 실전 주식투자

초판 인쇄	2021년 10월 15일
초판 발행	2021년 10월 22일
지은이	류재용, 김철영 외
엮은이	마샬(이승윤)
펴낸이	김승욱
편집	김승욱 심재헌 박영서
디자인	김선미
마케팅	채진아 유희수 황승현
온라인마케팅	김희숙 함유지 김현지 이소정 이미희
제작	강신은 김동욱 임현식
펴낸곳	이콘출판(주)
출판등록	2003년 3월 12일 제406-2003-059호
주소	10881 경기도 파주시 회동길 455-3
전자우편	book@econbook.com
전화	031-8071-8677
팩스	031-8071-8672
ISBN	979-11-89318-29-1 03320